《全国预备检察官培训系列教材》
编委会

编委会主任：李如林　王少峰

编委会委员：胡尹庐　王卫东　黄　河　陈国庆
　　　　　　徐进辉　李文生　袁其国　郑新俭
　　　　　　穆红玉　宫　鸣　宋寒松　胡卫列
　　　　　　阮丹生

编委会办公室：朱建华　常　艳　郭立新

国家检察官学院
全国预备检察官培训系列教材

编委会主任／李如林 王少峰

公诉业务教程

GONGSU YEWU JIAOCHENG

陈国庆 胡卫列／主编

中国检察出版社

《公诉业务教程》
主编及撰写人员

本册主编： 陈国庆　胡卫列

撰写人员： 周　颖（第一章、第四章）

　　　　　　齐　涛（第二章、第三章）

　　　　　　张红梅（第五章）

　　　　　　高锋志（第六章、第七章）

　　　　　　张　军（第四部分）

出版说明

建立预备检察官训练制度，是中央深化司法体制改革的重要内容。为适应这项培训工作的需要，我们编辑出版了《全国预备检察官培训系列教材》。本系列教材一共10本，包括《检察官职业素养教程》、《侦查监督业务教程》、《公诉业务教程》、《反贪污贿赂业务教程》、《反渎职侵权业务教程》、《刑事执行检察业务教程》、《民事行政检察业务教程》、《控告举报检察业务教程》、《刑事申诉检察业务教程》及《职务犯罪预防业务教程》。经编委会审定，作为国家检察官学院和全国预备检察官培训的指定教材。

本套教材重点介绍预备检察官应知应会的业务知识和业务规范，注重业务技能及实务经验的传授和职业素养的养成，通过文书范例和典型案例着力解析预备检察官在各项检察业务工作的重点、难点问题，力争使教材内容涵盖检察官基本职业素养、基本业务规范和基本业务技能，适应预备检察官岗位素质和业务能力培养的要求，使预备检察官通过培训具备履行检察官职务的素养和能力。

为体现本套教材突出实务、实用、实战的要求，我们聘请了最高人民检察院各业务厅局的业务骨干和国家检察官学院的教师担任撰稿人，发挥他们在检察实务和检察官培训方面的专长，确保教材质量。

由于预备检察官培训尚处于探索阶段，教材难免有不完善和疏漏之处，敬请读者批评指正。

编委会

2014 年 12 月 25 日

目 录

第一部分 公诉工作总论

第一章 公诉工作概述 …………………………………………（ 3 ）
第一节 公诉工作的主要职责 ………………………………（ 3 ）
第二节 公诉工作的基本流程 ………………………………（ 6 ）
第三节 公诉工作的素能要求 ………………………………（ 24 ）
思考题 …………………………………………………………（ 28 ）

第二部分 公诉工作实务

第二章 审查起诉 ………………………………………………（ 31 ）
第一节 受理案件 ……………………………………………（ 31 ）
第二节 实体审查与程序审查 ………………………………（ 32 ）
第三节 证据审查 ……………………………………………（ 35 ）
第四节 退回补充侦查 ………………………………………（ 37 ）
第五节 羁押必要性审查 ……………………………………（ 38 ）
第六节 提起公诉与不起诉 …………………………………（ 40 ）
思考题 …………………………………………………………（ 47 ）

第三章 出庭支持公诉 …………………………………………（ 48 ）
第一节 出庭支持公诉的准备 ………………………………（ 48 ）
第二节 出庭支持公诉的活动和方法 ………………………（ 49 ）
第三节 变更、追加、撤回起诉 ……………………………（ 57 ）
第四节 其他重点环节和问题 ………………………………（ 60 ）
思考题 …………………………………………………………（ 63 ）

第四章 刑事审判法律监督 ……………………………………（ 64 ）
第一节 二审检察 ……………………………………………（ 64 ）

第二节　公诉环节刑事审判法律监督 …………………………（72）
　　第三节　第二审程序抗诉 ……………………………………（76）
　　第四节　审判监督程序抗诉 …………………………………（84）
　　思考题 …………………………………………………………（89）
第五章　特别程序 ………………………………………………（90）
　　第一节　未成年人犯罪案件刑事检察工作 …………………（90）
　　第二节　当事人和解的公诉案件诉讼程序 …………………（109）
　　第三节　犯罪嫌疑人、被告人逃匿、死亡案件违法所得没收程序 …（114）
　　第四节　依法不负刑事责任的精神病人的强制医疗程序 …（121）
　　思考题 …………………………………………………………（126）

第三部分　常用文书制作与范例

第六章　公诉文书的概念、特征和写作要求 …………………（129）
　　第一节　公诉文书的概念和特征 ……………………………（129）
　　第二节　公诉文书的写作要求 ………………………………（131）
第七章　常用公诉文书制作与范例 ……………………………（137）
　　第一节　公诉案件审查报告 …………………………………（137）
　　第二节　起诉书 ………………………………………………（168）
　　第三节　公诉意见书 …………………………………………（178）
　　第四节　不起诉决定书 ………………………………………（187）
　　第五节　刑事抗诉书 …………………………………………（195）
　　第六节　其他常用公诉文书 …………………………………（209）

第四部分　公诉精品案例

一、施某某等17人聚众斗殴案 …………………………………（231）
二、许某某受贿案 …………………………………………………（233）
三、陈某某贪污案 …………………………………………………（236）
四、王某某受贿案 …………………………………………………（237）
五、刘某某挪用公款案 ……………………………………………（240）

六、高某某等人贪污案 …………………………………………（242）
七、李某徇私枉法案 ……………………………………………（244）
八、陆某某非法行医案 …………………………………………（246）
九、忻某某绑架案 ………………………………………………（247）

第一部分
公诉工作总论

第一章　公诉工作概述

第一节　公诉工作的主要职责

公诉是检察机关核心的标志性职能之一，是检察机关法律监督职能的重要组成部分。在我国，公诉的基本职能是指控犯罪和对刑事诉讼活动进行法律监督，具有中国特色社会主义检察制度的鲜明特征。

一、指控犯罪

（一）基本内涵

指控犯罪是世界各国检察工作的主要内容，也是我国公诉工作的基本内容，主要包括以下内容：

1. 审查起诉。指检察机关代表国家对侦查机关侦查终结或自行侦查终结移送起诉或不起诉的案件进行审查，决定是否将犯罪嫌疑人提交人民法院审判的专门诉讼活动。审查起诉是公诉案件进入审判阶段前的必经程序，是连接侦查与审判的一个独立诉讼阶段，是人民检察院决定提起公诉或者不起诉前的一项最基本的准备工作，具有承上启下的地位和作用。其主要任务有两方面：一是按照"以事实为根据，以法律为准绳"的原则，对侦查机关或者人民检察院侦查部门移送的案件，从认定事实、犯罪性质、证据状况以及适用法律等方面进行全面、细致的审查，及时发现和弥补侦查工作中的遗漏和缺陷，为作出提起公诉或者不起诉的决定奠定良好的基础，确保追诉犯罪的全面性和准确性。二是对侦查活动实施法律监督，及时发现和纠正侦查活动中的违法行为，以维护法律的权威性，使当事人和其他诉讼参与人的合法权益免受不法侵害。

2. 不起诉。指检察机关对侦查终结移送起诉的案件，经审查认为不应当或者没必要对犯罪嫌疑人追究刑事责任，决定不向人民法院提起公诉，终止刑事诉讼的活动。主要有三种不起诉形式：一是绝对不起诉。也称法定不起诉，是指人民检察院对于具有法定不追究刑事责任情形的犯罪嫌疑人依法不予起诉。这些法定情形包括：犯罪嫌疑人没有犯罪事实；情节显著轻微、危害不大，不认为是犯罪的；犯罪已过追诉时效期限的；经特赦令免除刑罚的；依照

《中华人民共和国刑法》（以下简称刑法）告诉才处理的犯罪，没有告诉或者撤回告诉的；犯罪嫌疑人、被告人死亡的等。二是相对不起诉。也称酌定不起诉，即检察机关对于犯罪情节轻微，依照刑法规定不需要判处刑罚或者依法免除刑罚的犯罪嫌疑人酌定不起诉，这是一种典型的公诉裁量权。三是存疑不起诉。也称证据不足不起诉，即检察机关对于经二次补充侦查的案件，仍然认为证据不足，不符合起诉条件的，可以作出不将犯罪嫌疑人送交人民法院审判，进而终结诉讼的决定。

3. 提起公诉。指检察机关对侦查终结移送起诉的案件，认为犯罪嫌疑人的犯罪事实已经查清，证据确实、充分，依法应当追究刑事责任，将被告人交付有管辖权的人民法院审判的一种诉讼活动。提起公诉产生三方面的效力：一是启动审判程序，产生诉讼系属关系或者说诉讼拘束关系。即只要检察机关提起公诉符合法定的程序性条件，受理案件的人民法院应当决定开庭审判，而案件一旦系属于法院，法院有权并有义务对案件进行审判，且对同一案件检察机关不能重复起诉。换句话说，诉讼系属关系在诉讼法上产生的最直接、最主要的效果，在于禁止双重起诉。案件因提起诉讼而产生的诉讼系属关系，经法院就该案件作出程序的或者实体的终局裁决而消灭。在法院作出判决前，案件已脱离人民检察院的主导权，一般而言，检察机关不能作出不起诉等处理决定，也就是说，案件起诉后，检察机关对案件作出实质性处理的前提是检察机关撤回起诉。二是限制审判权的范围。即法院只能针对公诉的被告人和公诉的犯罪事实进行审判。除检察机关变更起诉外，法院不得对检察机关指控的被告人之外的人或事实行使审判权，这也是不告不理原则的要求。三是明确证明责任。即检察机关对公诉主张负有提出证据、加以证明的义务，检察机关应当派员出庭支持公诉，证明公诉主张。

4. 出庭支持公诉。指公诉人代表国家出席公诉案件的法庭审理，指控犯罪，通过法庭调查、法庭辩论，阐明公诉意见，论证公诉主张，促使人民法院依法判决被告人有罪并处以相应刑罚的诉讼活动。公诉人应当由检察长、检察员或者经检察长批准代行检察员职务的助理检察员一人至数人担任。

（二）遵循原则

1. 依法独立行使公诉权，不受行政机关、社会团体和个人的干涉。人民检察院是行使公诉权的唯一主体，其他任何机关、团体和个人都不能行使这项权力。

2. 以事实为依据，以法律为准绳。这是公诉人办案必须遵守的一项基本原则。以事实为依据，就是在办案中，对案情的认定一定要以客观事实为基础，不能主观臆断，要全面客观地分析、鉴别、判断证据，准确认定犯罪事实；以法律为准绳，即在查清事实的基础上，按照我国刑法、《中华人民共和国刑事诉讼法》（以下简称刑事诉讼法）及有关法律规定，对案件作出正确处理，该起诉的起诉，不该起诉的就要作出不起诉决定或建议撤案。

3. 对一切公民在适用法律上一律平等。这就要求在指控犯罪中，对公民的一切违法犯罪行为，该追究的必须追究，不能因为出身、职业、地位的不同而有所区别。

4. 分工负责、互相配合、互相制约。具体而言，就是在刑事诉讼活动中，侦查机关、公诉机关和审判机关要按照各自的法定职能，既有分工，又有配合，还要发挥互相制约作用。

5. 重证据、重调查研究、不轻信口供、严禁刑讯逼供。这是人民检察院进行证据审查的一般规则，要求公诉人必须认真审查所有证据是否真实可靠，与案件事实有无内在联系，能否证明案件的真实情况，是否依照法定程序收集，有无刑讯逼供行为；对采取威胁、利诱、欺骗及刑讯逼供等非法方法取得的口供等非法证据依法坚决予以排除。

6. 保障诉讼参与人依法享有诉讼权利。人民检察院在指控犯罪的过程中应当本着"公开、公平、公正"的原则，依法保障诉讼参与人的诉讼权利，及时查明案情，正确适用法律，防止冤错案件发生。

二、诉讼监督

诉讼监督是检察机关法律监督职责的重要组成部分，公诉权的法律监督性质集中体现在诉讼监督上。公诉环节的诉讼监督主要包括对侦查活动的监督和对刑事审判活动的监督。

（一）侦查监督

侦查监督是指人民检察院审查起诉时，依法对侦查机关（部门）的侦查活动是否合法进行的法律监督，包括对讯问、询问、勘验检查、搜查、扣押物证及书证等侦查行为的监督和对遗漏罪行、遗漏同案犯罪嫌疑人情形的监督。审查起诉过程中发现侦查活动中的违法行为的，应当及时通知纠正；对以刑讯逼供或暴力取证获取的非法证据依法予以排除；侦查人员违法行为情节严重构成犯罪的，依法及时移送本院侦查监督部门审查，并报告检察长；认为存在遗漏罪行、遗漏同案犯罪嫌疑人等情形，需要补充侦查的，应当依法向侦查部门提出补充侦查的书面意见。

公诉部门负责的侦查监督活动与侦查监督部门负责的侦查监督活动既有联系又有区别。两者都是对侦查机关的侦查活动是否合法进行法律监督。两者的区别主要在于：一是发生的环节不同。公诉部门负责的侦查监督主要发生在审查起诉阶段，侦查监督部门负责的侦查监督主要发生在审查批捕阶段。二是监督的方式和结果不同。公诉部门的监督方式和结果可以是追加起诉，侦查监督部门的监督方式和结果可以是直接决定逮捕。

（二）刑事审判监督

刑事审判监督是指人民检察院依法对人民法院的刑事审判活动是否合法所进行的法律监督，包含两个方面的内容：一是对刑事审判程序是否合法进行监督。公诉部门通过出席一审、二审、再审法庭，或者通过庭外调查，审阅审判卷宗，以及受理申诉、控告等途径对刑事审判程序是否合法进行监督。二是对刑事判决、裁定是否正确进行监督。对刑事判决、裁定是否正确进行监督的主要方式是提起刑事抗诉，刑事抗诉是人民检察院认为刑事判决或裁定确有错误，按照法定诉讼程序，要求人民法院对案件进行重新审理并作出改判的法律监督活动。刑事抗诉包括二审抗诉和再审抗诉。

第二节　公诉工作的基本流程

一、基层检察院公诉业务流程

基层检察院公诉业务整个流程系统可分为三项：（1）介入侦查引导取证→接收案管部门移送的案件→案件审查→提起公诉/不起诉→审查判决裁定→抗诉；（2）检察建议流程；（3）审批流程。其中基层检察院公诉部门各个环节的审批程序均为：主诉检察官自行决定、科长审批、主管基层检察院副检察长审批、检察长审批、检察委员会讨论（以下将这一过程简称为审批）。具体而言：

（一）基层检察院公诉业务总流程

1. 总流程描述。以案件为主线，自侦查开始，对于重大、疑难、复杂的案件，人民检察院认为确有必要时，可以派员适时介入侦查活动，对收集证据、适用法律提出意见，监督侦查活动是否合法，待案件进入审查环节即办理阶段，视不同情况处理，处理结果分五种：一是提起公诉；二是退回侦查机关（部门）处理；三是不起诉；四是改变管辖；五是将复议决定通知公安机关。其中提起公诉、不起诉以子流程详述，提起公诉后是审查判决裁定、抗诉子流程。检察建议和审批均较特殊，在总流程当中不易纳入，故也单独设计流程。关于没收违法所得和强制医疗两个特别程序，因为最高人民检察院《人民检察院刑事诉讼规则（试行）》（以下简称《刑诉规则》）没有详细的程序规定，故暂不进行设计。

2. 总流程图

基层检察院公诉业务总流程图

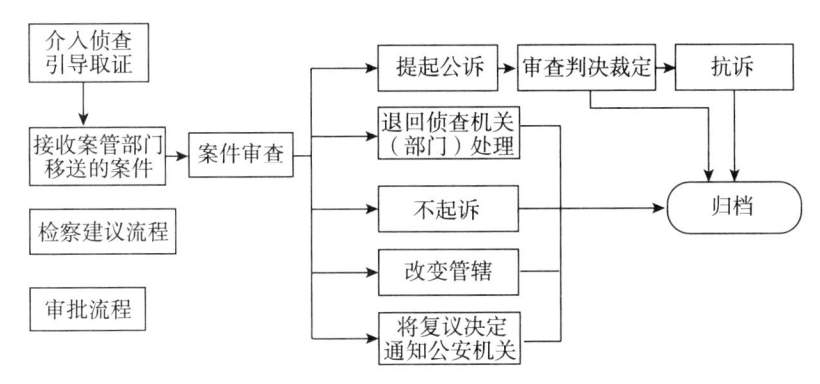

```
介入侦查                          提起公诉  →  审查判决裁定  →  抗诉
引导取证  ↘                   ↗                                  ↓
           案件审查  →  退回侦查机关                              ↓
接收案管部门 ↗            （部门）处理                           ↓
移送的案件                                                     归档
                          不起诉                               ↑
检察建议流程                                                   ↑
                          改变管辖                             ↑
审批流程                                                      ↑
                          将复议决定
                          通知公安机关
```

（二）基层检察院案件办理流程

1. 时间期限。公诉案件审查期限为 1 个月，经审批可延长 15 日。

2. 流程描述。承办人审查案件总体上分三块：一是无须审批的个人工作，如阅卷、讯问、询问、复核证据等；二是需要审批但在流程上继续向前的工作，如变更强制措施、自行补充侦查等；三是退回补充侦查，补查后重报的回退进入审查环节。承办人审结后制作审查报告，以及分门别类的文书、文档稿，报批后作出不同处理，其中提起公诉、不起诉另设子流程，请示的报上级院，接上级院批复后再次进入审查环节，当然再次审查、审批的过程相对简单。

内勤已填录的内容，承办人无须再填写。办案所需的法律文书和办公文书可依据已填入信息自动生成，承办人核对后可以更改，再打印输出。用纸质的文书进行审批。已生成的法律文书进入案件档案。阅卷笔录、自行补充侦查报告等是可选文书。告知方式在书面告知不便的情况下，可以口头告知（电话告知）。

3. 具体流程图

基层检察院案件办理流程图

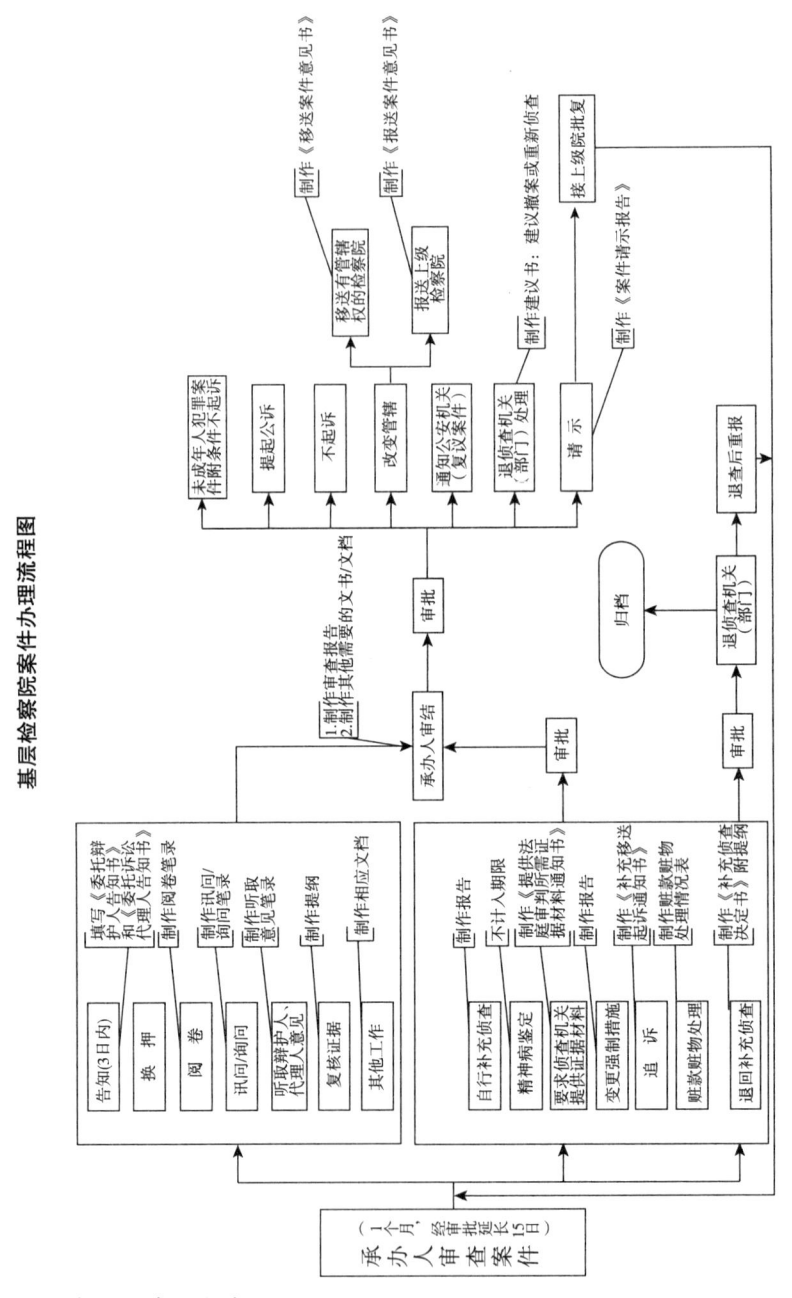

(三) 基层检察院提起公诉流程

1. 流程描述。提起公诉阶段，制作起诉书等文件在承办人和审批之间会有几次反复修改过程。出席法庭前需要制作一些文档，除公诉意见书等必不可少的外，其他视情况而定，其中出庭笔录标为"可选"并不是指可作可不作，而是指一般出庭笔录都是纸质手写，回来后不必再录入电脑，可在系统上做一个简单的工作记录文档，说明见纸质的即可。

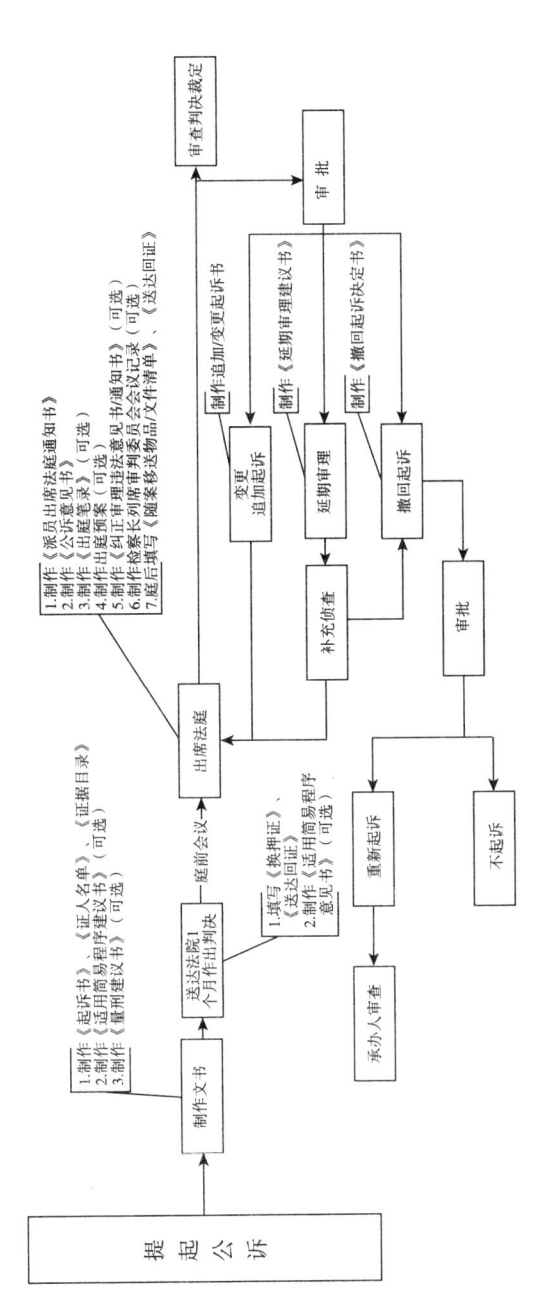

2. 具体流程图

基层检察院提起公诉流程图

提起公诉 → 制作文书
1. 制作《起诉书》、《证人名单》、《证据目录》
2. 制作《适用简易程序建议书》
3. 制作《量刑建议书》（可选）

→ 送达法院1个月作出判决
1. 填写《换押证》、《送达回证》
2. 制作《适用简易程序意见书》（可选）

→ 庭前会议

→ 出席法庭
1. 制作《派员出席法庭通知书》
2. 制作《公诉意见书》
3. 制作《出庭笔录》（可选）
4. 制作出庭预案
5. 制作《纠正违法意见书通知书》（可选）
6. 制作检察长列席审判委员会会议记录
7. 庭后填写《随案移送物品/文件清单》、《送达回证》

→ 补充侦查 / 变更追加 / 延期审理 / 撤回起诉

- 变更追加：制作追加/变更起诉书 → 审查判决裁定
- 延期审理：制作《延期审理建议书》→ 审批 → 审查判决裁定
- 撤回起诉：制作《撤回起诉决定书》→ 审批

→ 重新起诉 / 承办人审查 / 不起诉

（四）基层检察院不起诉流程

1. 流程描述。不起诉案件以职务犯罪与否划分，职务犯罪案件需报上级院审批，结果视上级院意见而定。决定不起诉后，公安机关要求复议的转入案件受理，被害人等向法院起诉的移送至法院，申诉的转入本院申诉部门或者上级院。有公开审查、人民监督员评议的，不影响流程走向，制作相应的文件文档记录过程即可。

2. 具体流程图

基层检察院不起诉流程图

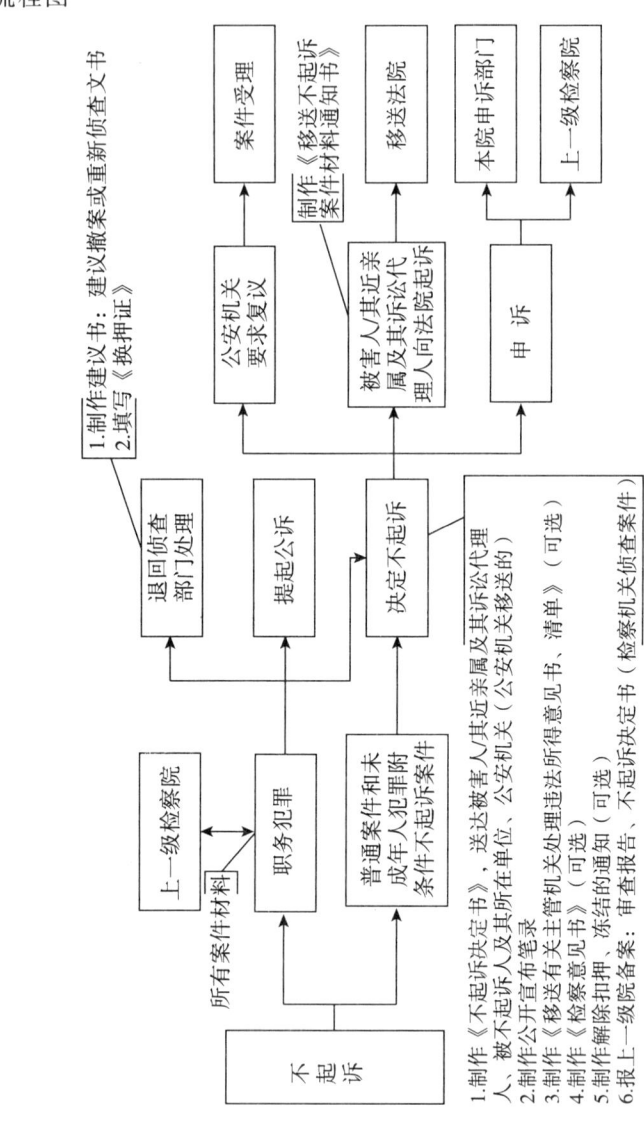

1.制作《不起诉决定书》，送达不起诉人及其所在单位、被害人及其诉讼代理人。
2.被公开宣布有笔录。
3.制作《移送有关主管机关处理违法所得意见书》（公安机关）。
4.制作检察意见书（可选）。
5.制作解除扣押、冻结的通知（可选）。
6.报上一级院备案：审查报告、不起诉决定书（检察机关侦查案件）。

（五）基层检察院审查判决、裁定抗诉流程

1. 流程描述。审查判决、裁定应当填写审查表，职务犯罪案件应当报上级院同步审查，上级院反馈意见后一并进入审批环节。审批后有三种结果：一是按二审程序抗诉，再次经审批后送法院并报上级院；二是不抗诉的结案归档；三是判决已生效的，制作提请抗诉报告报上级院。

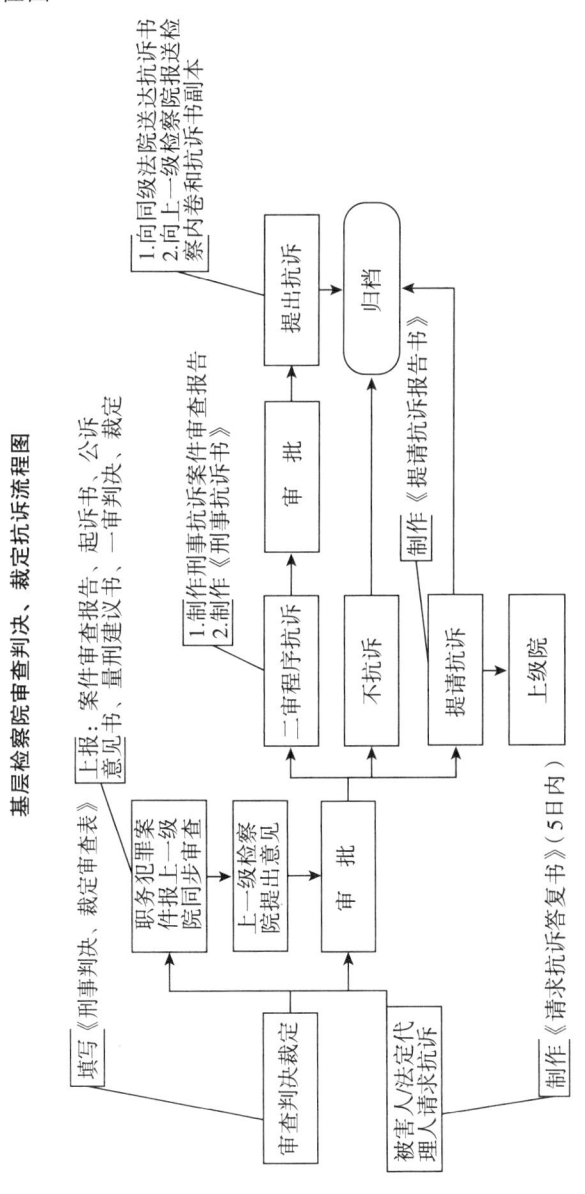

2. 具体流程图

基层检察院审查判决、裁定抗诉流程图

审查判决裁定 → 填写《刑事判决、裁定审查表》 → 职务犯罪案件报上一级院同步审查 → 上一级检察院提出意见 → 审批 → 二审程序抗诉（1.制作刑事抗诉案件审查报告 2.制作《刑事抗诉书》）→ 审批 → 提出抗诉（1.向同级法院送达抗诉书 2.向上一级检察院报送检察内卷和抗诉书副本）→ 归档

审批 → 不抗诉 → 归档

审批 → 提请抗诉（制作《提请抗诉报告书》）→ 上级院

上报：案件审查报告、起诉书、公诉意见书、量刑建议书、一审判决、裁定

被害人法定代理人请求抗诉 → 制作《请求抗诉答复书》（5日内）

(六) 基层检察院检察建议流程

1. 流程描述。该流程的依据是《人民检察院检察建议工作规定（试行）》。需要注意的有两点：一是拟向发案单位的上级单位发出检察建议的，如果与本院不同级，应层报与其同级的检察院；二是撤销检察建议的，单设流转环节，与发出流程不交叉。

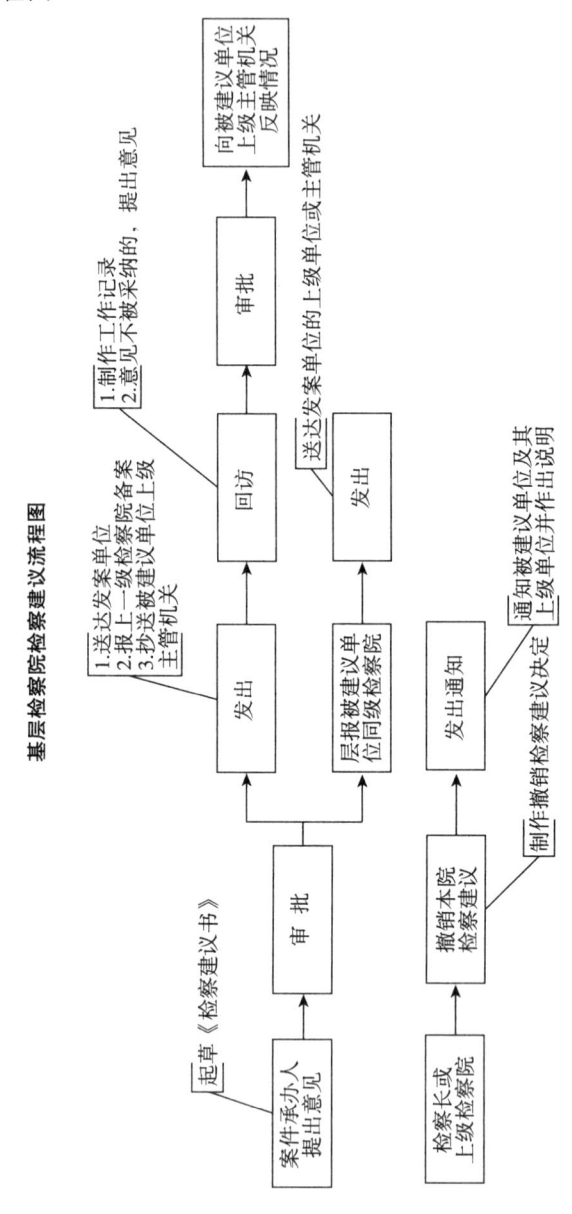

2. 具体流程图

基层检察院检察建议流程图

(七) 基层检察院审批流程

1. 流程描述。各地在审批上做法不一，公诉案件又千差万别，故难以设计固定的审批模式。五级审批具有递进关系，但并非每级必经，允许跳跃和回退，如承办人不经主诉检察官可直接报部门负责人甚至副检察长，检察长可直接退给主诉检察官甚至承办人；等等。这一流程的重点有：一是要灵活，以适应实践中的不同需要；二是讨论环节不需要在流程当中体现，制作相应的讨论记录即可。网上审批可作出设计，但允许虚置。纸质手动审批仍是主导，原因有二：一是网上不易研读和修改，大量的文书修改审阅工作仍将在纸上完成；二是归档要求纸质。

2. 审批流程图

基层检察院审批流程图

审批1（主诉检察官）→ 审批2（公诉部门负责人）→ 审批3（副检察长）→ 审批4（检察长）→ 审批5（检察委员会）

二、分、州、市检察院公诉业务流程

分、州、市检察院公诉业务流程系统也分为三项：（1）案件受理→案件办理→出庭/不起诉→审查判决、裁定抗诉；（2）检察建议流程；（3）审批流程。其中审批流程与基层检察院相同。

(一) 分、州、市检察院公诉业务总流程

1. 总流程描述。以案件为主线，自受理环节开始，符合受理条件的进入审查环节即办理阶段，办理结果分五项：再审出庭、退回侦查机关（部门）处理、不起诉、改变管辖和其他。其中出庭、不起诉以子流程详述，出庭后接审查判决裁定抗诉子流程。检察建议和审批单独设计流程。

2. 总流程图

分、州、市检察院公诉业务总流程图

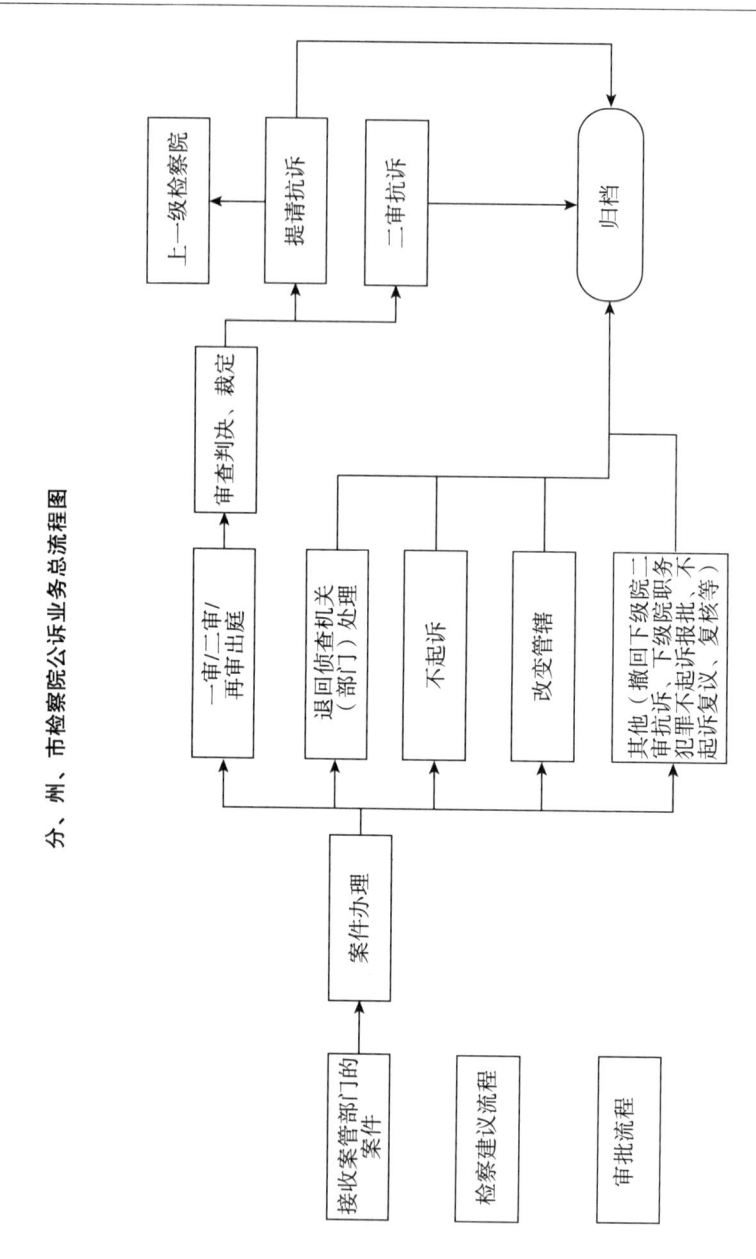

```
接收案管部门的案件 → 案件办理 → 一审/二审/再审出庭 → 审查判决、裁定 → 提请抗诉 → 上一级检察院
                              → 退回侦查机关（部门）处理
                              → 不起诉
                              → 改变管辖
                              → 其他（撤回抗诉、下级院二审抗诉、下级院职务犯罪不起诉报批、复议、不起诉复议、复核等）
                                                              → 二审抗诉
                                                              → 归档
检察建议流程
审批流程
```

(二) 分、州、市检察院案件办理流程

1. 时间期限。案件审查期限为 1 个月，经检察长审批可延长 15 日。

2. 流程描述。承办人审查阶段工作与基层检察院大致一样，也是按审批与否以及对流程走向的影响分为三块工作。审结并经审批后出现七项结果，其中请示案件自上级院返回时继续进入审查环节，一审、二审及抗诉案件在流程上大体相同，以出庭概括，出庭、不起诉另以子流程详述。

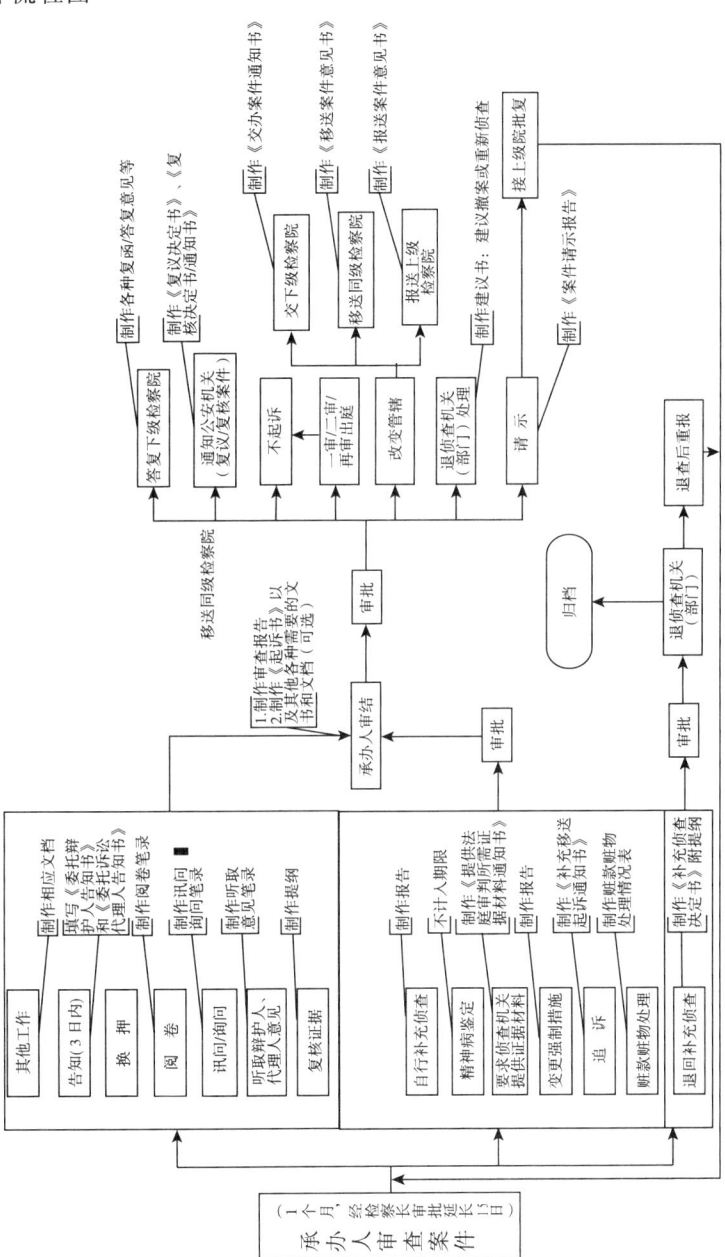

3. 具体流程图

分、州、市检察院案件办理流程图

（三）分、州、市检察院出庭流程

1. 流程描述。一审、二审和抗诉案件经审批送达法院后接出席法庭，在这个环节视案件类型制作相应的文书和文档，后接审查判决裁定流程。其中，在出庭过程中与基层检察院一样，经审批后可能出现变更追加起诉、延期审理和撤回起诉三种情况。

2. 具体流程图

分、州、市检察院出庭流程图

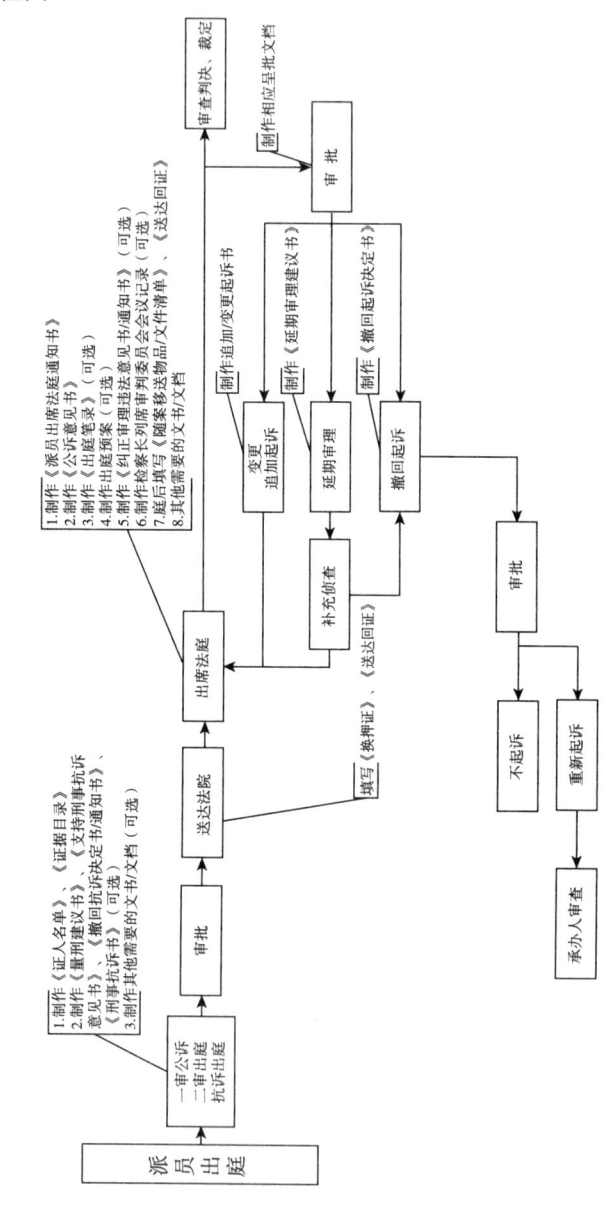

派员出庭 → 一审公诉/二审出庭/抗诉出庭

1. 制作《证人名单》、《证据目录》
2. 制作《量刑建议书》、《支持刑事抗诉意见书》、《刑事抗诉书》、《撤回抗诉决定书/通知书》（可选）
3. 制作其他需要的文书/文档

→ 审批 → 送达法院

填写《换押证》

→ 出席法庭

1. 制作《派员出席法庭通知书》
2. 制作《公诉意见书》
3. 制作《出庭笔录》
4. 制作出庭预案
5. 制作《纠正审理违法意见书/通知书》（可选）
6. 制作检察长列席审判委员会会议记录
7. 庭后填写《随案移送物品/文件清单》
8. 其他需要的文书/文档

出席法庭分支：
- 变更追加起诉 → 制作追加/变更起诉书
- 延期审理 → 制作《延期审理建议书》→ 补充侦查 → 《送达回证》
- 撤回起诉 → 制作《撤回起诉决定书》→ 审批 → 不起诉/重新起诉 → 承办人审查

→ 审查判决、裁定 → 审批 → 制作相应呈批文档

(四) 分、州、市检察院不起诉流程

1. 流程描述。分、州、市检察院不起诉流程与基层检察院相同。

2. 具体流程图

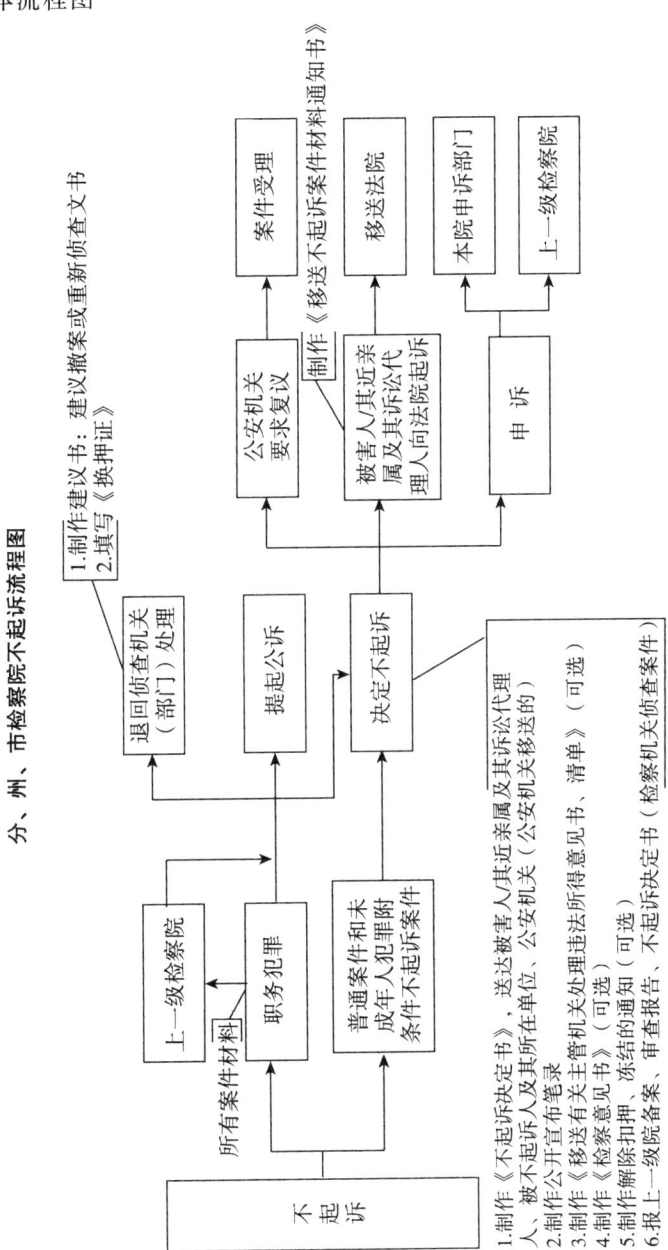

分、州、市检察院不起诉流程图

```
                    ┌──────────────┐
所有案件材料 ──────→│              │
                    │  上一级检察院 │
         ┌─────────→│              │
         │          └──────────────┘
         │
         │          ┌──────────────┐
         │          │   职务犯罪    │
         │          └──────────────┘
         │                  │
         │                  ↓
    ┌────┴────┐     ┌─────────────────────┐        ┌──────────────────┐    1.制作建议书：建议撤案或重新侦查文书
    │         │     │ 普通案件和未成年人犯罪│ ────→ │ 退回侦查机关(部门)│    2.填写《换押证》
    │  不起诉  │────→│ 附条件不起诉案件     │        │      处理        │
    │         │     └─────────────────────┘        └──────────────────┘
    └─────────┘              │
                             ↓
                      ┌──────────────┐         ┌──────────────┐       ┌──────────┐
                      │   提起公诉    │────────→│              │──────→│ 案件受理  │
                      └──────────────┘         │  公安机关     │       └──────────┘
                                               │  要求复议     │
                                               │              │
                      ┌──────────────┐         └──────────────┘       ┌──────────┐
                      │  决定不起诉   │──────────────┬───────────────→│ 移送法院  │
                      └──────────────┘              │                 └──────────┘
                             │                      │      制作《移送不起诉案件材料通知书》
                             │              ┌───────┴───────┐
                             │              │被害人其近亲    │         ┌──────────────┐
                             │              │属及其诉讼代    │────────→│ 本院申诉部门  │
                             │              │理人向法院起诉  │         └──────────────┘
                             ↓              └───────────────┘
                      ┌──────────────┐                                 ┌──────────────┐
                      │     申诉      │────────────────────────────→│  上一级检察院  │
                      └──────────────┘                                 └──────────────┘
```

1.制作《不起诉决定书》，送达被害人及其所在单位、公安机关(可选)
人、被不起诉人及其近亲属及其诉讼代理人
2.制作公开宣告笔录
3.移送有关主管机关处理违法所得意见书(公安机关移送的)
4.制作《检察意见书》(可选)
5.制作解除扣押、冻结的通知(可选)
6.报上一级检察院备案，审查报告、不起诉决定书(检察机关侦查案件)

(五) 分、州、市检察院审查判决、裁定抗诉流程

1. 流程描述。这一流程与基层检察院相同。
2. 具体流程图

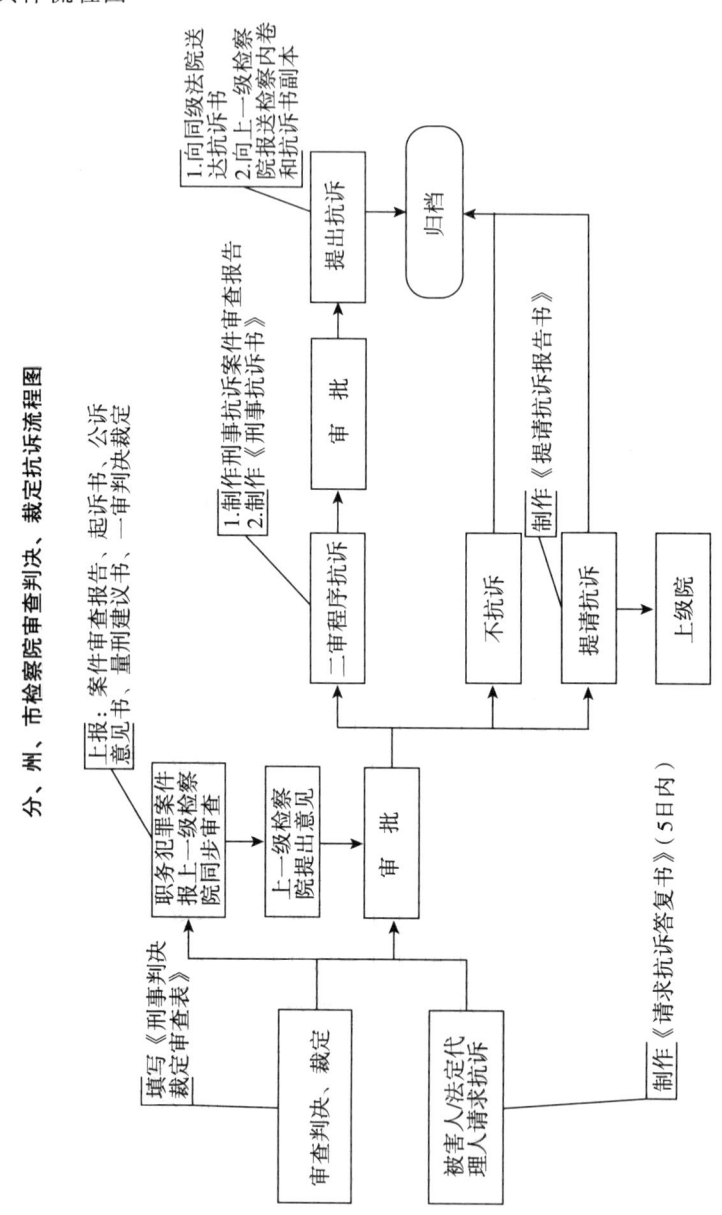

分、州、市检察院审查判决、裁定抗诉流程图

审查判决、裁定 → 填写《刑事判决裁定审查表》 → 职务犯罪案件报上一级检察院同步审查 → 上一级检察院提出意见 → 审批 → 二审程序抗诉（1.制作刑事抗诉案件审查报告 2.制作《刑事抗诉书》）→ 审批 → 提出抗诉（1.向同级法院送达抗诉书 2.向上一级检察院报送检察内卷和抗诉书副本）→ 归档

被害人法定代理人请求抗诉 → 制作《请求抗诉答复书》（5日内）

审批 → 不抗诉 / 提请抗诉（制作《提请抗诉报告书》）→ 上级院

上报：案件审查报告、起诉书、公诉意见书、量刑建议书、一审判决裁定

(六) 分、州、市检察院检察建议流程

1. 流程描述。分、州、市检察院检察建议流程与基层检察院基本相同，区别是可以审查下级院已发的检察建议，并有权撤销。

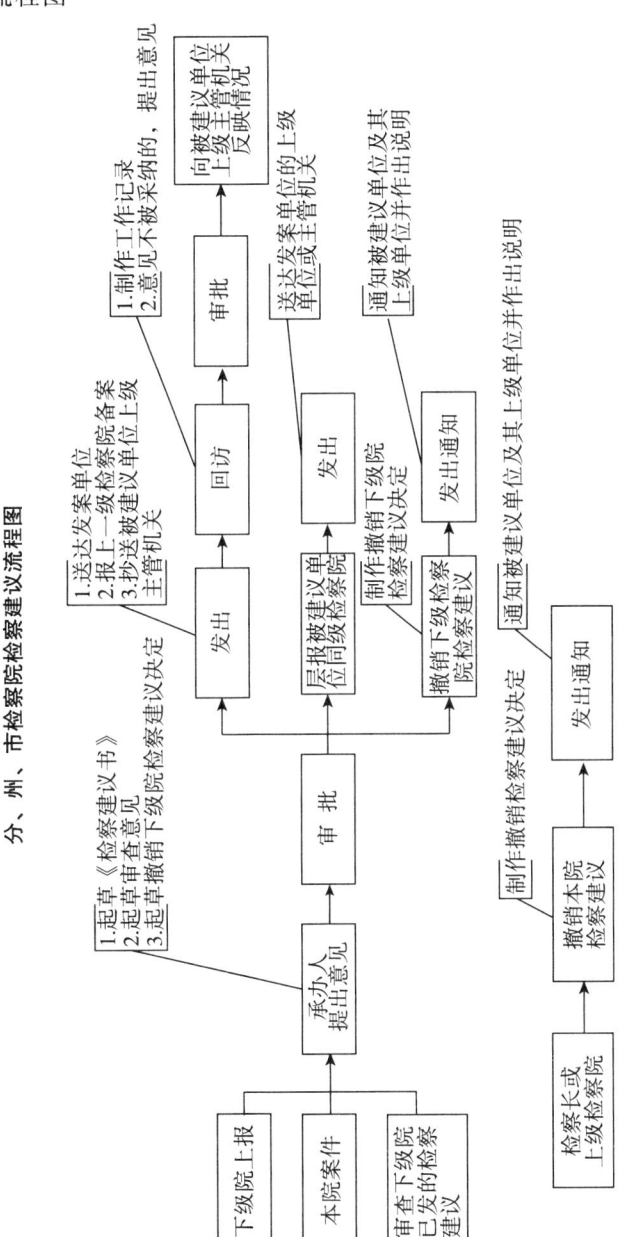

2. 具体流程图

分、州、市检察院检察建议流程图

（七）分、州、市检察院审批流程

1. 流程描述。这一流程与基层检察院相同。

2. 具体流程图

分、州、市检察院审批流程图

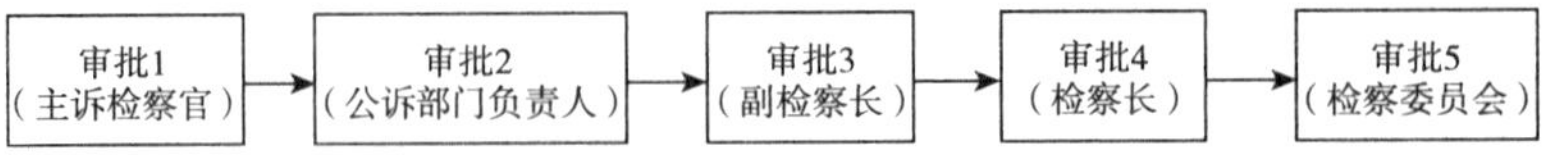

审批1（主诉检察官）→ 审批2（公诉部门负责人）→ 审批3（副检察长）→ 审批4（检察长）→ 审批5（检察委员会）

三、省级检察院公诉业务流程

省级检察院公诉业务流程系统分三项：（1）接收案管部门的案件→案件办理→出庭→审查判决、裁定→提请抗诉；（2）检察建议流程；（3）审批流程。

（一）省级检察院公诉业务总流程

1. 总流程描述。与分、州、市检察院和基层检察院在业务流程上的主要区别是，案件办理结束后出现四种结果；出庭是主要的，考虑理论上省级院存在一审案件，但又极不常见，故不单设流程，与二审、抗诉出庭并在一处；增设其他项，用于涵盖实践中的多种可能。

2. 总流程图

省级检察院公诉业务总流程图

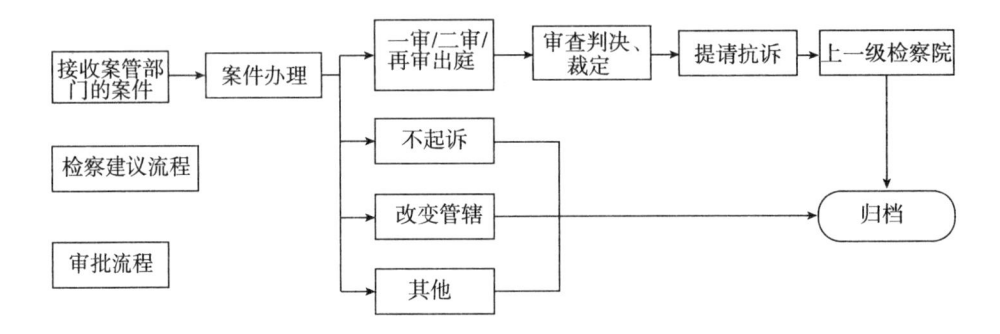

接收案管部门的案件 → 案件办理 → 一审/二审/再审出庭 → 审查判决、裁定 → 提请抗诉 → 上一级检察院

案件办理 → 不起诉 → 归档
案件办理 → 改变管辖 → 归档
案件办理 → 其他 → 归档

检察建议流程

审批流程

（二）省级检察院案件办理流程

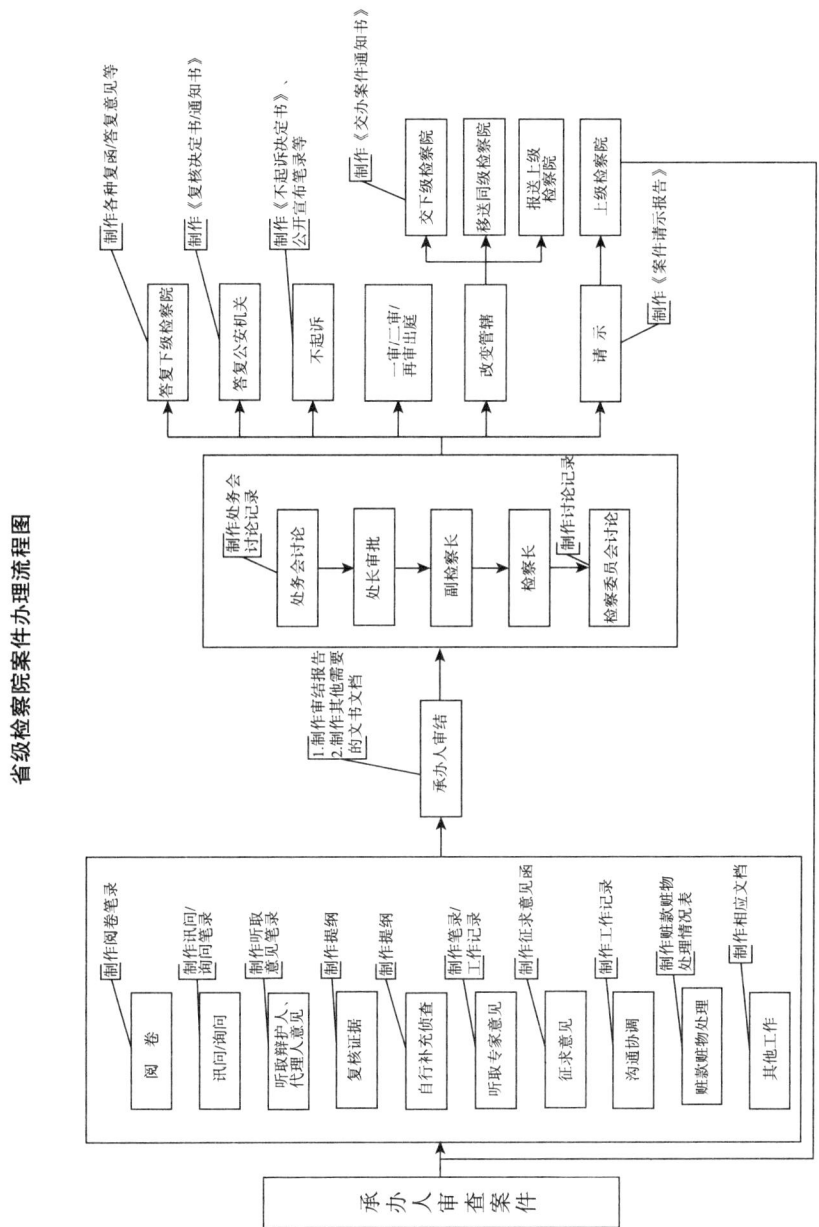

省级检察院案件办理流程图

（三）省级检察院出庭流程

1. 流程描述。与分、州、市检察院和基层检察院出庭流程基本相同，区别是审查判决、裁定后接提请抗诉，不再设二审程序抗诉，原因是省级检察院一审案件已是罕见，一旦发生也是重大案件，起诉判决质量必然较高，不太可能出现二审抗诉的情形。

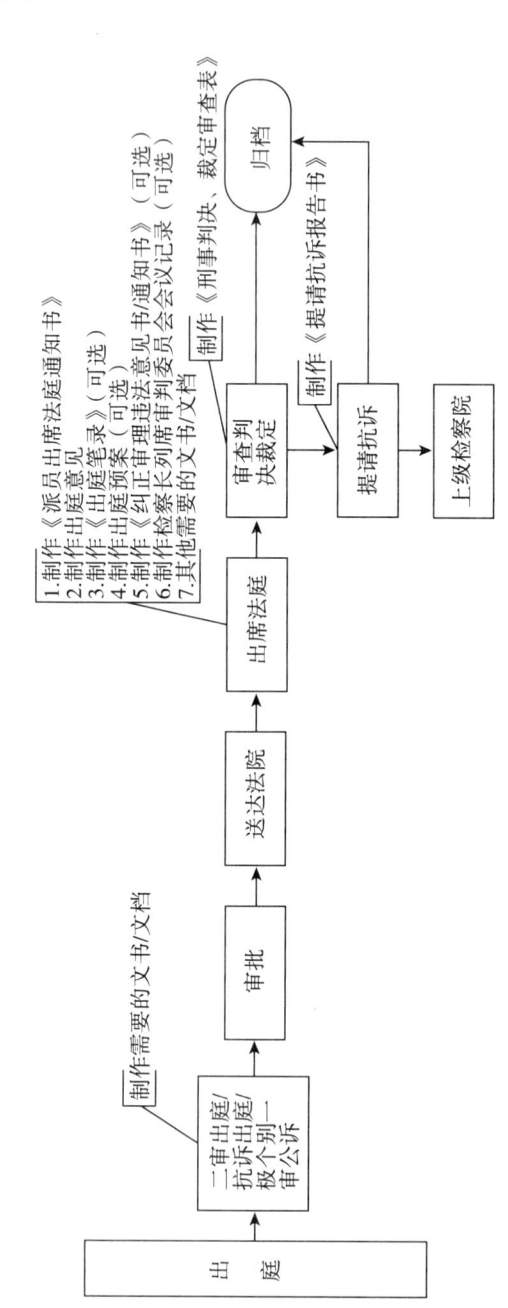

2. 具体流程图

省级检察院出庭流程图

出庭 → 二审出庭/抗诉出庭/极个别一审公诉 →（制作需要的文书/文档）→ 审批 → 送达法院 → 出席法庭 → 审查判决裁定 → 归档

出席法庭环节制作：
1. 制作《派员出席法庭通知书》
2. 制作《出庭意见》
3. 制作《出庭笔录》（可选）
4. 制作《出庭预案》
5. 制作《纠正审理违法意见书/通知书》（可选）
6. 制作检察长列席审判委员会会议记录（可选）
7. 其他需要的文书/文档

审查判决裁定环节制作：《刑事判决、裁定审查表》

提请抗诉 → 制作《提请抗诉报告书》→ 上级检察院 → 归档

（四）省级检察院检察建议流程

1. 流程描述。与分、州、市检察院检察建议流程相同。
2. 具体流程图

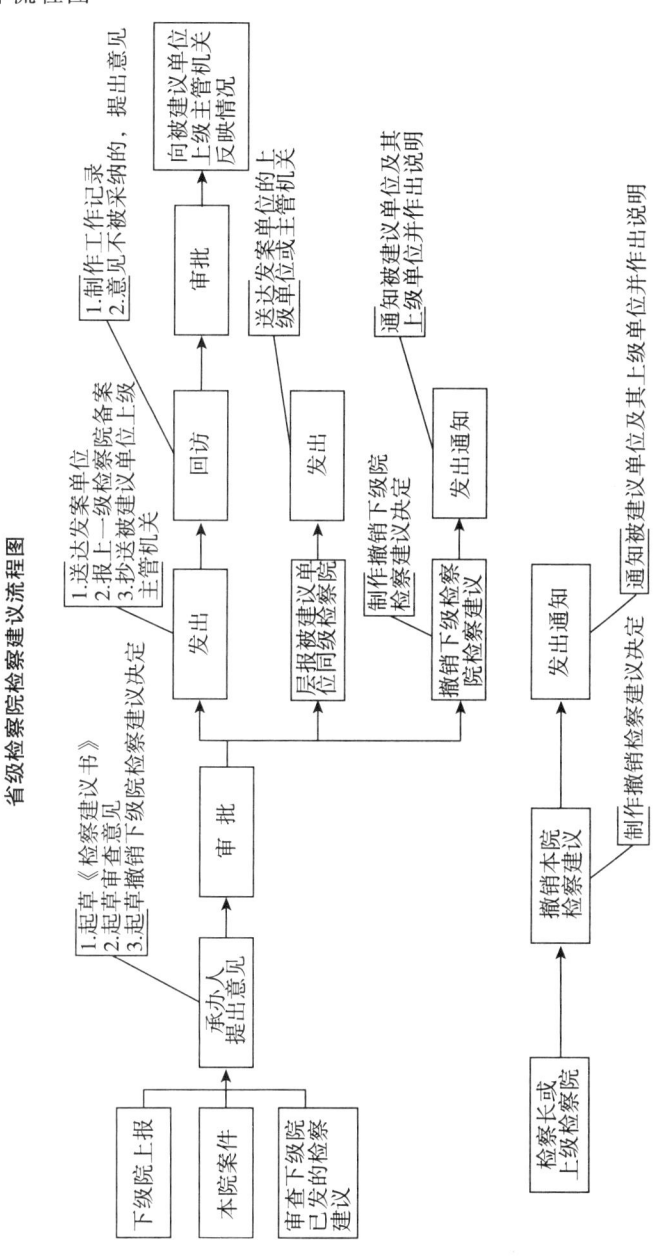

省级检察院检察建议流程图

（五）省级检察院审批流程

1. 流程描述。省级检察院设四级审批，与分、州、市检察院和基层检察院的区别是去掉了主诉检察官环节。与分、州、市检察院和基层检察院相同的是四级递进，但也并非每级必经。

2. 具体流程图

省级检察院审批流程图

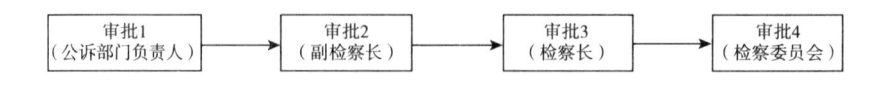

审批1（公诉部门负责人）→ 审批2（副检察长）→ 审批3（检察长）→ 审批4（检察委员会）

第三节　公诉工作的素能要求

一、公诉工作的职责要求

（一）着力提高指控犯罪水平

1. 坚持依法"严打"的方针不动摇，保持对严重犯罪的高压态势。要坚持运用起诉、追加起诉、抗诉等法律措施，严厉打击危害国家安全的各类犯罪；严厉打击杀人、抢劫、绑架、强奸、涉恐涉黑、涉枪涉暴、多发性侵财等严重影响群众安全感的刑事犯罪和"黄赌毒"等犯罪，维护社会治安秩序；严厉打击金融诈骗、证券内幕交易、制假售假、非法传销、破坏环境资源等严重经济犯罪，维护社会主义市场经济秩序；从重从严惩处贪污贿赂、渎职侵权等严重职务犯罪，促进反腐倡廉。

2. 强化出庭公诉工作。出庭公诉是指控犯罪的载体，是教育感化被告人认罪服法的重要途径，是展现公诉人乃至检察机关执法形象的重要窗口。公诉部门要认真、全面审查案件，围绕认定重点和争议焦点，扎实做好各项准备工作；要加强出庭前的模拟演练，完善出庭预案，增强应变能力；要充分利用多媒体示证系统，增强庭审效果。

3. 认真总结办理新类型犯罪案件的经验。对于证券、金融、网络、电信、知识产权等新领域的犯罪，集资诈骗、非法吸收公众存款、非法传销等涉众型犯罪，群体性事件中的犯罪，媒体关注度高的犯罪等案件要认真研究其规律和特点，总结办理经验，培养专业人才，切实提高审查起诉和出庭公诉水平。

（二）充分发挥诉讼监督职能

1. 增强监督意识。认真贯彻落实最高人民检察院《关于进一步加强对诉讼活动法律监督工作的意见》，防止和克服"监督是软任务"等错误观念，采取切实有效措施,加强对诉讼活动的法律监督工作。

2. 遵循监督原则。贯彻"坚决、准确、及时、有效"的原则,确保监督力度、质量、效率和效果的有机统一,防止监督工作的片面性。

3. 突出监督重点。坚持把监督的重点放在人民群众反映强烈的司法不公案件上,放在容易产生司法人员执法不严、违法犯罪的薄弱环节上,放在严重侵犯诉讼当事人权利的突出问题上。其中,侦查监督要重点开展对刑讯逼供、暴力取证、滥用刑事手段插手经济纠纷等问题的监督;审判监督要重点开展对有罪判无罪、无罪判有罪、判刑畸轻畸重以及审判中徇私枉法等行为的监督。特别是要注意发现执法不严、司法不公背后的司法人员职务犯罪线索,及时移交职务犯罪侦查部门查处。

4. 注重监督实效。要把监督所取得的实际效果作为衡量诉讼监督成效的主要依据,例如,纠正违法和错漏要重点看实际得到纠正的数量;抗诉要重点看被法院采纳的数量;发现司法人员职务犯罪线索要重点看移送线索后成案的数量,特别是大要案的数量;等等。

5. 完善监督机制。要把日常监督与专项监督相结合,事后监督与事前引导相结合,诉讼结果监督与诉讼过程监督相结合,跟踪监督与争取支持相结合,不断增强诉讼监督实效。

(三) 切实提高案件质量

1. 坚持审查起诉法定标准,确保公诉部门办理的每一起案件都经得起法律和历史的检验。要严格把握证据标准,坚决防止"带病"起诉现象的发生。严格执行刑事诉讼法关于不得强迫自证其罪、非法证据排除等规定,进一步改进和完善证据审查方式,将非法证据排除贯穿公诉工作的全过程,对于采用刑讯逼供等非法方法收集的犯罪嫌疑人、被告人供述和采用暴力、威胁等非法方法收集的证人证言、被害人陈述,坚决予以排除,确保证据的合法性和证明力。充分发挥退回补充侦查对查清案件关键事实的重要作用,对事实不清、证据不足的案件,坚决退回补充侦查。

2. 强化责任,认真审查把关。案件承办人、公诉部门负责人、分管检察长都要高度负责地对待每一起案件,并对案件的事实证据、定性、适用法律和诉或不诉意见负全部责任,其中承办人侧重于对事实证据负责,部门负责人侧重于对关键性证据、承办人提出的问题和是否起诉等意见负责,分管检察长侧重于对部门负责人提出的问题和是否起诉等决定负责。一旦发现错案,要实行责任倒查,并严肃追究存在过失的有关责任人的责任。

3. 强化业务指导。严格执行备案审查制度,上级院要对报备案件及时进行审查,提出处理意见,切实解决有些地方有案不备、备而不审的问题。强化上级院对重大疑难复杂案件、敏感案件、有较大影响案件和新类型案件的指导，下级院对上述案件要敢于负责，依法独立履行职责，但对确需请示的，应及时向上级院请示。建立健全案例指导制度，遇有典型案例，下级院要及时整理上报，上级院要精心筛选下发，以指导和规范办案工作，提高办案质量。

4. 认真开展案件评查。定期开展对捕后不诉、撤案、判无罪和诉后判无罪案件的评查，特别要重点做好对不诉后经复议或复核被上级院决定起诉或被害人向法院起诉后被判刑的案件，诉后判无罪的案件，起诉、审判后发现被错诉、错判的案件，案件作出处理后当事人非正常上访或矛盾激化等案件的评查，对该类案件逐案剖析并报告，通过评查和剖析，总结经验教训，解决突出问题，发现有违法违纪的，严格查究责任。

（四）全面落实宽严相济刑事政策

1. 始终保持对严重刑事犯罪的高压态势。坚持依法严厉打击严重危害国家政权稳固和社会治安的犯罪、严重暴力犯罪、严重影响人民群众安全感的犯罪、严重危害人民群众健康的犯罪、严重破坏社会主义市场经济秩序的犯罪、严重职务犯罪等，深入推进"打黑除恶"等专项斗争，积极参与"严打"整治行动，坚决维护国家统一、民族团结和社会和谐稳定。具体工作中，要强化对重点案件的办理和指导，健全重大案件介入侦查引导取证、挂牌督办等工作制度，始终保持对严重刑事犯罪的高压态势。

2. 对轻微刑事案件落实依法从宽政策。一是认真贯彻"两扩大、两减少"原则。审查起诉轻微刑事案件过程中，对于符合非羁押强制措施条件的尽量采用取保候审、监视居住，可诉可不诉的尽量不起诉。对必须依法提起公诉，如果具有法定从轻处罚情节以及有悔罪、积极赔偿等酌定从轻处罚情节，符合法定条件的，也可以提出判处缓刑、管制或者单处附加刑的量刑建议。二是促进刑事和解。按照刑事诉讼法关于当事人和解的公诉案件诉讼程序的规定，对双方达成和解的，公诉部门要认真审查，认为符合自愿、合法原则的，应依法从宽处理，可诉可不诉的不诉，必须起诉的建议法院从轻处理。三是准确把握众多犯罪嫌疑人案件和死刑案件的政策。对涉案人员众多的案件，要坚持打击少数，教育挽救多数，最大限度地减少定罪判刑的人数，分化瓦解违法犯罪。对于死刑案件，要贯彻"少杀、慎杀"的原则，正确把握法定从重、从轻情节，区分案件类型实行区别对待。

二、公诉工作的能力素质要求

公诉队伍的主体和核心是公诉人，要认真贯彻落实最高人民检察院《关于加强公诉人建设的决定》，以公诉人建设为重点带动整个公诉队伍建设，使公诉队伍成为政治坚定、业务精通、执法公正、作风优良的队伍。

(一) 公诉人应具备的基本能力素质

1. 思想政治素质。公诉人必须牢固树立社会主义法治理念，坚持理性、平和、文明、规范执法，坚持执法办案数量、质量、效率、效果相统一。认真遵守《检察官职业道德基本准则（试行）》，牢固树立忠诚、公正、清廉、文明的职业道德。

2. 法律专业素养。熟悉法律专业知识是每个公诉人必须具备的最基本要求。审查起诉、出庭公诉、揭露犯罪、证实犯罪都需要有坚实的法律专业知识作后盾，公诉人必须不断加强学习，全面掌握不同领域法律知识，完善知识结构，为有力指控犯罪和进行诉讼监督打牢专业根基。

3. 公诉职业能力。具体包括：（1）要有较强的审查判断证据能力。要坚持全面客观审查、甄别、判断证据材料，提高对重大疑难复杂案件和新类型案件的审查能力，提高对物证、书证、鉴定意见、视听资料等证据的审查能力，提高引导侦查机关（部门）根据出庭公诉的要求，依法收集、固定和完善证据的能力，提高对非法证据的审查能力。（2）要有较强的法律适用和政策运用能力。要正确理解法律和司法解释，准确认定犯罪性质和情节，善于从犯罪的本质特征即行为社会危害性方面把握行为性质，善于科学把握犯罪构成要件，善于研究司法实践中出现的新情况、新问题，善于正确把握执行法律与贯彻刑事政策的关系。（3）要有较强的出庭公诉的能力。公诉人必须注重提高庭前预测能力、庭上指控犯罪能力、庭上辩驳能力、庭上应变能力以及语言表达能力，从而增强出庭的综合效果。（4）要有较强的诉讼监督能力。强化监督意识，突出监督重点，坚持监督原则，讲究监督方法，提高监督质量，拓宽监督思路，增强监督实效。（5）要有较强的参与处置突发敏感事件、应对各种复杂局面以及化解社会矛盾的能力。要注重提高对突发敏感事件的预见性、主动性、针对性和时效性，做到处置快速有力，应对妥善有效，程序公开透明，方式慎重稳妥。

4. 社会责任。公诉人要注重公诉职能向修复社会关系延伸，坚持把化解矛盾纠纷贯穿于公诉工作始终，在审查起诉、出庭公诉、抗诉等各个环节采取多种方式化解矛盾，解决合理诉求，做到案结事了。要以履行构建和谐社会的社会责任感来提高做群众工作的能力，善于运用心理疏导等方式缓解当事人因案件产生的心理压力，善于运用通俗语言和群众易于接受的方式释法说理，善于引导群众采取理性合法的方式表达诉求，善于在依法办案过程中积极为当事人和解创造条件。

5. 公正廉洁执法能力。公诉人应当严格遵守《党员领导干部廉洁从政若干准则》、《检察机关党风廉政建设责任制实施办法》和《公诉人员六条纪律规定》等相关规定，筑牢拒腐防变的思想防线，确保公正廉洁执法。

（二）提高公诉工作能力的途径

1. 加强业务培训和岗位练兵。坚持理论与实践相结合、讲授式培训与研讨式培训相结合、面授教学与网络教学相结合，切实提高培训的实际效果。要建立专家型和专门型公诉人培训机制，加大对专家型公诉人才和专门型公诉人才在法治理念、刑事政策、理论前沿、公诉疑难问题研究以及证据审查、文书制作、多媒体示证、出庭公诉等方面的培训力度。要深入开展公诉理论研究，形成一批高质量的研究成果，并强化研究成果的运用，用公诉理论最新成果推动公诉工作实践。通过业务竞赛活动、优秀公诉人巡讲、辩论赛、观摩庭等多种形式，不断提高公诉人的实战能力。探索建立公诉人出庭抽查和考核制度，促使公诉人出庭能力不断提高。

2. 加强群众工作能力建设。要将群众工作能力作为公诉队伍建设的重要内容，积极开展各种专项培训，提高执法办案一线人员掌握群众心理、使用群众语言、协调处理群众诉求、引导和说服群众以及应对网络舆情的能力。积极开展实践锻炼，定期分批组织干警到基层执法办案一线锻炼，了解实际情况，提高做群众工作的能力。

3. 加强纪律作风建设。要严明职业纪律，加强自身监督制约，建立公诉人岗位风险防范机制。突出重点、分类指导、综合治理，抓住执法办案中容易产生风险的重点岗位、关键环节和特殊时段，建立具有针对性、科学性、系统性和前瞻性的风险防范机制，确保公诉人在办案纪律、办案质量、办案安全、办案效果等方面的风险得到有效防范。

思考题

1. 公诉工作的基本职能是什么？
2. 不起诉包含哪些类型？
3. 基层检察院公诉工作总流程如何描述？
4. 公诉人应当具备的基本能力素质包括哪些方面？

第二部分
公诉工作实务

第二章 审查起诉

审查起诉，是指检察机关对公诉案件进行审查，以决定是否对犯罪嫌疑人提起公诉的活动。在刑事诉讼中，公诉案件在侦查终结后、交付审判前，需要检察机关进行审查，以决定是否提起公诉。在我国，审查起诉是连接侦查与审判的重要环节，是刑事诉讼的一个独立阶段，是检察机关行使公诉权的一项重要的基础工作。

审查起诉一方面要对侦查部门认定的犯罪事实、犯罪性质、有关证据以及适用法律的意见进行全面细致的审查，发现、弥补和完善侦查工作中的疏漏和不足，以便准确地作出起诉或者不起诉决定；另一方面要对侦查活动进行监督，发现和纠正侦查活动中的违法现象，保障当事人和其他诉讼参与人的诉讼权利和合法权益。此外，审查起诉还要掌握案件事实和证据的全面情况，为出庭支持公诉做好准备。

人民检察院受理审查起诉案件，应当由检察员或者经检察长批准代行检察员职务的助理检察员办理，也可由检察长办理。办案人员应当全面审阅案卷材料，必要时制作阅卷笔录。

第一节 受理案件

人民检察院受理移送审查起诉案件时，除需要审查卷宗材料是否齐备、规范，作为证据使用的实物是否随案移送，移送的实物与物品清单是否相符，犯罪嫌疑人是否在案等基本情况外，最主要的审查内容就是是否属于本院管辖。

一、报送、移送和移交管辖

人民检察院公诉部门收到移送审查起诉的案件后，经审查认为不属于本院管辖的，应当在5日以内经由案件管理部门移送有管辖权的人民检察院。认为属于上级人民法院管辖的第一审案件的，应当报送上一级人民检察院，同时通知移送审查起诉的公安机关；认为属于同级其他人民法院管辖的第一审案件的，应当移送有管辖权的人民检察院或者报送共同的上级人民检察院指定管辖，同时通知移送审查起诉的公安机关。

上级人民检察院受理同级公安机关移送审查起诉案件，认为属于下级人民法院管辖的，可以交下级人民检察院审查，由下级人民检察院向同级人民法院提起公诉，同时通知移送审查起诉的公安机关。

二、指定管辖

指定管辖，是指当管辖不明、管辖存在争议或者有管辖权的司法机关不宜行使管辖权时，由上级司法机关以指定的方式确定案件的管辖权。实践中较为常见的是第三种情形的指定管辖，一般有以下几种情况：一是有管辖权的司法机关由于特殊原因不能行使管辖权的。二是上级司法机关认为由其他司法机关管辖更有利于公正、及时处理案件的，如侦查机关在侦查阶段已经指定侦查，在侦查终结后，为提高诉讼效率，节约司法资源，便于诉讼的顺利进行，上级检察机关、审判机关可以指定本来没有管辖权的检察机关、审判机关管辖；又如为了回避或排除干扰，上级司法机关可以将案件指定给另一无管辖权的司法机关管辖，以保证案件的公正、及时处理。三是无管辖权的司法机关已经受理后发现无管辖权，而由其继续处理更有利于案件的公正、及时处理的，可以逐级报请其共同的上一级司法机关指定管辖。当然，如果无管辖权的司法机关已经受理后发现无管辖权，而由有管辖权的司法机关处理更为适宜的，则同级司法机关沟通协商后直接移送即可，无须上级司法机关指定管辖。

需要注意的是，根据最高人民法院、最高人民检察院、公安部、国家安全部、司法部、全国人大常委会法制工作委员会《关于实施刑事诉讼法若干问题的规定》第23条规定，上级公安机关指定下级公安机关立案侦查的案件，需要提起公诉的，由侦查该案件的公安机关移送同级人民检察院审查起诉。人民检察院认为需要依照刑事诉讼法的规定指定审判管辖的，应当协商同级人民法院办理指定管辖有关事宜。《刑诉规则》第362条第5款规定，"需要依照刑事诉讼法的规定指定审判管辖的，人民检察院应当在侦查机关移送审查起诉前协商同级人民法院办理指定管辖有关事宜。"两个条文在"协商法院的时间"上存在一定的矛盾，前者规定是"受理审查起诉之后"，后者规定是"受理审查起诉之前"。对此，需要在司法实践中根据实际情况妥善处理。

第二节　实体审查与程序审查

一、实体审查

根据《刑诉规则》第363条的规定，人民检察院受理审查起诉案件后，实体审查的重点包括：

（一）犯罪嫌疑人的身份状况是否清楚

查明犯罪嫌疑人的身份状况主要包括：犯罪嫌疑人的姓名、性别、国籍、出生年月日、职业、单位、民族以及出生地、住址、身份证号码等。单位犯罪的，应查明单位的组织机构代码、所在地址、联系方式、法定代表人和诉讼代表人的姓名等。

（二）犯罪事实、情节是否清楚，认定犯罪性质和罪名是否正确，有无法定的从重、从轻、减轻或者免除处罚的情节，共同犯罪案件的犯罪嫌疑人的责任认定是否恰当

犯罪事实、情节清楚是正确定罪量刑的前提，在审查起诉的工作中，应当查明涉案犯罪事实的时间、地点、手段、后果、行为与结果的因果关系以及犯罪嫌疑人的犯罪动机、目的等，所要查明的事实情节，既包括定罪的事实与情节，也包括量刑的事实与情节，特别是有无法定的从重、从轻、减轻或者免除处罚的情节。

还要结合侦查终结认定的犯罪性质与罪名来进一步审查移送审查起诉的罪名是否准确，对犯罪性质的认定是否得当，要准确把握罪与非罪、此罪与彼罪、一罪与数罪的界限。对于共同犯罪的，要审查各共同犯罪人在共同犯罪中的地位、作用，以准确认定主犯、从犯、胁从犯或教唆犯。

（三）证据是否确实、充分

证据是否确实、充分，是人民检察院决定起诉、不起诉和人民法院正确定罪量刑的基础和重要依据。审查起诉中，主要是对侦查机关（部门）收集的证据材料从合法性、客观性和关联性的角度进行审查，确定证据是否确实、充分，与所指控的犯罪事实是否相互关联。

（四）有无遗漏罪行和其他应当追究刑事责任的人

在审查起诉中，除对侦查终结移送审查起诉的犯罪事实和犯罪嫌疑人进行审查外，还要查明有没有应当发现而没有发现的其他罪行以及应当追究刑事责任而没有追究的其他人员和单位。

（五）是否属于不应当追究刑事责任的情形

惩罚犯罪、保障人权是刑事诉讼的两大价值目标，依法保障无辜的人不受追究是检察机关的职责之一，因此，在审查起诉中，要坚持实事求是的原则，对于法律规定不应当追究刑事责任的情形，应当依法作出不起诉的决定，以保障公民的合法权益。

（六）有无附带民事诉讼，对于国家财产、集体财产遭受损失的，是否需要由人民检察院提起附带民事诉讼

刑事附带民事诉讼分为两种情况：一种是由于犯罪行为使国家财产、集体财产遭受损失，由人民检察院提起的附带民事诉讼；另一种是由于犯罪嫌疑人的犯罪行为使被害人遭受物质损失，由被害人提起的附带民事诉讼。在审查起诉工作中，一方面，应当审查犯罪行为是否给被害人造成物质损失，被害人是否提起附带民事诉讼，被害人没有提起附带民事诉讼的，应当依法告知被害人或其法定代理人有权选择在刑事诉讼中一并提出附带民事诉讼，或者另行向法院提起民事诉讼；另一方面，还要审查犯罪行为是否使国家财产、集体财产遭受损失，如果国家财产、集体财产遭受损失而被害人没有提起附带民事诉讼的，人民检察院依法可以在提起公诉时一并提起附带民事诉讼。

二、程序审查

（一）证据材料是否随案移送，不宜移送的证据的清单、复制件、照片或者其他证明文件是否随案移送。如果采用了技术侦查措施，采取技术侦查措施的决定书是否一并移送

侦查活动中收集的证据材料，无论是证明犯罪嫌疑人有罪还是无罪的证据、罪轻或者应当减轻、免除处罚的证据材料，都应当报送检察机关审查，以便全面审查判断整个案件事实。根据法律规定的要求，除法定的特殊情况外，侦查部门移送的证据材料应当是原件、原物。只有在原件、原物已经灭失或者返还被害人，或者由于证据本身的特殊性质不易保存等无法移送的情况下，才可以不移送原物、原件，但必须移送物品清单、照片、复制品、复印件或者其他证明文件，供检察机关审查。

（二）采取的强制措施是否适当或必要

在审查起诉工作中，首先应当审查犯罪嫌疑人是否已被采取逮捕等强制措施，如果没有被采取强制措施，应当根据案件和犯罪嫌疑人的具体情况，结合刑事诉讼顺利进行的需要，决定是否对其采取强制措施和采取适当的强制措施，需要逮捕犯罪嫌疑人的，应当移送本院审查逮捕部门办理。如果犯罪嫌疑人已被采取强制措施，应当审查采取的强制措施是否适当，如果认为原来的强制措施不当的，应当及时予以变更、解除或者撤销。犯罪嫌疑人、被告人被逮捕的，公诉部门应当进行羁押必要性审查。

（三）侦查活动是否合法

人民检察院的审查起诉活动是对侦查活动和结果进行法律监督的过程。在审查起诉工作中，除了要对事实证据进行审查外，还要审查侦查活动是否符合

法律的规定，有无违反法定程序的行为，有关诉讼活动的法律手续是否完备，有无侵犯当事人和其他诉讼参与人的诉讼权利和合法权益的行为。特别要重点审查在侦查活动中讯问犯罪嫌疑人、询问被害人、证人是否存在刑讯逼供和威胁、引诱、欺骗以及以其他非法方法收集证据的情况。发现侦查活动存在违法行为的，应当及时提出纠正意见或者报检察长处理。发现侦查人员的违法行为构成犯罪的，应当依法追究刑事责任。

（四）与犯罪有关的财物及其孳息是否扣押、冻结并妥善保管；对被害人的合法财产、违禁品或者不宜长期保存的物品的处理是否妥当，移送的证明文件是否完备

与犯罪有关的财物及其孳息等赃款、赃物不仅是认定案件事实的证据，而且往往涉及被害人、被告人的合法权益，因此，在审查起诉时要重视对涉案物品的审查。一是审查案件中有哪些财物，是否属于赃款、赃物，所有赃款、赃物是否已经追缴、扣押或者冻结，是否还有其他赃款、赃物没有查明去向。二是审查作为证据使用的物品是否移送，如果没有移送，查明没有移送的原因。三是涉案物品中有无属于被害人的合法财产，是否属于违禁品或者不宜长期保存的物品，对这些物品的处理是否妥当。已经处理的，侦查机关移送的证明文件是否完备。

第三节 证据审查

证据审查是审查起诉工作的核心工作，其重点是从证据的合法性、客观性、关联性方面进行全面审查。主要包括以下几个方面：

一、讯问犯罪嫌疑人、听取犯罪嫌疑人及其辩护人的意见，询问证人、被害人，听取被害人及其委托人的意见。辩护人、被害人及其诉讼代理人提出书面意见的，应当附卷

1. 讯问、听取意见应由 2 名以上办案人员进行，并制作笔录。对于不需要逮捕、拘留的犯罪嫌疑人，可以传唤到犯罪嫌疑人所在市、县内的指定地点或者到他的住处进行讯问，但是应当出示人民检察院的证明文件。

2. 讯问笔录应当交犯罪嫌疑人核对，对于没有阅读能力的，应当向他宣读。记载有遗漏或者差错的，犯罪嫌疑人可以提出补充。犯罪嫌疑人承认笔录没有错误后，应当签名或者盖章。讯问人员也应当在笔录上签名。犯罪嫌疑人请求自行书写供述的，应当准许。

3. 对证人证言笔录存在疑问或者认为对证人的询问不具体或有遗漏的，

可以对证人进行询问并制作笔录。

4. 直接听取被害人和犯罪嫌疑人、被害人委托的人的意见有困难的，可以向被害人和犯罪嫌疑人、被害人委托的人发出书面通知，由其提出书面意见，在指定期限内未提出意见的，应当记明笔录。

5. 讯问犯罪嫌疑人或者询问被害人、证人时，应当分别告知其在审查起诉阶段所享有的诉讼权利。

二、审查物证、书证、视听资料等证据材料

1. 对物证、书证、视听资料、勘验、检查笔录存在疑问的，可以要求侦查人员提供物证、书证、视听资料、勘验、检查笔录获取、制作的有关情况。必要时也可以询问提供物证、书证、视听资料的人员并制作笔录，对物证、书证、视听资料进行技术鉴定。

2. 对于随案移送的讯问犯罪嫌疑人录音、录像或者人民检察院调取的讯问犯罪嫌疑人录音、录像，应当审查相关录音、录像；对于重大、疑难、复杂的案件，必要时可以审查全部录音、录像。重点要对录音、录像的真实性、合法性，以及录音、录像与其他证据材料之间是否存在矛盾，能否相互印证进行审查。

3. 对审查起诉案件中涉及专门技术问题的证据材料需要进行审查的，可以送交检察技术人员或者其他具有专门知识的人员审查。检察技术人员或者其他具有专门知识的人员审查后应当出具审查意见。

三、审查勘验、检查笔录、鉴定意见

1. 审查案件的时候，对公安机关的勘验、检查，认为需要复验、复查的，应当要求公安机关复验、复查，人民检察院可以派员参加；也可以自行复验、复查，商请公安机关派员参加，必要时也可以聘请专门技术人员参加。

2. 认为对犯罪嫌疑人或被害人需要进行医学鉴定的，应当要求公安机关进行；必要时也可以由人民检察院进行或者由人民检察院送交有鉴定资格的医学机构进行。自行对犯罪嫌疑人或者被害人进行医学鉴定的，可以商请公安机关派员参加，必要时还可以聘请医学机构或者专门鉴定机构有鉴定资格的人员参加。

3. 在审查起诉中，发现犯罪嫌疑人有患精神病可能的，人民检察院应当依照《刑诉规则》的有关规定对犯罪嫌疑人进行鉴定。犯罪嫌疑人的辩护人或者近亲属以犯罪嫌疑人有患精神病可能而申请对犯罪嫌疑人进行鉴定的，人民检察院也可以依照有关规定对犯罪嫌疑人进行鉴定，并由申请方承担鉴定费用。

4. 对鉴定意见有疑问的，可以指派或者聘请有专门知识的人或者鉴定机构，对案件中的某些专门性问题进行补充鉴定或者重新鉴定。需要对案件中某些专门性问题进行鉴定而侦查机关没有鉴定的，应当要求侦查机关进行鉴定；必要时也可以由人民检察院进行鉴定或者由人民检察院送交有鉴定资格的人进行。人民检察院自行进行鉴定的，可以商请侦查机关派员参加，必要时可以聘请有鉴定资格的人参加。

第四节 退回补充侦查

退回补充侦查是指人民检察院公诉部门对侦查机关（部门）移送起诉的案件进行审查起诉时，依法将事实不清、证据不足的案件退回原移送的侦查机关（部门）补充侦查的诉讼活动。它是在原有的侦查工作的基础上退回原侦查机关（部门）进行补充收集证据的一种侦查活动。

一、退回补充侦查的适用情形

根据刑事诉讼法第171条、《刑诉规则》第380条的规定，退回补充侦查程序只适用于事实不清、证据不足或者遗漏罪行、遗漏同案犯罪嫌疑人等情形。

二、退回补充侦查的限制性规定

1. "补充侦查以二次为限"。无论是检察机关自行侦查，还是退回侦查部门补充侦查，补充侦查以二次为限。对于在审查起诉期间改变管辖的案件，改变管辖后的人民检察院对于符合刑事诉讼法第171条第2款的规定即需要补充侦查的案件，可以通过原受理案件的人民检察院退回原侦查的公安机关补充侦查，也可以自行侦查，改变管辖前后退回补充侦查的次数总共不得超过二次。退回补充侦查以二次为限，有利于防止案件久拖不决，对于保护犯罪嫌疑人的权利具有十分重要的意义。

2. "补充侦查应当在一个月以内完毕"。这一规定要求补充侦查应当及时进行，不得久侦不决。

三、正确理解退回补充侦查与存疑不起诉的关系

刑事诉讼法第171条第4款规定："对于二次补充侦查的案件，人民检察院仍然认为证据不足，不符合起诉条件的，应当作出不起诉的决定。"也就是说，退回补充侦查是适用存疑不起诉的必要条件，人民检察院不得不经过退回补充侦查而直接作出不起诉决定。值得注意的是，与原刑事诉讼法相比，将

"可以"修改为"应当",也就是说,对于上述经二次补充侦查,仍不符合起诉条件的情形,必须作出不起诉的决定。同时,《刑诉规则》第403条第2款规定:"人民检察院对于经过一次退回补充侦查的案件,认为证据不足,不符合起诉条件,且没有退回补充侦查必要的,可以作出不起诉决定。"基于此,对于确无第二次补充侦查必要和可能的,不必强行二次退补,直接作出不起诉决定亦可。

第五节 羁押必要性审查

一、羁押必要性审查的途径

刑事诉讼法第93条规定,犯罪嫌疑人、被告人被逮捕后,人民检察院仍应当对羁押的必要性进行审查。为了更好地贯彻刑事诉讼法,《刑诉规则》第616条和第618条规定了人民检察院开展羁押必要性审查可以采取主动提起和被动提起两种途径。主动提起是指人民检察院主动发现或者根据犯罪嫌疑人、被告人及其法定代理人、近亲属或者辩护人的申请,经审查认为不需要继续羁押的,应当建议有关机关予以释放或者变更强制措施;被动提起是指犯罪嫌疑人、被告人及其法定代理人、近亲属或者辩护人可以申请人民检察院进行羁押必要性审查,申请时应当说明不需要继续羁押的理由,有相关证据或者其他材料的,应当提供,也就是检察机关依申请被动提起羁押必要性审查。《刑诉规则》第618条实际上是赋予了犯罪嫌疑人、被告人一方申请人民检察院进行羁押必要性审查的权利,同时对他们而言,也是增加了一个对羁押有异议的救济途径。但是,犯罪嫌疑人、被告人一方根据刑事诉讼法第95条申请变更强制措施与根据《刑诉规则》申请人民检察院进行羁押必要性审查是不同的,主要表现在:(1)申请对象不同。前者的申请对象是办案机关,包括公安机关、人民检察院和人民法院;后者的申请对象仅仅是人民检察院。(2)申请的时间不同。前者要对应办案机关的诉讼阶段,如申请人民法院变更强制措施只能在审判阶段;而后者可以在侦查、审查起诉、一审、二审、死刑复核阶段中的任何一个阶段向人民检察院提出。(3)申请的效力和法律后果不同。前者的办案机关应当在收到申请后3日内作出决定,不同意变更强制措施的,应当告知申请人,并说明不同意的理由;而后者只是引起人民检察院启动羁押必要性审查程序。

二、羁押必要性审查的方式

鉴于与有无继续羁押必要性相关的案件因素有很多,人民检察院在审查犯罪嫌疑人、被告人有无继续羁押必要性时应当对各方面因素进行充分评估和考虑，并充分了解案情和听取各方诉讼参与人的意见。《刑诉规则》第620条规定："人民检察院可以采取以下方式进行羁押必要性审查：（一）对犯罪嫌疑人、被告人进行羁押必要性评估；（二）向侦查机关了解侦查取证的进展情况；（三）听取有关办案机关、办案人员的意见；（四）听取犯罪嫌疑人、被告人及其法定代理人、近亲属、辩护人，被害人及其诉讼代理人或者其他有关人员的意见；（五）调查核实犯罪嫌疑人、被告人的身体健康状况；（六）查阅有关案卷材料，审查有关人员提供的证明不需要继续羁押犯罪嫌疑人、被告人的有关证明材料；（七）其他方式。"

三、可以提出释放或者变更强制措施建议的情形

《刑诉规则》第619条第1款规定："人民检察院发现有下列情形之一的，可以向有关机关提出予以释放或者变更强制措施的书面建议：（一）案件证据发生重大变化，不足以证明有犯罪事实或者犯罪行为系犯罪嫌疑人、被告人所为的；（二）案件事实或者情节发生变化，犯罪嫌疑人、被告人可能被判处管制、拘役、独立适用附加刑、免于刑事处罚或者判决无罪的；（三）犯罪嫌疑人、被告人实施新的犯罪，毁灭、伪造证据，干扰证人作证，串供，对被害人、举报人、控告人实施打击报复，自杀或者逃跑等的可能性已被排除的；（四）案件事实基本查清，证据已经收集固定，符合取保候审或者监视居住条件的；（五）继续羁押犯罪嫌疑人、被告人，羁押期限将超过依法可能判处的刑期的；（六）羁押期限届满的；（七）因为案件的特殊情况或者办理案件的需要，变更强制措施更为适宜的；（八）其他不需要继续羁押犯罪嫌疑人、被告人的情形。"

根据刑事诉讼法的规定精神和《刑诉规则》的上述规定，人民检察院开展羁押必要性审查时，应当主要审查被羁押的犯罪嫌疑人、被告人是否仍然具有社会危险性以及其涉嫌犯罪情节的轻重，如果经审查认为犯罪嫌疑人、被告人不再具有社会危险性或者其涉嫌犯罪情节较轻，符合取保候审或者监视居住条件的，应当向办案机关提出予以释放或者变更强制措施的建议。另外，为了体现羁押必要性审查结论的慎重性、公正性和合理性，同时为接到建议的办案机关决定是否释放犯罪嫌疑人、被告人或者变更强制措施时提供充分的依据，《刑诉规则》规定人民检察院向有关办案机关提出的释放或者变更强制措施的建议书应当说明不必要继续羁押犯罪嫌疑人、被告人的理由及法律依据，这里的"理由"包括能够证明不需要继续羁押犯罪嫌疑人、被告人的有关事实和证据。

四、关于释放或者变更强制措施建议的执行

根据刑事诉讼法第 93 条的规定，对于人民检察院提出的予以释放或者变更强制措施的建议，有关机关应当在 10 日以内将处理情况通知人民检察院。根据《刑诉规则》第 621 条的规定，人民检察院向有关办案机关提出对犯罪嫌疑人、被告人予以释放或者变更强制措施的建议的，应当要求有关办案机关在 10 日以内将处理情况通知本院。有关办案机关没有采纳人民检察院建议的，应当要求其说明理由和依据。对人民检察院办理的案件，经审查认为不需要继续羁押犯罪嫌疑人的，应当建议办案部门予以释放或者变更强制措施，具体程序参照向办案机关提出建议的程序办理。

第六节　提起公诉与不起诉

一、提起公诉

（一）提起公诉的条件

案件审查后，人民检察院认为犯罪嫌疑人的犯罪事实已经查清，证据确实、充分，依法应当追究刑事责任的，应当作出起诉决定，按照审判管辖的规定，向人民法院提起公诉。

其中，犯罪事实已经查清，证据确实、充分是指：（1）定罪量刑的事实都有证据证明；（2）据以定案的证据均经法定程序查证属实；（3）综合全案证据，对所认定事实已排除合理怀疑。

具有下列情形之一的，可以确认犯罪事实已经查清：（1）属于单一罪行的案件，查清的事实足以定罪量刑或者与定罪量刑有关的事实已经查清，不影响定罪量刑的事实无法查清的；（2）属于数个罪行的案件，部分罪行已经查清并符合起诉条件，其他罪行无法查清的；（3）无法查清作案工具、赃物去向，但有其他证据足以对被告人定罪量刑的；（4）证人证言、犯罪嫌疑人供述和辩解、被害人陈述的内容中主要情节一致，只有个别情节不一致且不影响定罪的。需要注意的是，对于符合第（2）项情形的，应当以已经查清的罪行起诉。

（二）提起公诉的程序

1. 制作起诉书。人民检察院决定提起公诉的，应当制作起诉书。起诉书的格式由首部、被告人（被告单位）的基本情况、案由和案件的审查过程、案件事实、证据、起诉的根据和理由、尾部七个部分组成。

起诉书的首部由人民检察院的名称和文号两部分组成。除最高人民检察院外，各地方人民检察院的名称前应写明省（自治区、直辖市）的名称；对涉外案件提起公诉时，各级人民检察院的名称前均应注明"中华人民共和国"字样。文号由制作起诉书的人民检察院的简称、案件性质、起诉年度、案件顺序号组成。

起诉书的尾部由两部分组成：一是具体承办案件公诉人的法律职务和姓名；二是起诉书的年月日，为签发起诉书的日期。

起诉书正文的主要内容包括：（1）被告人的基本情况，包括被告人的自然情况、是否受过刑事处分及处分的种类和时间，采取强制措施的情况等，如果是单位犯罪，应当写明犯罪单位的名称和组织机构代码、所在地址、联系方式、法定代表人和诉讼代表人的姓名、职务、联系方式；（2）案由和案件来源，包括退回补充侦查、延长审查起诉期限等情况；（3）案件事实，包括犯罪的时间、地点、经过、手段、动机、目的、危害后果等与定罪量刑有关的事实要素；（4）起诉的根据和理由，包括被告人触犯的刑法条款、犯罪的性质及认定的罪名、处罚条款、法定从轻、减轻或者从重处罚的情节，共同犯罪各被告人应负的罪责等。要结合犯罪的各构成要件进行概括性的表述，突出本罪的特征，语言要精练、准确；对法律条文的引用，要准确、完整、具体，写明条、款、项。

案件事实部分，是起诉书的重点。对起诉书指控的所有犯罪事实，无论是一人一罪、多人一罪，还是一人多罪、多人多罪，都必须逐一列举。叙写案件事实，要按照合理的顺序进行。一般可按照时间的先后顺序；一人多罪的，应当按照各种犯罪的轻重顺序叙述，把重罪放在前面，把次罪、轻罪放在后面；多人犯罪的，应当按照主犯、从犯或者重罪、轻罪的顺序叙述，突出主犯、重罪。叙写案件事实，可以根据案件事实的不同情况，采取相应的表达方式。对于有证据证明的，特别是属于犯罪构成要件或者与定罪量刑有关的事实要素，必须详细写明，做到层次清楚，重点突出；对于没有证据证明或者证据不足，以及与定罪量刑无关的事实，要避免写入起诉书或者策略性地简化处理；对作案多起但犯罪手段、危害后果等方面相同的案件事实，可以先对相同的情节进行概括叙述，然后再逐一列举每起事实的具体时间、结果等情况。

起诉书应当附有被告人现在处所，证人、鉴定人、需要出庭的有专门知识的人的名单，需要保护的被害人、证人、鉴定人的名单，涉案款物情况，附带民事诉讼情况以及其他需要附注的情况。

证人、鉴定人、有专门知识的人的名单应当列明姓名、性别、年龄、职业、住址、联系方式，并注明证人、鉴定人是否出庭。

2. 移送案件材料。人民检察院提起公诉的案件，应当向人民法院移送起诉书、案卷材料和证据。

起诉书应当一式8份，每增加一名被告人增加起诉书5份。

关于被害人姓名、住址、联系方式，被告人被采取强制措施的种类、是否在案及羁押处所等问题，人民检察院应当在起诉书中列明，不再单独移送材料；对于涉及被害人隐私或者为保护证人、鉴定人、被害人人身安全，而不宜公开证人、鉴定人、被害人姓名、住址、工作单位和联系方式等个人信息的，可以在起诉书中使用化名替代证人、鉴定人、被害人的个人信息，但是应当另行书面说明使用化名等情况，并标明密级。

人民检察院对于犯罪嫌疑人、被告人或者证人等翻供、翻证的材料以及对于犯罪嫌疑人、被告人有利的其他证据材料，应当移送人民法院。

人民法院向人民检察院提出书面意见要求补充移送材料，人民检察院认为有必要移送的，应当自收到通知之日起3日以内补送。

对提起公诉后，在人民法院宣告判决前补充收集的证据材料，人民检察院应当及时移送人民法院。

在审查起诉期间，人民检察院可以根据辩护人的申请，向公安机关调取在侦查期间收集的证明犯罪嫌疑人、被告人无罪或者罪轻的证据材料。

（三）提出量刑建议

人民检察院审查案件，要客观全面审查案件证据，既要注重审查定罪证据，也要注重审查量刑证据；既要注重审查法定量刑情节，也要注重审查酌定量刑情节；既要注重审查从重量刑情节，也要注重审查从轻、减轻、免除处罚量刑情节。在审查案件过程中，还可以要求侦查机关提供法庭审判所需的与量刑有关的各种证据材料。

人民检察院对提起公诉的案件，可以向人民法院提出量刑建议。除有减轻处罚或者免除处罚情节外，量刑建议应当在法定量刑幅度内提出。建议判处有期徒刑、管制、拘役的，可以具有一定的幅度，也可以提出具体确定的建议。

对提起公诉的案件提出量刑建议的，可以制作量刑建议书，与起诉书一并移送人民法院。

量刑建议书的主要内容应当包括被告人所犯罪行的法定刑、量刑情节、人民检察院建议人民法院对被告人处以刑罚的种类、刑罚幅度、可以适用的刑罚执行方式以及提出量刑建议的依据和理由等。庭审中调整量刑建议的，可以在庭审后将调整的量刑建议书提交人民法院。

凡是提起公诉的案件，只要对量刑把握得准，人民检察院都可以提出量刑建议，量刑建议一般应当具有一定的幅度，但对于某些敏感复杂的案件、社会关注的案件、涉及国家利益和严重影响局部地区稳定的案件等，也可暂不提出具体的量刑建议，或者仅提出依法从重、从轻、减轻处罚等概括性建议。在法庭审理过程中，公诉人发现拟提出的量刑建议需要作出相应调整的，可以根据授权加以调整；需要报检察长决定调整的，应当依法建议休庭，报检察长决定后再提出。

二、不起诉

（一）不起诉的种类

不起诉，是指因案件不符合提起公诉的法定条件或者没有追诉必要，检察机关决定不将其提交法院审判，从而在审查起诉阶段终止刑事诉讼的诉讼活动制度。就公诉权本身而言，对构成犯罪、具备起诉条件的应当起诉，也就意味着对不构成犯罪，或者证据不足，或者其他不具备起诉条件的案件应当决定不起诉。根据刑事诉讼法及《刑诉规则》的规定，不起诉有以下三种：

1. 以刑事诉讼法第171条第4款、《刑诉规则》第403条第1款规定为根据的不起诉，即"对于二次补充侦查的案件，人民检察院仍然认为证据不足，不符合起诉条件的，应当作出不起诉的决定"，"人民检察院对于二次退回补充侦查的案件，仍然认为证据不足，不符合起诉条件的，经检察长或者检察委员会决定，应当作出不起诉决定"。此种不起诉被称为"证据不足不起诉"或"存疑不起诉"。

2. 以刑事诉讼法第173条第1款、《刑诉规则》第401条第2款规定为根据的不起诉，即"犯罪嫌疑人没有犯罪事实，或者有本法第十五条规定的情形之一的，人民检察院应当作出不起诉决定"，"对于犯罪事实并非犯罪嫌疑人所为，需要重新侦查的，应当在作出不起诉决定后书面说明理由，将案卷材料退回公安机关并建议公安机关重新侦查"。由于该种不起诉属于没有犯罪事实或者遇有刑事诉讼法第15条规定的六种法定情形，检察机关应当作出不起诉决定，因此被称为"法定不起诉"或"绝对不起诉"。

3. 以刑事诉讼法第173条第2款和《刑诉规则》第406条规定为根据的不起诉，即"对于犯罪情节轻微，依照刑法规定不需要判处刑罚或者免除刑罚的，人民检察院可以作出不起诉决定"。由于该种不起诉属于检察机关有公诉权，但对案件进行权衡后认为放弃公诉权更为适宜的，因此被称为"酌定不起诉"或"相对不起诉"。

需要特别指出的是，刑事诉讼法规定的对于未成年人的"附条件不起诉"，并不是真正意义上的不起诉，并不具有不起诉的效力，而是要在考验期满后视情况作出不起诉决定。所以，附条件不起诉不是不起诉类型的一种。

(二) 不起诉的适用条件

1. 存疑不起诉的适用条件。根据刑事诉讼法第 171 条第 4 款、《刑诉规则》第 403 条第 1 款的规定，存疑不起诉的适用条件有二：一是程序条件，即案件必须经过补充侦查；二是实体条件，即案件的证据不足，不符合起诉条件。适用存疑不起诉的案件必须经过补充侦查这一法定程序，关于补充侦查的次数，人民检察院可以在两次以内根据案件情况确定，对于经过两次补充侦查仍然事实不清、证据不足的案件，必须作出不起诉决定；对于有的案件则由于证明案件事实的关键证据确已灭失、无法获得等情况，人民检察院在一次退回补充侦查后亦可以作出不起诉决定。根据《刑诉规则》第 404 条的规定，所谓"证据不足，不符合起诉条件"，是指"（一）犯罪构成要件事实缺乏必要的证据予以证明的；（二）据以定罪的证据存在疑问，无法查证属实的；（三）据以定罪的证据之间、证据与案件事实之间的矛盾不能合理排除的；（四）根据证据得出的结论具有其他可能性，不能排除合理怀疑的；（五）根据证据认定案件事实不符合逻辑和经验法则，得出的结论明显不符合常理的"。因此，只有定罪的证据不足，才能作出存疑不起诉决定。根据《人民检察院办理不起诉案件质量标准（试行）》（〔2007〕高检诉发 63 号）的规定，对定罪的证据确实、充分，仅是影响量刑的证据不足或者对界定此罪与彼罪有不同认识的案件，作出存疑不起诉决定的，属于不起诉错误。

2. 绝对不起诉的适用条件。根据刑事诉讼法第 173 条第 1 款的规定，绝对不起诉的适用条件是犯罪嫌疑人具有以下七种情形之一：

（1）没有犯罪事实的案件（犯罪事实并非犯罪嫌疑人所为其实也是犯罪嫌疑人没有犯罪事实的案件）。这类案件从理论上讲，是清白无辜者被错误追究刑事责任，因此，实际上是既缺少诉讼条件，又缺少实体条件的案件，人民检察院当然应当作出不起诉的决定。

（2）情节显著轻微、危害不大，不认为是犯罪的。犯罪是具有相当程度的社会危害性的行为。行为构成犯罪是追究行为人刑事责任的前提。如果犯罪嫌疑人的行为情节显著轻微、危害不大，依照刑法第 13 条"但书"的规定，不认为是犯罪，人民检察院对非犯罪行为没有追诉权，也应当依法决定不起诉。

（3）犯罪已过追诉时效期限的。我国在刑法中对追诉时效期限进行了规定，对于超过追诉时效期限的犯罪行为一般不再追诉，检察机关应当依法作出不起诉决定；只有对于法定最高刑为无期徒刑、死刑的，经过 20 年以后，如果认为必须追诉的，须报请最高人民检察院核准，否则也应当依法作出不起诉决定。

（4）经特赦令免除刑罚的。特赦是赦免的一种，是由国家元首或国家最高权力机关以命令的方式，对特定的犯罪人免除其刑罚的全部或部分的执行。

根据《中华人民共和国宪法》第 80 条的规定，中华人民共和国主席根据全国人民代表大会的决定和全国人民代表大会常务委员会的决定发布特赦令。这是特赦的法律依据。发布特赦令表明国家放弃对被特赦犯罪人的刑罚权，因而检察机关应当直接依据特赦令作出不起诉决定。

（5）依照刑法规定告诉才处理的犯罪，没有告诉或者撤回告诉的。根据我国刑法的规定，告诉才处理的案件只有四种：一是刑法第 246 条规定的侮辱、诽谤罪（但严重危害社会秩序和国家利益的除外）；二是刑法第 257 条规定的暴力干涉婚姻自由罪（但致使被害人死亡的除外）；三是刑法第 260 条规定的虐待罪（但致使被害人重伤、死亡的除外）；四是刑法第 270 条规定的侵占罪。对于上述四种案件，如果被害人没有告诉或者撤回告诉的，检察机关应当依法作出不起诉决定。

（6）犯罪嫌疑人死亡的。根据罪责自负原则，司法机关只能对实际构成犯罪的人行使刑事追诉权，犯罪嫌疑人死亡，便无法追究其刑事责任，因而检察机关应当依法作出不起诉决定。

（7）其他法律规定免予追究刑事责任的。如刑法第 17 条规定的不满 16 周岁的人犯罪，不负刑事责任；已满 14 周岁不满 16 周岁的人，犯故意杀人、故意伤害致人重伤或者死亡、强奸、抢劫、贩卖毒品、放火、爆炸、投毒罪之外的罪的，不予追究；刑法第 18 条规定的精神病人在不能辨认或者不能控制自己行为的时候犯罪的，不负刑事责任；刑法第 20 条规定的正当防卫没有超过必要限度的，和对正在进行行凶、杀人、抢劫、强奸、绑架以及其他严重危害人身安全的暴力犯罪，采取防卫行为，造成不法侵害人伤亡的，不负刑事责任；刑法第 21 条规定的紧急避险未超过必要限度的；等等。此条规定可以用来涵盖其他法律中免予追究刑事责任的现行、有效规定，以及在以后颁布的刑事法律中取消了原来的某种罪或对原来的某种罪免予追究刑事责任等可能出现的新情况。

3. 相对不起诉的适用条件。根据刑事诉讼法第 173 条第 2 款的规定，相对不起诉的适用条件有二：一是犯罪嫌疑人的行为已构成犯罪，犯罪事实清楚，证据确实、充分；二是符合"犯罪情节轻微，依照刑法规定不需要判处刑罚或者免除刑罚"的要求。"犯罪情节轻微"是适用相对不起诉的前提条件，"依照刑法规定不需要判处刑罚或者免除刑罚"是适用相对不起诉的必要条件，具备这两个条件之一的案件才可以作出不起诉的决定。其中这里所说的"刑法规定"，不仅仅指刑法典，而是泛指所有规定有犯罪和刑罚条款的法律，"不需要判处刑罚或者免除刑罚"是指所有刑事法律中规定的不需要判处刑罚或者免除刑罚的情况。其中，"依照刑法规定不需要判处刑罚"，与我国刑法

第37条规定的"对于犯罪情节轻微不需要判处刑罚的,可以免予刑事处罚"是一致的;而"免除刑罚"主要是指我国刑法中规定的可以免除刑罚的情况,如刑法第19条规定的"又聋又哑的人或者盲人犯罪,可以从轻、减轻或者免除处罚"等。根据刑事诉讼法第277条、第279条以及《刑诉规则》第510条、第520条规定,下列公诉案件,犯罪嫌疑人、被告人真诚悔罪,通过向被害人赔偿损失、赔礼道歉等方式获得被害人谅解,被害人自愿和解的,人民检察院可以将双方当事人达成的和解协议作为是否需要判处刑罚或者免除刑罚的因素予以考虑,符合法律规定的不起诉条件的,可以决定不起诉:(1)因民间纠纷引起,涉嫌刑法分则第四章、第五章规定的犯罪案件,可能判处3年有期徒刑以下刑罚的;(2)除渎职犯罪以外的可能判处7年有期徒刑以下刑罚的过失犯罪案件。但是犯罪嫌疑人、被告人在5年以内曾经故意犯罪的除外。5年内曾故意犯罪,无论该故意犯罪是否已经追究,均应当认定为5年以内曾经故意犯罪。

(三) 不起诉的宣布与救济

不起诉决定,由人民检察院公开宣布,自公开宣布之日起生效。

不起诉决定书应当送达被害人或者其近亲属及其诉讼代理人、被不起诉人及其辩护人以及被不起诉人的所在单位。对于公安机关移送的案件,应当同时将不起诉决定书送达公安机关。

认为不起诉决定错误、对不起诉决定不服的,可以通过下列渠道救济:

1. 公安机关认为不起诉决定有错误,要求复议的,人民检察院公诉部门应当另行指定检察人员进行审查并提出审查意见,经公诉部门负责人审核,报请检察长或检察委员会决定。复议决定应当在收到要求复议意见书后30日内作出并通知公安机关。

公安机关复议意见不被接受,向上一级人民检察院提请复核的,上一级人民检察院收到公安机关提请复核意见书后,应当交由公诉部门办理,具体程序同上。复核决定应当在收到提请复核意见书后30日内作出,并制作复核决定书送交提请复核的公安机关和下级人民检察院。经复核改变下级人民检察院不起诉决定的,应当撤销或者变更不起诉决定,交由下级人民检察院执行。

2. 被害人不服不起诉决定的,在收到不起诉决定书后7日以内申诉的,由作出不起诉决定的人民检察院的上一级检察院刑事申诉检察部门立案复查。被害人在7日后提出申诉的,由作出不起诉决定的人民检察院刑事申诉检察部门审查后决定是否立案复查。

刑事申诉检察部门复查后应当提出复查意见,报请检察长作出复查决定,送达被害人、被不起诉人和作出不起诉决定的人民检察院。

上级人民检察院经复查作出起诉决定的,应当撤销下级人民检察院的不起诉决定，交由下级人民检察院提起公诉，并将复查决定抄送移送审查起诉的公安机关。

被害人也可以不经申诉，直接向人民法院起诉。人民法院受理案件后，人民检察院应当将有关案件材料移送人民法院。

3. 被不起诉人对不起诉决定不服的，在收到不起诉决定书后7日以内提出申诉的，应当由作出不起诉决定的人民检察院刑事申诉检察部门立案复查。被不起诉人在7日后提出申诉的，由刑事申诉检察部门审查后决定是否立案复查。

刑事申诉检察部门经复查认为应当维持不起诉决定的，报检察长作出复查决定；经复查认为应当变更不起诉决定的，或者应当撤销不起诉决定提起公诉的，报检察长或检察委员会决定。

复查决定书应当送达被不起诉人、被害人，撤销不起诉决定或者变更不起诉的事实或者法律根据的，应当同时将复查决定书抄送移送审查起诉的公安机关和本院有关部门。

人民检察院作出撤销不起诉决定提起公诉的复查决定后，应当将案件交由公诉部门提起公诉。

人民检察院复查不服不起诉决定的申诉，应当在立案后3个月内作出复查决定，案情复杂的不得超过6个月。

思考题

1. 检察机关受理公安机关移送审查起诉，与法院受理检察机关提起公诉，性质有无区别？
2. 附条件不起诉和相对不起诉的关系是什么？
3. 被不起诉人能否针对绝对不起诉、存疑不起诉提出申诉？

第三章　出庭支持公诉

刑事诉讼法第184条规定:"人民法院审判公诉案件,人民检察院应当派员出席法庭支持公诉。"《刑诉规则》第426条第1款规定:"提起公诉的案件,人民检察院应当派员以国家公诉人的身份出席第一审法庭,支持公诉。"可见,出庭支持公诉是公诉人的基本职责。

第一节　出庭支持公诉的准备

根据《刑诉规则》第428条的规定,公诉人在人民法院决定开庭审判后,应当做好以下几个方面的准备工作:

1. 进一步熟悉案情,掌握证据情况。收到人民法院开庭通知后,公诉人需要回顾审查起诉情况,将有关案件事实、证据、存在的问题、提起公诉的意见和理由重新梳理一遍,做到心中有数。一方面要做到对案件事实、证据情况和侦查过程了如指掌;另一方面要注意查遗补漏,把可能存在的问题考虑周全。

2. 深入研究与本案有关的法律政策问题。庭审前,公诉人对于与本案有关的法律政策问题,需要在审查起诉阶段已经有所了解、掌握的基础上,进行更加深入的研究。对于在审查起诉阶段没有考虑到或者考虑不周全的问题,要及时了解、掌握。对于疑难、复杂的案件,可以进行集体研究讨论,集思广益,必要时还可以向专家、学者咨询。

3. 掌握审判中可能涉及的专业知识。对于审判中可能涉及的专业知识,公诉人在庭审前要充分了解,以确保在出席法庭过程中掌握主动。例如,对于破坏计算机信息系统案件,公诉人在出席法庭之前,应当对计算机信息系统的功能及运行程序等专业知识进行相应的掌握。

4. 拟定法庭上讯问被告人、询问被害人、证人、鉴定人的提纲和示证、质证方案。

5. 拟定公诉意见,准备辩论提纲。

6. 提出做好出庭证人等保护工作的建议及做好配合工作。

根据刑事诉讼法第182条第2款的规定,在开庭以前,审判人员可以召集公诉人、当事人和辩护人、诉讼代理人,对回避、出庭证人名单、非法证据排除等与审判相关的问题,了解情况,听取意见。也就是说,根据案件情况,法院可以召开庭前会议提前解决与审判相关的问题,保证庭审顺利进行。根据《刑诉规则》第 431 条的规定,在庭前会议中,公诉人可以对案件管辖、回避、出庭证人、鉴定人、有专门知识的人的名单、辩护人提供的无罪证据、非法证据排除、不公开审理、延期审理、适用简易程序、庭审方案等与审判相关的问题提出和交换意见,了解辩护人收集的证据等情况。对辩护人收集的证据有异议的,应当提出。公诉人通过参加庭前会议,了解案件事实、证据和法律适用的争议和不同意见,解决有关程序问题,以便为法庭审理做好准备。

第二节 出庭支持公诉的活动和方法

一、宣读起诉书

公诉人宣读起诉书,应保持姿势端正。宣读起诉书应从"××人民检察院起诉书"开始至"检察员××"结束。宣读完毕后,应面向审判长告知:"审判长,起诉书宣读完毕。"

二、讯问被告人

公诉人在法庭上讯问被告人,应当以庭前准备的讯问提纲为基础,结合被告人的当庭表现,依法对被告人进行讯问。

(一) 公诉人在庭前应当准备好讯问提纲

讯问提纲一般应立足起诉书指控的犯罪事实、情节和罪名,不能超越起诉书指控的内容,同时要注意安排好顺序,以使案件事实和有关情况能够清晰地展示出来。一般而言,讯问提纲可以按照以下内容和顺序准备:(1) 起诉书指控的犯罪事实是否存在,被告人是否认罪;(2) 实施犯罪的过程,包括预备情况、时间、地点、方法、手段、结果以及所侵犯对象和所使用工具的特征等;(3) 实施行为的动机、目的,故意或过失的心理态度,以及对犯罪对象、犯罪方法、危害结果、行为与危害结果之间的因果关系和行为性质等的认识;(4) 实施犯罪后的情况,如对犯罪工具和赃款赃物如何处理,是否为减少损害而采取补救措施,是否逃跑或者投案自首等;(5) 与定罪量刑有关的其他情况,如法定情节、前科情况等。

其中,对于与定罪量刑有重要关系的事实、情节,或者可能成为双方争议焦点的问题,应当列出比较详细的提纲,以便进行重点讯问。

(二) 结合被告人的当庭表现进行讯问

对于被告人在法庭上有不同表现的,可以根据具体情况采取不同的讯问方法。实践中常用的方法有以下几种:

1. 直接讯问法。如果被告人在法庭上对起诉书的指控没有异议,公诉人可以要求被告人直接向法庭全面供述犯罪事实,再由公诉人对遗漏的情节或者重点情节进行补充发问或者追加发问。例如,公诉人可以发问"被告人,你将起诉书指控的你抢劫被害人的过程向法庭如实供述一遍",在被告人自行供述完毕后,公诉人可以再补充发问。

2. 引导讯问法。如果被告人主观上愿意认罪,但由于心理紧张或者表达能力差而难以详细供述犯罪事实的,公诉人可以根据所指控的犯罪事实,采取长问短答的发问方法,引导被告人供述其犯罪事实。在引导发问时,既可以采取顺时法,按犯罪发生、发展的过程层层递进。例如,公诉人可以发问"被告人,你是什么时间认识被害人的?何时因为什么产生了杀害被害人的念头?什么时间准备了什么作案工具?什么时间、什么地点杀害的被害人?如何杀害的?杀人后你对尸体是如何处理的?"等;也可以采取逆时法,先就犯罪结果进行发问,然后讯问犯罪过程、犯罪动机和前因等。例如,公诉人可以发问"被告人,被害人是不是你杀害的?什么时间、什么地点杀害的?怎样杀害的?为什么要杀害被害人?"等。

3. 驳斥讯问法。如果被告人在法庭上认罪态度恶劣,拒不供述犯罪事实,或者对关键情节拒不承认的,公诉人应当首先明确告知被告人,没有其供述,证据确实、充分的,也可以定罪处罚。然后,从被告人不能反驳的事实入手发问,引出被告人无罪辩解的虚假性和矛盾性,使得被告人无法自圆其说,从而达到驳斥其辩解的目的。例如,被告人将被害人的汽车以试驾为由骗走不归还,被告人当庭辩解只是没来得及归还、没有非法占有的目的,公诉人可以从被告人没有购买汽车的财产能力、被告人以假身份证抵押给被害人、被告人驾驶被害人的汽车逃离所在城市、被告人曾经和他人联系出售汽车事宜等入手进行发问,逐步驳斥被告人的虚假辩解,证明案件事实。

4. 矛盾讯问法。对于被告人翻供的内容,有其他证据予以充分反驳的,公诉人可以故意向被告人发问,引出其虚假的辩解,从而使得其辩解与其他物证、书证、证人证言、鉴定意见等不可辩驳的客观事实相矛盾,推翻被告人的虚假供述。例如,被告人供述在侦查机关受到刑讯逼供,公诉人可以首先让其充分说明其供述是被逼供后自己编造的,然后再从作案工具是根据其供述提取的、经鉴定提取的作案工具上有被害人的血迹和被告人的指纹、被害人被抢的手机也是根据被告人的供述找到手机收买人后追回的等情节入手进行发问,逐步揭露其辩解的虚假性。

实践中还有其他具体的讯问方法，需要注意的是，关于被告人翻供时如何宣读被告人以前的有罪供述，需要根据不同案情区别对待。如果被告人对基本事实一概不认，公诉人可以在出示其他证据之前宣读其以前的有罪供述；如果被告人对某些情节有所抵赖，公诉人可以结合其以前的有罪供述进行讯问，这样讯问的庭审效果会更好。这种发问方式可以是："被告人，在侦查卷宗第×卷第×页，侦查人员于×年×月×日在××看守所对你讯问时，你清楚地供述道：我害怕被害人将来报警后能够认出我，就用刀把她杀了。这份供述是否属实？"此时，即使被告人仍辩解以前的供述不实，也可以使得旁听人员及时了解被告人以前的供述情况，从而削弱被告人当庭辩解的影响力。

（三）遵守讯问的要求

公诉人当庭讯问被告人应遵守下列要求：（1）应在起诉书指控的范围内，围绕对被告人的定罪和量刑进行讯问；（2）应具有针对性，目的明确，有利于公正审判；（3）同一事实，一般不应重复讯问，但确需强调的除外；（4）不得使用有损人格或带有人身攻击性的语言进行讯问；（5）不得采取威胁、诱导等不正当方式进行讯问。

此外，还有一些规则需要遵守，如单一提问规则，即公诉人讯问被告人一般应当采用一问一答的方式，不宜提出许多问题让被告人一次性回答；问题明确规则，即公诉人讯问被告人的问题，应当知道已有一定数量证据支撑的答案，否则一旦被告人回答结果出乎公诉人的意料，公诉人将很难予以辩驳；等等。

三、询问被害人、证人、鉴定人

刑事诉讼法第187条至第189条对证人、鉴定人、侦查人员出庭作证作出了明确规定。公诉人对证人证言有异议，且该证人证言对案件定罪量刑有重大影响的，可以申请人民法院通知证人出庭作证。人民警察就其执行职务时目击的犯罪情况作为证人出庭作证，适用证人出庭的有关规定。公诉人对鉴定意见有异议的，可以申请人民法院通知鉴定人出庭作证。必要时公诉人可以申请法庭通知有专门知识的人出庭，就鉴定人作出的鉴定意见提出意见。当事人或者辩护人、诉讼代理人对证人证言、鉴定意见有异议的，公诉人认为必要时，可以申请人民法院通知证人、鉴定人出庭作证。证人应当由人民法院通知并负责安排出庭作证。

公诉人应当按照审判长确定的顺序向证人发问。公诉人应当首先要求证人就其所了解的与案件有关的事实进行连贯陈述。证人连贯陈述后，公诉人经审判长许可,可以对证人发问。证人不能连贯陈述的,公诉人也可以直接发问。对证人发问,应当针对证言中有遗漏、矛盾、模糊不清和有争议的内容,并着重围绕与定罪量刑紧密相关的事实进行。发问应当采取一问一答的形式,提问应当简洁、清楚。证人进行虚假陈述的,应当通过发问澄清事实,必要时还应当宣读证人在侦查、审查起诉阶段提供的证言笔录或者出示、宣读其他证据对证人进行询问。当事人和辩护人、诉讼代理人对证人发问后,公诉人可以根据证人回答的情况,经审判长许可,再次对证人发问。询问被害人、鉴定人可以参照上述要求进行。需要强调的是,询问鉴定人重点要其说明鉴定意见的科学性和法律性问题。因为鉴定意见的证明力主要由其科学性和法律性决定。公诉人在询问鉴定人时要重点把握鉴定意见的鉴真和鉴定规则。

必要时,公诉人可以建议法庭采取不暴露证人、鉴定人、被害人外貌、真实声音等出庭作证措施来达到保护证人的目的。

四、出示、宣读未到庭证人、被害人证言,出示、宣读书证、物证等其他证据及质证

公诉人在法庭上示证、质证,要注意做好两个方面工作:一是做好庭审前的准备工作;二是做好庭审中的出示、质疑、答辩工作。

(一)做好庭审前示证提纲、质证方案的准备工作

1. 示证提纲,是公诉人为在法庭上提出充分证据证明犯罪,在庭前按照一定的标准和方法选择、组合、排列所要出示的证据而形成的提纲。准备和制作示证提纲一般应按照以下步骤进行:

(1)确定需要出示的证据。刑事案件中有不同类型的证据,它们的证明力也各不相同。公诉人应当从指控犯罪的需要出发,选择重要的证据出示,既要保证出示证据全面,能够证明与定罪量刑有关的各种事实、情节,又要避免不必要的重复。对证明对象相同的多个证据,应进行对比,选择证明力较强的证据出示;对内容和证明力没有明显差别的多个证据,可以选择其中一个或者一部分证据出示,但要予以说明。

(2)对证据进行组合排列,以确定示证的顺序。法庭示证是证据的展示,但绝不是证据的简单罗列,单个证据的证明力容易受到质疑。一方面,公诉人必须认识到证据之间的互相联系,通过适当的排列组合,使各个证据的证明力互相强化,从而增强出示证据的整体效果。另一方面,单个证据只能证明案件事实、情节的一个方面或者一个判断,要证明全部案件事实、情节,必须运用一定的标准和方法,对证据进行排列组合,使各个证据之间紧密衔接、环环相扣,形成一个完整的证据锁链。实践中,运用比较多的示证顺序方法有以下

几种：

①顺时法。即按照犯罪事实发生、发展的时间顺序来排列、组织证据。先出示犯罪动机、犯罪预备的证据，然后出示犯罪实施过程、犯罪后果的证据，最后出示有关罪行轻重和量刑情节的证据。这种方法对于被告人认罪、事实简单、证据不复杂的案件较为常用。

②犯罪构成法。即按照犯罪构成要件对证据分组，最后出示有关量刑情节的证据。这种方法在职务犯罪案件中运用较多。例如，对贪污案件可以先从主体方面出示证明其具有国家工作人员身份的证据，再从客观方面出示证明其利用职务上的便利侵吞、窃取、骗取或者以其他手段非法占有国有财产的证据，然后从主观方面出示证明被告人主观上是出于故意的证据，最后出示证明被告人具有从重、从轻或者减轻处罚等情节的证据。

③侦破过程法。即按照案件侦破的顺序来排列、组织证据，先出示证明确有犯罪事实发生的证据，再出示确定犯罪行为实施人系被告人的证据，最后出示证明犯罪事实确系被告人所为的证据。这种方法可以适用于被告人不认罪的案件。

对于多罪名的案件或者一罪名多起犯罪事实的案件，一般还应按罪名和犯罪事实进行总体分组排序，每一项罪名或者每一起事实讯问完毕后，出示证明该项罪名或者该起事实的证据。罪名和事实的排列顺序，一般应当与起诉书相同。

2. 质证方案，是公诉人为了在法庭上针对辩方证据发表意见、提出质疑以及对辩护方就控方证据提出的质疑进行答辩，而在庭前拟定的方案。质证方案的内容主要包括两项：一是预测并列出辩护方对控方证据可能提出的质疑，并有针对性地准备答辩提纲；二是预测辩护方可能在法庭上出示的证据，并根据庭前所了解的情况拟写可供提出的质疑或者意见。

（二）做好在法庭审理中的出示证据、答辩辩方质疑、质疑辩方证据工作

1. 公诉人在法庭审理中出示证据，要对证据予以必要的说明。一是要说明证据的名称及证据与案件的关系；二是要说明证据的来源，即证据的获取情况；三是要说明证据的基本内容，表明证据与案件的关系；四是要说明出示该证据的目的，即所出示的证据能够证明什么公诉主张；五是宣读、出示、播放证据。例如，"公诉人现在出示证人某某某证言，见侦查卷宗第×卷第×页至第×页。该证言是××公安局侦查员某某、某某于×年×月×日在某某地点对证人依法询问时制作的笔录。证人某某某是被害人的丈夫，他主要证明：在案发当晚回家后，听被害人告诉他是被告人入室对被害人进行了强奸。证人某某某的证言证明了起诉书指控的被告人入室强奸被害人的犯罪事实。现对该份证

言摘要宣读如下……"

在对证据分组出示的情况下，公诉人应当先就证据的分组情况进行概括说明，再分别出示每组证据。此时，由于每组证据的证明目的是一致的，可不必在单个证据的出示过程中说明证据的证明目的，而是在每组证据开始出示时总结说明该组证据的证明目的。例如，"公诉人现就起诉书指控的被告人受贿犯罪的事实向法庭出示证据。本案证据共有五组，分别从被告人的主体身份、职务便利、为他人谋取利益、收受贿赂和其他情节等五个方面对起诉书指控的事实予以证明"，"首先，公诉人出示第一组证据。第一组证据由×份书证、×份证人证言组成，分别是……上述证据证明，被告人在犯罪时系某某国有单位负责人，系国家工作人员，符合受贿罪的主体身份要求"。

需要注意的是，公诉人在法庭上出示物证、宣读书证前，应当对该物证、书证所要证明的内容、获取情况作概括的说明，并向当事人、证人等问明物证、书证的主要特征，让其辨认。

2. 公诉人在法庭审理中答辩辩方质疑、质疑辩方证据，一般而言，主要是围绕证据的证据力来展开的，即答辩、质疑证据的合法性、真实性和关联性。对于证据的证明力的答辩、质疑，即证据证明案件事实的作用大小，虽然也可以在质证阶段展开，但不宜过多纠缠，而可以在法庭辩论阶段进行详细的论证。这样，可以保持示证的整体性、连续性不被破坏。

（1）对证据合法性的质疑，主要包括证据的收集是否符合法定程序、有无逼供（证）、诱供（证）等违法行为等。此时，公诉人可以从证据来源的合法性和辩方质疑的不可信性正反两方面入手予以答辩。例如，被告人辩解以前的有罪供述是侦查机关刑讯逼供所致，不能作为证据使用，法庭经审查对被告人审判前供述取得的合法性也有疑问的，公诉人应当向法庭提供讯问笔录、原始的讯问过程录音录像或者其他证据，并可以根据实际情况予以答辩说明。如："首先，被告人的有罪供述都是侦查机关依照法定程序讯问被告人制作的，讯问程序没有违法之处；其次，每一份讯问笔录都经过被告人阅读并签字，说明被告人对笔录的内容是认可的；最后，侦查机关专门出具的办案说明，并由侦查人员签字，说明在对被告人讯问过程中没有任何违法行为。以上三点证明被告人的有罪供述来源合法。反观被告人关于侦查机关对其体罚虐待、逼取虚假有罪供述的辩解，第一，看守所入所体检表上没有记载被告人在入所时身上有任何伤痕；第二，看守所提审被告人登记表显示，被告人每次被侦查机关提审返回后，身上也没有伤痕；第三，被告人有罪供述的录音录像资料证明侦查机关对其讯问时没有任何违法行为。因此，被告人的辩解不能成立。"

(2) 对证据真实性的质疑,主要包括证据的内容是否可信、证据的结论是否正确等。此时,公诉人可以从证据产生的合理性、证据制作的规范性等方面入手进行答辩。例如,在一起交通肇事案中,被告人肇事后逃逸,有证人路过现场并记下了被告人驾驶车辆的车牌号。庭审时,辩护人对该证人证言内容的真实性提出质疑,认为一般人不会对与己无关的肇事车辆的车牌号记得如此清楚。公诉人答辩称:"一般人可能不会记得如此清楚,但证人的身份是一名交通警察,处理交通事故、追查逃逸车辆是他常做的工作。正是由于这份职业的特殊性,当他看到有交通事故发生且肇事车辆逃跑时,作为一名交通警察,出于职业惯性和职责要求,立即记下逃逸车辆的车牌号码就是十分正常的事情了。"

(3) 对证据关联性的质疑,主要是指证据与起诉指控事实有无联系。一般而言,被辩方质疑关联性的证据,都是间接证据,此时,公诉人不必纠缠于该证据本身与案件的联系,而是可以从该证据与其他证据的联系入手,说明该证据与其他证据一起形成证据体系、发挥证明作用即可。

公诉人对辩方证据的质疑,也应围绕以上几个方面进行,这里不再赘述。

需要注意的是,公诉人无论是对辩方质疑的答辩,还是对辩方证据的质疑,都要坚持实事求是的原则。如果辩方的质疑确有道理,或辩方提供的证据足以影响案件的认定,应当及时建议休庭并予以核实。

五、发表公诉意见,进行法庭辩论

公诉人在法庭上发表公诉意见和进行法庭辩论,应当在庭前准备的基础上,根据法庭审理的具体情况及时修改、调整或补充。

(一) 发表公诉意见

人民检察院向人民法院提出量刑建议的,公诉人应当在发表公诉意见时提出。

出庭前,公诉人应当根据阅卷、分析研究的情况事先写好公诉意见书的初稿。公诉意见书应当围绕检察机关指控的犯罪事实成立、被告人已构成犯罪、应当追究刑事责任的基本观点正面进行阐述、分析和论证。公诉意见书的结构一般包括以下几个方面:

1. 对检察人员出庭支持公诉的法律依据、身份和职责进行简要说明。一般可表述为:"审判长、审判员:今天,×××人民法院依法开庭审理被告人×××……一案,依据《中华人民共和国刑事诉讼法》第一百六十六条的规定,我受×××人民检察院检察长指派,以国家公诉人的身份出席法庭支持公诉,并依法履行审判监督职责。"

2. 根据法庭调查，对本案事实、证据情况进行综述，对质证情况进行总结和评述，并运用各证据之间的逻辑关系论证被告人的犯罪事实清楚，证据确实、充分。这一部分内容的详略程度，应当根据案件具体情况确定。如果被告人不供、翻供、避重就轻或者对事实、证据提出了较多异议，就应当充分论证本案事实清楚，证据确实充分。例如："在刚才的法庭调查中，公诉人详细讯问了被告人，宣读、出示了相关证据，并对证据进行了充分的质证。行贿人某某证明，其为寻求被告人的帮助，在行贿当天从银行取出5万元现金，由司机开车陪同到达被告人家楼下，自己单独上楼向被告人行贿5万元，并证明行贿之事是和妻子共同商定的，其司机也知情。对于行贿人的证言，行贿人之妻某某承认曾与丈夫共同商定向被告人行贿5万元，且事后听丈夫说钱已经送出，与行贿人的证言相吻合；行贿人司机某某承认曾开车与行贿人一同到银行取出5万元现金后到达被告人家楼下，行贿人拿钱上楼，过了一会儿下来说钱已经送给了被告人，与行贿人的证言相吻合；行贿人存取款记录证明行贿人在行贿当天从银行取出5万元，与行贿人证言相吻合；而被告人的存款记录显示在行贿人行贿当天之后第三天，被告人在银行存入了5万元，也与行贿人的证言相印证。且主管行贿人投标工程的证人某某证明，被告人作为其上级主管领导，曾向其打招呼要求关照行贿人的投标，说明行贿人所证明的寻求被告人职务上的帮助也确实得到了落实。以上证据相互印证，已经形成了完整的证据链条，足以证明被告人收受他人贿赂5万元并利用职务之便为他人谋取利益的犯罪事实存在。虽然被告人拒不认罪，但不影响对本案事实的认定。"

3. 根据起诉书所指控罪名的犯罪构成要件，结合案件事实、情节，论证被告人的行为已经构成所指控的犯罪，应当负刑事责任，并根据其情节和认罪态度，提出从重、从轻、减轻处罚的意见，并可以提出量刑建议。在案件适用法律可能存在争议时，这一部分应当着重描述。但由于辩方的辩护意见尚未发表，此时不宜先抛出罪与非罪、此罪与彼罪的区别等观点。例如，在辩方将间接故意杀人案件认为是过于自信过失致人死亡案件时，可以在论证被告人的主观故意时着重描述其对危害结果所持的放任心态；再如，在辩方将以打孔盗油方式破坏易燃易爆设备案件认为是盗窃案件时，可以在论证犯罪行为的危害后果和侵害客体方面着重描述其侵犯了公共安全。庭审中，对于出现被告人当庭翻供、当庭认罪等情形的，公诉人应当在公诉意见中予以体现。

4. 分析被告人犯罪行为的社会危害性和依法给予法律制裁的必要性，剖析其犯罪的思想根源和社会根源，进行必要的法制宣传和教育工作。这一部分主要结合被告人的认罪悔罪态度、犯罪特点等进行简明扼要的说明。

（二）进行法庭辩论

公诉人在法庭上开展法庭辩论，其基础是制作好辩论提纲。制作辩论提纲的关键是做好对辩护观点的预测。一般而言，根据案件性质和证据材料本身存在的矛盾等问题，结合审查起诉时所听取的辩护人意见，可以大致分析辩护人在法庭上会从哪个角度提出辩论观点，哪些问题可能成为辩论焦点，从而有针对性地收集辩论素材，准备答辩意见。

对于辩护人的辩护观点，公诉人可以从以下几个方面进行答辩：

1. 辩护人提出事实不清、证据不足的。由于公诉人在示证、发表公诉意见等阶段已经详细论证了案件的证据体系，所以此时没必要再将所有的证据予以论证，而是仅针对辩护人提出的不足的证据部分进行答辩即可。需要注意的是，辩护人在提出事实不清、证据不足的观点时，往往采用以偏概全、过分夸大无罪证据的方式，此时公诉人应当首先对辩护人辩护观点立足的事实、证据基础予以攻击，揭露其辩护观点的片面性，从而达到事半功倍的效果。

2. 辩护人提出适用法律错误，作轻罪或无罪辩护的。公诉人可以针对辩护观点的错误之处进行答辩。如果辩护人的辩护观点立足于对案件事实不正确的认定，公诉人则可以直接攻击其立足的事实以驳斥其观点；如果辩护人以与法律规定不一致的学术观点作为辩护观点，公诉人可以直接说明其辩护观点的不合法之处。

3. 辩护人提出被告人具有从轻、减轻、免除处罚情节的。公诉人可以从该情节是否成立以及该情节是否可以从轻、减轻、免除处罚入手进行答辩。如果辩护人提出的情节没有事实依据，或不符合法律规定，公诉人可以直接予以驳斥；如果认为辩护人提出的情节确实存在但不足以对被告人从轻、减轻、免除处罚时，公诉人可以从被告人的犯罪事实、犯罪性质、犯罪情节、犯罪后果等入手进行答辩。

第三节 变更、追加、撤回起诉

刑事诉讼法没有关于公诉案件变更、追加、撤回起诉的规定，最高人民检察院、最高人民法院在各自的司法解释中就公诉案件的变更、追加、撤回起诉作了规定。《刑诉规则》第458条和第459条分别对变更、追加、补充起诉和撤回起诉作出了明确规定。

一、变更、追加、撤回起诉的情形

(一) 变更起诉的情形

变更起诉的情形有三种：(1) 发现被告人的真实身份与起诉书叙述的身份不符。这里面既包括被告人的自然身份不符，如姓名、年龄等不符，也包括被告人的社会身份不符，如工作单位、有无前科不符等。(2) 发现被告人的犯罪事实与起诉书中叙述的犯罪事实不符。这主要是指被告人实际犯罪事实中的主要情节与起诉书叙述的犯罪事实中的主要情节不符。例如，起诉书指控被告人盗窃价值2万元的名牌手表一块，后来发现被告人盗窃的只是一块价值2000元的仿制名牌手表，此时就可以变更起诉，重新认定被告人的犯罪事实。(3) 对于犯罪事实、证据没有变化，但罪名、法律适用与起诉书不一致的，可以变更起诉。

需要注意的是，对于发现起诉书叙述的犯罪事实并非被告人所为，而被告人另有其他犯罪事实时，不应变更起诉，而应当撤回起诉后再以新的事实重新起诉。因为此时起诉书叙述的犯罪事实和被告人实际所犯罪行没有任何联系，再次起诉指控意见并非是在原起诉指控意见上的变化，而是与原指控意见没有任何联系的一次新的指控意见，不存在适用变更起诉的事实基础和法律依据，而是应当以撤回起诉后重新起诉处理。

(二) 追加起诉的情形

追加起诉的情形有两种：(1) 发现遗漏被告人的罪行，可以一并起诉和审理的。(2) 发现遗漏同案犯罪嫌疑人，可以一并起诉和审理的。

在追加起诉中需要准确把握"可以一并起诉和审理"。无论是发现遗漏被告人的罪行，还是发现遗漏同案犯罪嫌疑人，都要满足"可以一并起诉和审理"的条件，才可以追加起诉。"可以一并起诉和审理"包括两方面的内容：一方面是指遗漏的被告人的罪行或同案犯罪嫌疑人的罪行已经查清，证据已经收集完毕，符合起诉和审理的条件；另一方面是指遗漏的被告人的罪行或同案犯罪嫌疑人适合在本案中一并起诉和审理。如果缺少其中任一方面内容，均不宜追加起诉。例如，起诉指控被告人犯诈骗罪，又发现被告人还涉嫌盗窃犯罪，但盗窃犯罪的证据尚未收集完毕、事实还没有全部查清，此时就不宜将盗窃罪追加起诉，否则会影响诈骗罪的正常审理。再如，起诉后发现遗漏对被告人实施窝藏行为的同案犯罪嫌疑人，但同时也发现该犯罪嫌疑人还犯有故意杀人罪。此时，将该犯罪嫌疑人的故意杀人罪和窝藏罪一并追加在本案中起诉和审理显然并不合适，而应当对该犯罪嫌疑人的故意杀人罪和窝藏罪另行起诉和审判更为适宜。

(三) 撤回起诉的情形

撤回起诉的情形有三种：（1）发现不存在犯罪事实。如起诉指控被告人犯合同诈骗罪，后发现纯系民事经济纠纷不构成犯罪。（2）发现犯罪事实并非被告人所为。这主要是指确实存在犯罪事实，但犯罪事实并非被告人所为。（3）发现不应当追究刑事责任。这主要包括五种情形：①具有刑事诉讼法第15条规定情形之一的；②证据不足或证据发生变化，不符合起诉条件的；③被告人因未达到刑事责任年龄，不负刑事责任的；④法律、司法解释发生变化导致不应当追究被告人刑事责任的；⑤其他不应当追究被告人刑事责任的。

二、变更、追加、撤回起诉的程序

《刑诉规则》第461条规定："变更、追加、补充或者撤回起诉应当报经检察长或者检察委员会决定，并以书面方式在人民法院宣告判决前向人民法院提出。"据此可以看出，变更、追加、撤回起诉应当由检察长或者检察委员会决定，公诉人在法庭上不能自己作出变更、追加、撤回起诉的决定。

三、撤回起诉后的处理

《刑诉规则》第459条第2款规定："对于撤回起诉的案件，人民检察院应当在撤回起诉后三十日以内作出不起诉决定。需要重新侦查的，应当在作出不起诉决定后将案卷材料退回公安机关，建议公安机关重新侦查并书面说明理由。"第3款规定："对于撤回起诉的案件，没有新的事实或者新的证据，人民检察院不得再行起诉。"

最高人民法院《关于适用〈中华人民共和国刑事诉讼法〉的解释》（以下简称《高法刑诉法解释》）第181条第1款第（五）项规定："依照本解释第二百四十二条规定裁定准许撤诉的案件，没有新的事实、证据，重新起诉的，应当退回人民检察院。"对于重新起诉的条件，应当从两个方面把握：（1）"新的事实"是指原起诉书未指控的犯罪事实。如原起诉指控被告人犯贪污罪，因犯罪已过追诉时效撤回起诉，后又收集新的证据证明被告人另有受贿犯罪事实，此时就符合重新起诉的条件。（2）"新的证据"是指撤回起诉后收集、调取的足以证明原指控犯罪事实的证据。此时，原指控事实没有改变，只是证据发生了变化。如原起诉指控被告人犯抢夺罪，辩护人提供证据证明被告人作案时实际年龄不满16周岁，人民检察院认为不应当追究被告人刑事责任而撤回起诉后，又发现辩护人提供的证据系伪造，经重新收集证据后认为被告人作案时已满16周岁，此时即可以有新的证据为由重新起诉。

第四节 其他重点环节和问题

一、参加庭前会议

刑事诉讼法第182条第2款规定:"在开庭以前,审判人员可以召集公诉人、当事人和辩护人、诉讼代理人,对回避、出庭证人名单、非法证据排除等与审判相关的问题,了解情况,听取意见。"《刑诉规则》第431条规定:"在庭前会议中,公诉人可以对案件管辖、回避、出庭证人、鉴定人、有专门知识的人的名单、辩护人提供的无罪证据、非法证据排除、不公开审理、延期审理、适用简易程序、庭审方案等与审判相关的问题提出和交换意见,了解辩护人收集的证据等情况。对辩护人收集的证据有异议的,应当提出。公诉人通过参加庭前会议,了解案件事实、证据和法律适用的争议和不同意见,解决有关程序问题,为参加法庭审理做好准备。"根据上述规定,公诉人参加庭前会议,要注意以下几个方面:

1. 会前做好充分准备,对需要提请会议解决的问题准备好意见,如安排证人出庭、沟通庭审方案等,并预测辩方对相关问题可能提出的意见,做好应对方案。

2. 会中要充分阐明意见,争取得到法官支持并对相关问题作出正确决策。如对于辩方错误的管辖异议、回避申请等,要充分阐明意见。

3. 了解辩方掌握的证据情况,即依据法律规定应当告知人民检察院的被告人不在犯罪现场、未达到刑事责任年龄、依法不负刑事责任的证据,或者在辩方同意的情况下,了解其掌握的其他证据。

对于庭前会议中出现的非法证据排除问题,《刑诉规则》第432条规定:"当事人、辩护人、诉讼代理人在庭前会议中提出证据系非法取得,人民法院认为可能存在以非法方法收集证据情形的,人民检察院可以对证据收集的合法性进行证明。需要调查核实的,在开庭审理前进行。"《高法刑诉法解释》第100条第1款规定:"法庭审理过程中,当事人及其辩护人、诉讼代理人申请排除非法证据的,法庭应当进行审查。经审查,对证据收集的合法性有疑问的,应当进行调查;没有疑问的,应当当庭说明情况和理由,继续法庭审理。"而第99条规定:"开庭审理前,当事人及其辩护人、诉讼代理人申请排除非法证据,人民法院经审查,对证据收集的合法性有疑问的,应当依照刑事诉讼法第一百八十二条第二款的规定召开庭前会议,就非法证据排除等问题了解情况,听取意见。人民检察院可以通过出示有关证据材料等方式,对证据收集的合法性加以说明。"可见，在庭前会议中，是否启动调查程序，作出排除与否的决定，均没有明确规定。我们认为，由于庭前会议毕竟是开庭以前的一个沟通协商程序，法律规定审判人员在庭前会议中是"了解情况、听取意见"，没有规定可以"作出裁决"，所以，如果控辩双方对非法证据是否排除意见不一致，还是应当在庭审过程中作出决定为宜。

二、非法证据调查

刑事诉讼法第56条第1款规定："法庭审理过程中，审判人员认为可能存在本法第五十四条规定的以非法方法收集证据情形的，应当对证据收集的合法性进行法庭调查。"第57条规定："在对证据收集的合法性进行法庭调查的过程中，人民检察院应当对证据收集的合法性加以证明。现有证据材料不能证明证据收集的合法性的，人民检察院可以提请人民法院通知有关侦查人员或者其他人员出庭说明情况；人民法院可以通知有关侦查人员或者其他人员出庭说明情况。有关侦查人员或者其他人员也可以要求出庭说明情况。经人民法院通知，有关人员应当出庭。"《刑诉规则》第446条第1款规定："在法庭审理过程中，被告人及其辩护人提出被告人庭前供述系非法取得，审判人员认为需要进行法庭调查的，公诉人可以根据讯问笔录、羁押记录、出入看守所的健康检查记录、看守管教人员的谈话记录以及侦查机关对讯问过程合法性的说明等，对庭前讯问被告人的合法性进行证明，可以要求法庭播放讯问录音、录像，必要时可以申请法庭通知侦查人员或者其他人员出庭说明情况。"这里需要注意以下几个问题：

1. 当事人提出非法证据排除的，根据司法解释的规定，应当提供涉嫌非法取证的人员、时间、地点、方式、内容等相关线索或者材料。对于只提出要求而没有提供相关线索或者材料的，公诉人可以向法庭提出不能启动非法证据调查程序的意见。

2. 法庭决定启动调查程序的，公诉人一般应依层次出示相关证据材料来证明合法性。一般而言，第一层次是讯问笔录、羁押记录、出入看守所的健康检查记录、看守所管教人员的谈话记录以及侦查机关对讯问过程合法性的说明等；第二层次是播放讯问录音、录像；第三层次是申请法庭通知侦查人员或者其他人员出庭说明情况。尤其是侦查人员出庭，不宜太随意，要坚持必要性原则。

3. 要与法庭事先协商好非法证据调查的启动时间。《高法刑诉法解释》第100条第2款规定："对证据收集合法性的调查，根据具体情况，可以在当事人及其辩护人、诉讼代理人提出排除非法证据的申请后进行，也可以在法庭调查结束前一并进行。"因此,公诉人要从有利于庭审、有利于出庭支持公诉的角度出发,事先与法庭就启动调查程序的时间进行沟通。

三、言行规范

最高人民检察院公诉厅于 2004 年 12 月 10 日出台了《公诉人出庭行为规范》,对公诉人的出庭行为进行了规范。公诉人应当重点掌握以下规定:

(一) 语言规范

公诉人出庭支持公诉,除在少数民族聚居或者多民族杂居的地区使用当地通用的语言外,应当使用普通话。发言时应做到用语规范,语速适中,吐字清晰,声音洪亮。

(二) 着装规范

公诉人出庭支持公诉,应当按照最高人民检察院有关着装规范的要求着装,佩戴胸徽和制式领带。做到仪表整洁,举止得体,并遵守以下规定:(1) 不得挽袖子、卷裤腿、穿拖鞋;(2) 不得染彩发、化浓妆、涂彩色指甲;(3) 不得戴耳环、佩项链及其他饰物,男同志不得留长发、剃光头、蓄胡须;(4) 不得佩戴除检察胸徽以外的徽章;(5) 不得有其他与公诉人形象不符的服饰、发型和举止。

(三) 用语规范

公诉人出庭支持公诉,对合议庭组成人员应当分别称"审判长"、"审判员"、"人民陪审员"或统称"合议庭"。向法庭提出要求时应当称"审判长";当某阶段活动完毕或发表公诉意见时应当称"审判长、审判员(人民陪审员)"。多名被告人聘请辩护人的,应当称"被告人×××的辩护人",一名被告人聘请两名辩护人的,应当称"被告人×××的第一辩护人"、"被告人×××的第二辩护人"。在讯问中,对被告人应当称"被告人×××",也可以根据具体情况称"你"。公诉人作上述称呼时,应当正视上述人员。公诉人可以自称为"公诉人"或者"本公诉人"。

(四) 履行监督职责

公诉人出庭支持公诉,发现法庭审理案件严重违反法律规定的诉讼程序或严重侵犯诉讼参与人合法权益,影响案件公正审理的,应当在庭后及时向本院检察长报告,并根据需要提出意见。但是,如不当庭指出可能严重影响公正审判或者可能造成难以弥补损失的,公诉人可以当庭指出并于庭后及时向本院检察长报告。

在法庭调查阶段,遇有下列情况,公诉人应根据情况提请审判长制止,或者建议休庭:(1) 被告人的供述与案件无关或答非所问的;(2) 被告人使用污言秽语，或者攻击国家机关、社会团体或其他公民的；（3）辩护人或者诉讼代理人采取威胁、诱导等不正当方式进行提问的；（4）辩护人或者诉讼代理人的提问与案件无关的；（5）被告人的供述或者辩护人、诉讼代理人的发言可能泄露与案件无关的国家机密的；（6）辩护人越权为同案其他被告人辩护的，但该辩护有利于从轻、减轻或免除自己当事人刑罚的除外。

思考题

1. 对于被告人当庭翻供并提出被刑讯逼供的，公诉人应当从哪些方面、分哪些层次予以应对？
2. 公诉人应如何应对非法证据调查程序？
3. 不该撤回起诉而撤回起诉的，如何处理？

第四章　刑事审判法律监督

第一节　二审检察

二审检察，是指与第二审人民法院同级的人民检察院根据刑事诉讼当事人提出的上诉或者下一级人民检察院提出的抗诉，对下一级人民法院尚未生效的一审判决和裁定进行审查，以检察员身份出席二审法庭发表意见，依法履行诉讼监督职能的诉讼活动。刑事诉讼法规定第二审程序，并赋予当事人和人民检察院在人民法院判决、裁定尚未发生法律效力以前提出上诉、抗诉的权利，就是为了避免和纠正第一审判决、裁定中可能发生的错误，真正实现惩罚犯罪、保护人民的目标任务。检察机关通过启动和参与第二审程序，发挥诉讼监督职能有利于查明案件事实、准确惩治犯罪分子，保护当事人合法权益。

一、二审检察的案件范围

（一）当事人上诉的案件

1. 上诉的概念。上诉是指自诉人、被告人及其法定代理人，以及经被告人同意的辩护人或近亲属，附带民事诉讼的当事人及其法定代理人不服第一审未生效的判决、裁定，依照法定程序和期限，要求上一级人民法院对案件进行重新审判的诉讼行为。

2. 上诉人的范围。根据我国刑事诉讼法第216条的规定，上诉人的范围包括：（1）自诉人及其法定代理人；（2）被告人及其法定代理人；（3）经被告人同意的辩护人和近亲属。

当事人提出上诉的案件，只有二审法院决定开庭审理通知人民检察院出庭的，二审检察程序才启动。

3. 上诉的效力。上诉是启动第二审程序的重要途径，也是自诉人、被告人的法定权利，符合法律规定的上诉，必然引起第二审程序。

（二）被害人提请抗诉的案件

1. 被害人提请抗诉的概念。根据刑事诉讼法第218条的规定，被害人及其法定代理人不服地方各级人民法院第一审的判决的，自收到判决书后5日以内，有权请求人民检察院提出抗诉。人民检察院自收到被害人及其法定代理人的请求后 5 日以内，应当作出是否抗诉的决定并且答复请求人。

2. 被害人提请抗诉的效力。被害人及其法定代理人请求抗诉后，人民检察院是否抗诉，由人民检察院决定，因此，被害人及其法定代理人的请求抗诉权，并不必然引起二审检察程序。

（三）检察机关按照二审程序提出抗诉的案件

1. 第二审程序抗诉的概念。根据刑事诉讼法第 217 条的规定，第二审程序抗诉，是指地方各级人民检察院对于本级人民法院尚未发生法律效力的第一审刑事判决或裁定，认为确有错误，在法定期限内向上一级人民法院提出的抗诉。这种抗诉是按照上诉程序提出的，因而也称为上诉程序的抗诉。

2. 第二审程序抗诉的对象。二审程序抗诉只能针对本级人民法院尚未发生法律效力的确有错误的刑事判决、裁定。这里需要注意以下问题：一是上级人民检察院不能针对下级人民法院尚未发生法律效力的刑事判决、裁定提出抗诉，但是，人民检察院提出第二审程序抗诉后，将由上一级人民检察院决定是否支持抗诉，上一级人民检察院有权决定撤回抗诉。二是二审程序抗诉只能针对公诉案件第一审尚未发生法律效力的刑事判决、裁定提出，如果是自诉案件尚未发生法律效力的判决、裁定，即使发现确有错误，也应当由自诉人、被告人自行决定是否提出上诉，人民检察院不应在判决生效前提出抗诉。

3. 第二审程序抗诉的期限。根据刑事诉讼法第 219 条的规定，不服判决的上诉和抗诉的期限为 10 日，不服裁定的上诉和抗诉的期限为 5 日，从接到判决书、裁定书的第二日起算。

4. 第二审抗诉的效力。二审抗诉必然引起第二审程序，同时阻却一审判决、裁定的生效。

二、第二审案件的审查

（一）二审检察员的职责和任务

1. 职责。二审检察员具有双重职责：一是指控职责。二审检察员因支持一审的追诉目标而具有公诉人身份，不论是抗诉还是上诉，二审程序一旦启动，就表明一审裁判尚未生效，一审公诉人所追求的目标还没有实现，需要二审检察员去落实。二是监督职责。出席二审法庭的检察员要从程序和实体上，对审判活动是否合法进行监督，当然具有法律监督者职责。二审检察员所具有的两种职责是相辅相成的，通过行使法律监督权，可以保障追诉目标的实现，通过参加法庭审理可以更好地增强法律监督的实效。

2. 主要任务。检察员办理二审案件的主要任务是：审查上诉理由，出席第二审法庭，根据案件事实和法律向人民法院提出维持原判、发回重审或者依法改判的出庭意见；审查下级人民检察院的抗诉，向同级人民法院撤回不正确的抗诉，出席第二审法庭支持正确的抗诉；对第二审判决、裁定进行审查，对确有错误的判决、裁定依法提出抗诉或者监督意见；对人民法院第二审审判活动是否合法进行监督；发现和纠正侦查、审查起诉和第一审审判活动中的违法行为；维护诉讼参与人的合法权益，依法保障人权等。

（二）案件受理和审查

1. 受理。下级人民检察院提出抗诉的案件，应当在提出抗诉后3日内将刑事抗诉书、检察内卷报上级人民检察院。上级人民检察院收到同级人民法院上诉案件的阅卷通知书及案件材料后，应当审查相关案件材料是否齐备，符合受理条件的，填写《受理案件登记表》。上级人民检察院受理二审检察案件之后，应当指定2名以上检察员或者经检察长批准代行检察员职务的助理检察员办理，也可以由检察长或者副检察长办理。

2. 阅卷期限。人民检察院在接到第二审人民法院决定开庭、查阅案卷通知后，可以查阅或者调阅案卷材料，查阅或者调阅案卷材料应当在接到人民法院的通知之日起1个月以内完成。在1个月以内无法完成的，可以商请人民法院延期审理。

3. 审查内容。检察人员审查案件应当客观全面地审查原审案卷材料，重点审查以下内容：

（1）第一审判决认定事实是否清楚，证据是否确实、充分；

（2）适用法律是否正确，对有关量刑情节的认定是否准确，量刑是否适当；

（3）抗诉、上诉意见与第一审判决存在的分歧，抗诉、上诉理由是否正确、充分；

（4）抗诉、上诉中是否提出或者第一审判决后是否出现了可能影响定罪量刑的新事实、新证据；

（5）侦查、审查起诉和第一审审判活动是否存在违法情形，是否侵犯了诉讼参与人的合法权利，影响了公正判决；

（6）对于共同犯罪的案件，只有部分被告人提出上诉或者人民检察院只就第一审人民法院对部分被告人的判决提出抗诉的等，应当对全案进行审查，不受上诉或者抗诉范围的限制。

4. 审查方式。在审查第一审案卷材料时，应当复核主要证据，可以讯问原审被告人，必要时可以补充收集证据、重新鉴定或者补充鉴定。需要原侦查机关补充收集证据的，可以要求原侦查机关补充收集。被告人、辩护人提出被告人自首、立功等可能影响定罪量刑的材料和线索的，人民检察院可以依照管辖规定交侦查机关调查核实，也可以自行调查核实。发现遗漏罪行或者同案犯罪嫌疑人的，应当建议侦查机关侦查。

对于下列原审被告人，应当进行讯问：（1）提出上诉的；（2）人民检察院提出抗诉的；（3）被判处无期徒刑以上刑罚的。人民检察院办理死刑上诉、抗诉案件，应当开展以下工作：一是讯问原审被告人，听取原审被告人的上诉理由或者辩解；二是必要时听取辩护人意见；三是复核主要证据，必要时询问证人；四是必要时补充收集证据；五是对鉴定意见有疑问的，可以重新鉴定或者补充鉴定；六是根据案件情况，可以听取被害人意见。

5. 制作审查报告。检察员审查案件完毕，应当制作审查报告，一般包括以下内容：被告人基本情况；案件侦破过程及诉讼经过；审查认定的事实及对证据的分析，对证据的分析一般按照先客观证据、后主观证据的顺序进行；下级人民检察院的抗诉理由；当事人及其辩护人、诉讼代理人对第一审判决的意见；对第一审审判程序的审查情况；讯问及核实证据情况；需要说明的问题；审查意见。

（三）审核审批程序

1. 上诉案件的审核审批。对于上诉案件，检察员经审查后对原判决没有异议的，审查报告应当经公诉部门负责人审核后报主管副检察长；检察员认为原判决认定事实有错误或者判决确有错误的，审查报告应当提交公诉部门会议讨论后，报主管副检察长；公诉部门负责人对检察员的审查意见有异议的，审查报告应当提交公诉部门会议讨论后，报主管副检察长。

2. 抗诉案件的审核审批。对于抗诉案件，审查报告应当提交公诉部门会议讨论后，报主管副检察长。公诉部门会议讨论案件时，可以要求下级人民检察院检察员或者公诉部门负责人参加。讨论案件应当制作笔录，并由参加讨论的人员核对后签名。

3. 审核审批结果执行。案件经主管副检察长、检察长审批或者经检察委员会讨论决定后，检察员应当及时执行。对于二审抗诉案件，检察员应当向同级人民法院送达支持抗诉意见书或者撤回抗诉决定书，支持下级人民检察院提出的抗诉意见和理由的，支持抗诉意见书应当叙述支持的意见和理由，部分支持的，叙述部分支持的意见和理由，不予支持部分的意见应当说明。不支持下级人民检察院提出的抗诉意见和理由，但认为原审判决、裁定确有其他错误的，应当在支持抗诉意见书中表明不同意刑事抗诉书的抗诉意见和理由，并且提出新的抗诉意见和理由，上述决定要通知提出抗诉的下级人民检察院。对于上诉案件，检察员应当告知同级人民法院阅卷完毕。

三、出席二审法庭

检察员出席第二审法庭的主要任务是：支持抗诉或者听取上诉意见，对原审人民法院作出的错误判决或者裁定提出纠正意见；维护原审人民法院正确的判决或者裁定，建议法庭维持原判；维护诉讼参与人的合法权利；对法庭审理案件有无违反法律规定的诉讼程序的情况制作笔录；依法从事其他诉讼活动。

（一）庭前准备

收到同级人民法院《出庭通知书》后，出庭检察员应当填写《派员出席法庭通知书》，并及时送达人民法院并做好以下出庭准备工作：

1. 进一步熟悉案情和主要证据，确定在法庭上出示的证据和第一审质证后无异议的证据，及时了解证据的变化情况和辩护人向法庭提供的新证据。

2. 拟定出庭预案，包括讯问提纲、询问提纲、举证质证提纲、答辩提纲和出庭意见书。出庭预案应当重点围绕抗诉与上诉理由，针对需要查证的、与定罪量刑有关的事实进行准备，根据具体案件情况，突出针对性和预见性。对于疑难、复杂和社会高度关注的案件，公诉部门必要时可以对出庭预案进行专门论证，制作临庭处置方案，应对可能出现的各种复杂情况。出庭检察员意见书的主要内容包括对第一审判决的全面评价、对抗诉理由的分析或者对上诉理由的评析、出庭意见等。出庭检察员审查意见与审批决定意见不一致的案件，出庭检察员应当执行审批决定，并将出庭检察员意见书于开庭前报公诉部门负责人审核。

3. 在开庭 5 日前将需要通知到庭的证人、鉴定人、翻译人员、被害人名单以及拟在庭审中出示的新证据提交合议庭。

（二）出席法庭

1. 二审法庭预备阶段。审判长就法庭准备工作征求出庭检察员意见时，出庭检察员应当就存在的问题提出意见，请审判长予以纠正，或者表明没有意见。对于二审程序抗诉案件，出席法庭的检察人员应当核对被告人及其辩护人、附带民事诉讼的原告人及其诉讼代理人，以及其他应当到庭的诉讼参与人是否已经到庭；审查合议庭的组成是否合法；刑事抗诉书副本等诉讼文书的送达期限是否符合法律规定；被告人是盲、聋、哑、未成年人或者可能被判处死刑而没有委托辩护人的，人民法院是否指定律师为其提供辩护；审查到庭被告人的身份材料与刑事抗诉书中原审被告人的情况是否相符；审判长告知诉讼参与人的诉讼权利是否清楚、完整；审判长对回避申请的处理是否正确、合法。

2. 法庭调查阶段。主要有以下几项内容：

（1）宣读抗诉书和陈述上述理由。审判长或者审判员宣读第一审判决书后，抗诉案件先由出庭检察员宣读刑事抗诉书和支持刑事抗诉意见书；上诉案件先由上诉人陈述上诉理由；既有上诉又有抗诉的案件，先由出庭检察员宣读刑事抗诉书和支持刑事抗诉意见书，再由上诉人陈述上诉理由。审判长就抗诉、上诉未涉及的事实归纳总结后，出庭检察员认为这部分事实清楚、证据确实充分的，应当表示无异议，当庭予以确认；认为有异议的，应当指出，并提请法庭进行调查。对于审判长概括的审理重点和焦点问题，出庭检察员认为需要补充的，应当及时提出。

（2）讯问被告人。讯问被告人应当针对法庭需要调查的事实，围绕抗诉理由、上诉理由以及对原审判决、裁定认定事实有争议的部分进行，对没有异议的事实不再全面讯问。抗诉案件先由出庭检察员讯问，上诉案件先由辩护人发问，既有上诉又有抗诉的案件先由出庭检察员讯问。出庭检察员讯问应当注意以下几点：一是对被告人以前所作的供述是否属实进行讯问时，对于先前供述不属实的辩解，应当就其提出的不属实部分进行有针对性的讯问。特别是对于翻供要客观全面地分析，认为翻供理由不成立的，应当举出相关证据予以反驳；对于被告人供述不清楚、不全面或者明显不合理，以及被告人供述与案件第一审已查证属实的证据相矛盾的问题应当讯问。二是与案件抗诉、上诉部分犯罪事实无关的问题可以不讯问。对于辩护人已经发问而被告人作出客观回答的问题，不进行重复讯问，但是被告人陈述矛盾、含糊不清或者翻供，影响对案件事实、性质的认定或量刑的，应当有针对性地进行讯问。三是检察员应当认真听取辩护人的发问，对辩护人的发问方式、内容不当的应提请审判长予以制止。四是在法庭调查结束前，可以根据辩护人、诉讼代理人发问，审判长（审判员）讯问的情况，进行补充讯问。

（3）举证质证。举证质证阶段，出庭检察员应当围绕对抗诉、上诉意见具有重要影响的关键事实和证据进行。抗诉案件先由出庭检察员举证，按照第二审程序提出抗诉的案件，检察员应当根据抗诉案件的不同情况分别采取以下举证方式：①对于事实清楚，证据确实、充分，只是由于原审判决、裁定定性不准、适用法律错误导致量刑明显不当，或者因人民法院审判活动严重违反法定诉讼程序而提起抗诉的案件，如果原审事实、证据没有变化，在宣读支持抗诉意见书后，由检察人员提请，并经审判长许可和辩护方同意，除对新的辩论观点所依据的证据进行举证、质证外，可以直接进入法庭辩论。②对于因原审判决、裁定认定部分事实不清、运用部分证据错误，导致定性不准、量刑明显不当而抗诉的案件，出庭的检察人员对经过原审举证、质证并成为判决、裁定依据，且诉讼双方没有异议的证据，不必逐一举证、质证，应当将法庭调查、辩论的重点放在检察机关认为原审判决、裁定认定错误的事实和运用错误的证据上,并就有关事实和证据进行详细调查、举证和论证。对原审未质证清楚,二审、再审对犯罪事实又有争议的证据,或者在二审、再审期间收集的新的证据,应当进行举证、质证。③对于因原审判决、裁定认定事实不清、证据不足,导致定性不准、量刑明显不当而抗诉的案件,出庭的检察人员应当对案件的事实、证据、定罪、量刑等方面的问题进行全面举证。庭审中应当注意围绕抗诉的重点举证、质证、答辩,充分阐明抗诉观点,详实、透彻地论证抗诉理由及其法律依据。

上诉案件先由上诉人或者辩护人举证,既有上诉又有抗诉的案件,先由出庭检察员举证。举证、质证一般采取"一证一举一质"的方式,必要时可以运用多媒体示证系统,增强出庭效果。出庭检察员可以询问出庭证人、鉴定人、被害人。询问时应当围绕与定罪量刑紧密相关的事实进行,对证人证言、鉴定意见、被害人陈述中有虚假、遗漏、矛盾、模糊不清、有争议的内容,应当重点询问,必要时应当宣读、出示相关证据配合询问,通过询问澄清事实。出庭检察员应当对经法庭质证过的证据进行归纳和总结,准确阐述证据的客观性、有效性和证明作用,提请法庭采信;对被告人及其辩护人出示的无效证据,应当提请法庭不予采信。

检察人员在举证前,应当说明取证主体、取证对象以及取证时间和地点,并标明取证程序合法。二审期间,对检察人员收集的新证据,向法庭出示时应当说明证据的来源和证明作用以及证人的有关情况,提请法庭质证;对审判人员通过调查核实取得的新证据,辩护人、原审被告人或者上诉人当庭出示的新证据,应当由审判人员在法庭上出示,检察人员应当进行质证;对辩护人在法庭上出示的证据材料,无论是新的证据材料还是原审庭审时已经举证、质证的证据材料,均应积极参与质证。

3. 法庭辩论和最后陈述阶段。对于上诉案件,出庭检察员应当在归纳法庭调查所出示证据的基础上,围绕双方在事实、证据、法律适用和量刑方面的争议焦点,依据事实和法律,客观公正地发表出庭意见:原判决正确的,建议维持原判;经法庭调查事实不清、证据不足或者原审法院的审判活动违反法律规定的诉讼程序应当重新审判的,建议发回重审;原判决认定事实没有错误,但适用法律错误或者量刑不当的,建议改判。

对于抗诉案件,出庭检察员应当发表支持抗诉的意见。支持抗诉的意见包括:(1) 对原审判决、裁定认定的事实、证据及当庭质证情况进行概括,论证原审判决认定的事实是否清楚,证据是否确实、充分;(2) 论证原审判决、裁定定罪量刑、适用法律的错误之处,阐述正确观点,明确表明支持抗诉的意见;(3) 揭露被告人犯罪行为的性质和危害程度。对于被告人、辩护人提出的观点可能影响对被告人的定罪或者量刑的，出庭检察员应当答辩。答辩应当观点明确、重点突出、主次分明、有理有据。对于与案件无关或者已通过辩论阐明了观点的问题，不再答辩。

（三）延期审理

法庭审理过程中，对证据有疑问或者需要补充新的证据、重新鉴定或者勘验现场等，检察人员可以向审判长提出休庭或者延期审理的建议。

四、第二审程序审判监督

人民检察院应当加强对第二审程序审判活动的法律监督，主要包括以下几个方面：

（一）加强对庭审活动的监督

对于法庭审理活动违反法律规定的诉讼程序，出庭检察员应当建议休庭，在休庭后及时报告，并经检察长批准后提出纠正意见。对于提出的监督意见，应当逐件跟踪，督促纠正。对于一定时期内二审审判活动中存在的问题，应当归纳、分析并及时提出监督意见。对于排斥监督或者经监督仍不纠正的，人民检察院可以通过上级人民检察院向被监督单位的上级机关通报，必要时可以向同级人民代表大会常务委员会报告。

（二）做好检察长列席审判委员会工作

承办人和公诉部门负责人应当为检察长列席审判委员会会议做好准备工作，通过检察长或者受检察长委托的副检察长列席审判委员会会议，进一步阐明检察机关的意见，加强对第二审审判活动的监督。

（三）加强对死刑二审案件的审查监督

死刑案件承办人应当及时了解第二审裁判情况，督促同级人民法院依法送达裁判文书。对于死刑第二审案件，第二审人民法院作出判决、裁定后，当庭宣判的，应当在5日以内将判决书或者裁定书送达当事人、辩护人和同级人民检察院；定期宣判的，应当在宣判后立即送达。人民检察院应当在接到第二审判决、裁定书后3日内进行审查，就第二审裁判认定事实、适用法律和量刑提出明确意见，并填制《二审判决、裁定审查表》，报公诉部门负责人、主管副检察长逐级审批，对确有错误的判决、裁定依法提出抗诉或者监督意见。

省级人民检察院审查死刑第二审裁判后，对于最高人民检察院要求备案的死刑第二审案件，应当在收到死刑第二审裁判文书后10日内写出综合审查报告，并附《二审裁判审查表》及相关法律文书报最高人民检察院。

（四）注重挖掘司法腐败问题

人民检察院办理第二审案件，应当注意发现执法不公背后可能存在的司法工作人员违法犯罪问题并及时查处。

五、需要注意的其他规定

对于被告人可能被判处死刑的二审案件,具有下列情形之一的,下级人民检察院公诉部门应当将案件基本情况和出现的重大问题,采取书面方式向上一级人民检察院公诉部门报告,必要时层报最高人民检察院公诉厅:一是厅级以上干部职务犯罪案件;二是在当地有较大影响的敏感案件和新闻媒体关注的案件;三是经过有关部门协调,协调意见与检察机关意见不一致或者参与协调的司法机关之间意见分歧较大的案件。上级人民检察院应当支持下级人民检察院依法独立公正行使检察权。

第二节 公诉环节刑事审判法律监督

一、刑事审判监督

(一) 基本含义

刑事审判监督,是指人民检察院对人民法院刑事审判活动是否依法进行的专门法律监督。公诉环节的刑事审判监督,从程序上看,包括对人民法院第一审、第二审和再审程序的监督;从案件性质上看,不仅包括公诉案件,还包括对自诉案件和刑事附带民事诉讼案件审判活动的监督。

(二) 主要内容

刑事审判监督包括对刑事审判活动是否合法进行监督和对人民法院的刑事判决、裁定是否正确实行监督。

1. 对刑事审判活动的监督。根据《刑诉规则》第 577 条的规定,人民检察院主要监督以下违法行为:(1) 人民法院对刑事案件的受理违反管辖规定的;(2) 人民法院审理案件违反法定审理和送达期限的;(3) 法庭组成人员不符合法律规定,或者违反规定应当回避而不回避的;(4) 法庭审理案件违反法定程序的;(5) 侵犯当事人和其他诉讼参与人的诉讼权利和其他合法权利的;(6) 法庭审理时对有关程序问题所作的决定违反法律规定的;(7) 二审法院违反法律规定裁定发回重审的;(8) 故意毁弃、篡改、隐匿、伪造、偷换证据或者其他诉讼材料,或者依据未经法定程序调查、质证的证据定案的;(9) 依法应当调查收集相关证据而不收集的;(10) 徇私枉法,故意违背事实和法律作枉法裁判的;(11) 收受、索取当事人及其近亲属或者其委托的律师等人财物或者其他利益的;(12) 违反法律规定采取强制措施或者采取强制措施法定期限届满,不予释放、解除或者变更的;(13)应当退还取保候审保证金不退还的;(14)对与案件无关的财物采取查封、扣押、冻结措施,或者应当解除查封、扣押、冻结不解除的;(15)贪污、挪用、私分、调换、违反规定使用查封、扣押、冻结的财物及其孳息的;(16)其他违反法律规定的审理程序的行为。

2. 对人民法院刑事判决、裁定是否正确的监督。主要包括:(1)原判决、裁定认定的事实是否清楚,证据是否充分;(2)原判决、裁定定性是否准确;(3)原判决、裁定适用法律是否正确;(4)原判决、裁定量刑是否适当;(5)人民法院在审理过程中是否违反法定的诉讼程序;(6)审判人员在审理案件时,是否有贪污、受贿、徇私舞弊、枉法裁判行为。

(三) 刑事审判监督的途径和方式

1. 刑事审判监督的途径。包括:(1)出席法庭。法庭审理是审判的核心活动,因而对法庭审理活动进行监督是刑事审判监督的重点之一。(2)庭外调查。受理诉讼参与人及其他相关人员的申诉、控告、检举,处理人民群众来信来访,包括讯问被告人、听取被害人和被告人、被害人委托的人的意见,询问证人,从中发现人民法院在审判活动中的违法行为。(3)列席审判委员会。(4)审查判决、裁定。

2. 刑事审判监督的方式。主要包括:(1)刑事抗诉。刑事抗诉是人民检察院履行刑事审判监督的主要方式,包括:①第二审程序抗诉,是指地方各级人民检察院对于本级人民法院第一审尚未发生法律效力的刑事判决或裁定,认为确有错误,在法定期限内向上一级人民法院提出抗诉,也称为上诉程序的抗诉。②审判监督程序抗诉,是指最高人民检察院对地方各级人民法院、上级人民检察院对下级人民法院已经发生法律效力的刑事判决或裁定,认为确有错误,向同级人民法院提出的抗诉,也称为再审程序抗诉。(2)纠正违法通知书和检察意见函。对人民法院违反法定程序或有错误的判决、裁定,尚未达到抗诉条件,或者没有抗诉必要的,可采取发送纠正违法通知书或检察意见函的形式进行监督。(3)口头监督。对审判过程中轻微违反程序,采取口头方式足以纠正的,或者审判活动正在进行当中,但应当及时指出错误的,可以采取口头方式进行监督,但应当将监督情况记录在案。(4)追究违法者责任。对审判人员在审判活动中有贪污、受贿、徇私舞弊、枉法裁判行为的,移交有关部门追究党纪政纪责任直至刑事责任。

二、刑事抗诉

(一) 刑事抗诉的概念和特征

1. 刑事抗诉的概念。刑事抗诉,是指人民检察院认为刑事判决或裁定确有错误，按照法律规定的诉讼程序，要求人民法院对案件进行重新审理并作出改判的法律监督活动。刑事抗诉的意义主要是确保法律的统一正确实施，维护被害人、社会公共利益以及被告人的合法权益，防止司法腐败，促进司法公正。

2. 刑事抗诉的特征。刑事抗诉具有以下特征：

（1）监督性。这是刑事抗诉的本质特征。根据宪法、《中华人民共和国人民检察院组织法》（以下简称人民检察院组织法）等法律的规定，人民检察院是国家的法律监督机关，有权依法对人民法院的审判活动进行监督。这种监督包括两方面：一是对刑事审判程序是否合法进行监督；二是对刑事判决、裁定是否正确进行监督。刑事抗诉的目的，就在于通过对刑事判决、裁定进行审查，对其中确有错误的判决、裁定依法要求人民法院重新审理，从而使审判受到监督，使司法公正得到保障。

（2）专门性。人民检察院是行使刑事抗诉职权的专门机关，其他任何机关、团体和个人都无权行使刑事抗诉职权。这种专门性，是由人民检察院在国家机构体系中作为专门法律监督机关的地位所决定的。

（3）特定性。根据刑事诉讼法的规定，刑事抗诉只能针对人民法院"确有错误的判决和裁定"提出，有其特定的对象和适用条件，不能任意提出。

（4）程序性。刑事抗诉必须依照法定程序进行，其表现在两个方面：一是刑事抗诉活动包括提出抗诉、出庭支持抗诉等，必须严格遵循法律规定的诉讼程序进行，否则不发生法律效力；二是刑事抗诉的法律效力体现为启动第二审程序或再审程序，具有程序性意义，抗诉启动程序所涉及的实体问题需要人民法院进行重新审理后才能解决。

（5）有效性。刑事抗诉具有刚性，是一种有效的监督手段。其法律效力主要体现在：一是对人民法院具有约束力，必然引起人民法院对刑事判决、裁定进行重新审理，这是刑事抗诉基本的法律效力；二是人民检察院对尚未发生法律效力的刑事判决、裁定提出的抗诉，具有阻止其生效执行的效力；三是具有使诉讼当事人、证人、鉴定人等诉讼参与人继续或重新参加诉讼的效力；四是对人民检察院自身也产生约束力，除非撤回抗诉，人民检察院必须依法履行职责，参与提出抗诉后的诉讼活动，包括派员出席法庭支持抗诉等。

（二）刑事抗诉的种类

刑事抗诉包括两种类型：一是第二审程序的抗诉，即根据刑事诉讼法第217条的规定，地方各级人民检察院认为本级人民法院第一审的判决、裁定确有错误时，向上一级人民法院提出的抗诉。二是审判监督程序抗诉，即根据刑事诉讼法第243条第3款的规定，最高人民检察院对各级人民法院已经发生法律效力的判决和裁定，上级人民检察院对下级人民法院已经发生法律效力的判决和裁定，如果发现确有错误，有权按照审判监督程序向同级人民法院提出抗诉。

（三）两种抗诉的区别

第二审程序抗诉和审判监督程序抗诉都体现了人民检察院对刑事审判活动的监督，适用的对象均为确有错误的刑事判决或裁定。两者也有明显的区别，主要体现在适用主体、适用对象、审理程序、提出抗诉的期限要求以及法律效力等方面。

1. 在适用主体上，第二审程序抗诉，由作出判决、裁定的同级人民检察院向上一级人民法院提出；审判监督程序抗诉，则由原审人民法院的上级人民检察院向同级人民法院提出。

2. 在适用对象上，第二审程序抗诉案件，适用的对象是尚未发生法律效力的刑事判决、裁定；而审判监督程序抗诉案件，适用的对象是已经发生法律效力的刑事判决、裁定。

3. 在审理程序上，第二审程序抗诉案件的法庭是按照刑事诉讼法规定的第二审程序进行审理的；审判监督程序抗诉案件的法庭，则是按照审判监督程序进行审理，原来是一审的适用第一审程序，原来是二审的适用第二审程序。

4. 在提出抗诉的期限要求上，针对判决的第二审程序抗诉期限为10日，针对裁定的第二审抗诉期限为5日，从接到判决书、裁定书的第二日起算。审判监督程序抗诉则没有期限的要求。

5. 在审判结果的效力上，第二审程序抗诉案件的审判结果是终审的判决、裁定，同级人民检察院不能再提出第二审程序抗诉，认为确有错误时，只能提请上一级人民检察院按照审判监督程序提出抗诉。审判监督程序抗诉案件的审判结果依所适用的审判程序而定：如果是按照第一审程序进行审理的，所作的判决或裁定，可以按照第二审程序提出抗诉；如果是按照第二审程序进行审理的，则不能按照第二审程序提出抗诉。

6. 在审理期限上，对第二审程序抗诉的案件，人民法院应当在2个月以内审结。对于可能判处死刑的案件或者附带民事诉讼的案件，以及有刑事诉讼法第156条规定情形之一的，经省、自治区、直辖市高级人民法院批准或者决定，可以延长2个月；因特殊情况还需要延长的，报请最高人民法院批准。对审判监督程序抗诉的案件，人民法院应当在作出提审、再审决定之日起3个月以内审结，需要延长期限的，不得超过6个月。

第三节　第二审程序抗诉

一、第二审程序抗诉的条件

第二审程序抗诉的条件是指要求人民法院必须对案件进行重新审理的依据，也就是人民检察院提出抗诉的理由。具体而言包括两个方面：一是法定条件，即第一审的判决、裁定确有错误；二是客观条件，即确有抗诉的必要性。

（一）法定条件

判决、裁定确有错误，是第二审程序抗诉的法定条件。刑事诉讼法第217条明确规定："地方各级人民检察院认为本级人民法院第一审的判决、裁定确有错误的时候，应当向上一级人民法院提出抗诉。"判决、裁定确有错误主要指实质性的错误，即导致刑事判决、裁定丧失客观公正性，在实体处理上发生了错误，当然也包括程序发生错误，足以影响实体问题的正确处理或者使实体处理具有发生错误的较大可能性的情形。

（二）客观条件

确有抗诉必要，是第二审程序抗诉的客观条件。抗诉必要性作为刑事抗诉的条件虽然尚未被法律明文规定，但却有其存在的理论基础和实践需要。现代刑事诉讼不仅要考虑公平、正义的价值，还必须考虑经济效益价值。不仅在程序和制度设计上要考虑经济效益，在程序和制度的实际运作过程中也要考虑是否符合经济效益的要求，刑事抗诉这个环节也不例外。对刑事判决、裁定中存在的任何错误，人民检察院都应进行监督，但监督的方式应当与错误的性质和严重程度相适应。判决、裁定的错误，可能是实体性错误，也可能是程序性错误，还可能是技术性差错。司法实践中，检察机关不可能对所有存在错误的判决或裁定都提出抗诉，且有的判决、裁定尽管在认定事实、适用法律等方面存在这样或者那样的错误，但是这些错误的存在可能对案件的实质性结论并没有影响，如果一概提出抗诉，将会增加讼累。因此，有必要区分情况，对一些严重的错误以抗诉的方式进行监督，对其他错误采取发送纠正违法通知书、提出纠正意见等其他非抗诉方式进行监督。长期司法实践的客观情况表明，刑事抗诉不能不考虑抗诉的必要性，只有把"确有错误"和"确有抗诉必要"两个条件结合起来，才符合刑事抗诉工作的规律和特点，唯此，检察机关才能在刑事抗诉工作中充分贯彻国家的刑事政策，实现法律效果、社会效果和政治效果的有机统一。刑事抗诉的必要性需要根据案件情况综合加以考虑。

二、第二审程序抗诉的法定条件

具体而言,第二审程序抗诉的法定条件,即"判决、裁定确有错误",可以从以下四个方面进行把握:

(一)审查判决或裁定认定事实和采信证据是否确有错误

包括刑事判决或裁定认定事实有错误导致定性或者量刑明显不当和刑事判决或裁定采信证据有错误导致定性或者量刑明显不当两种情况。

1. 刑事判决或裁定认定事实有错误,导致定性错误或者量刑明显不当的,主要包括三种情形:(1)刑事判决或裁定认定的事实与证据不一致,即法院所采信的证据不能证明所认定的案件事实,或者所认定的案件事实没有确实、充分的证据予以证明;(2)认定的事实与裁判结论有重大矛盾,即根据所认定的案件事实不能依法得出所作的裁判结论;(3)有新的证据证明刑事判决或者裁定认定事实确有错误。

司法实践中,人民法院根据检察机关提出的证据对事实进行认定并作出裁判以后,可能发现新的证据证明原判决、裁定认定事实与客观实际不符,对于这种错误是否应当抗诉,在理论上和实践中都存在争议。一种观点认为,原判决、裁定是根据当时的证据情况作出的,后来出现的新证据不能否定当时所作判决、裁定的正确性,因而检察机关不能提出抗诉。另一种观点认为,就提出抗诉的条件而言,所谓"确有错误"包括原判决、裁定认定事实不符合客观实际。我们认为,对发现新的证据证明原判决、裁定认定事实与客观实际不符的情况应予以监督和纠正,但采取什么方式需要具体情况具体分析。一般来说,对确有错误的判决、裁定,人民检察院依法都有权提出抗诉,但有时考虑到保障被告人的诉讼权利而作重新起诉处理,有时考虑到抗诉的必要性而采取了其他的监督方式。例如,原审以证据不足作出的无罪判决,判决后发现新的证据足以证明被告人有罪的,实践中应当作重新起诉处理。又如,判决后发现新的证据证明原审认定的犯罪时间、地点与客观事实有出入但不影响定罪量刑的,一般就不作抗诉处理,而通过其他方式予以监督。

2. 刑事判决或裁定采信证据有错误,导致定性错误或者量刑明显不当的,主要包括下列情形:(1)刑事判决或者裁定据以认定案件事实的证据不确实,即人民法院采信的主要证据不确实,导致认定事实错误,进而影响定罪量刑的;(2)据以定案的证据不足以认定案件事实,或者所证明的案件事实与裁判结论之间存在矛盾,即人民法院采信的证据不够充分,不足以证明所认定的案件事实的;(3)据以定案的证据之间存在矛盾,即人民法院所采信的证据互相矛盾,并且不能合理排除的;(4)经审查犯罪事实清楚,证据确实、充分，人民法院以证据不足为由判决无罪错误的。

3. 需要注意的问题。主要包括以下几点：（1）在审查决定抗诉时，不能简单地以认定事实和采信证据是否错误为标准，关键要看定性和量刑是否明显不当。一般情况下，如果案件的基本事实认定无误，而定性和量刑无明显不当的，一般不需要提出抗诉。如果在认定事实和证据方面发生严重错误，严重损害当事人的权益，或者影响对其他人的刑事追究，检察机关就应依法提出抗诉。（2）提出刑事抗诉，不仅要求判决、裁定本身确有错误，还要求人民检察院据以支持抗诉主张的证据确实、充分，表明判决、裁定确实发生了错误。如果支持抗诉主张的证据不确实、不充分，就无法证明判决、裁定是不是有错误、有什么错误。这涉及检察官和法官对证据的认识和采信问题。

（二）审查刑事判决或者裁定在适用法律方面是否确有错误

适用法律不仅包括对法律条文的引用和解释，还包括人民法院运用法律解决案件实体问题的过程。适用法律方面确有错误可以分为以下三类：

1. 定性错误。是指对案件进行实体评判时发生错误，导致有罪判无罪，无罪判有罪，或者混淆此罪与彼罪、一罪与数罪的界限，造成适用法律错误，罪刑不相适应的。

2. 量刑错误。是指重罪轻判或者轻罪重判，量刑明显不当的。主要包括：（1）未认定有法定量刑情节而超出法定刑幅度量刑，也就是无依据地在法定刑幅度之上或者之下量刑，或者免除处罚；（2）认定法定量刑情节错误，导致未在法定刑幅度内量刑或者量刑明显不当；（3）适用主刑刑种错误，超出法定刑幅度量刑，如法定最低刑为有期徒刑而判处拘役；（4）应当判处死刑立即执行而未判处，或者不应当判处死刑立即执行而判处；（5）应当并处附加刑而没有并处，或者不应当并处附加刑而并处；（6）依法不应当判处缓刑或免予刑事处分，错误适用缓刑或判处免予刑事处分。

3. 对人民检察院提出的附带民事诉讼部分所作判决、裁定明显不当的。对于国家、集体利益遭受损失，由人民检察院提出附带民事诉讼的，如果人民法院附带民事诉讼判决、裁定确有错误的，人民检察院可以就附带民事诉讼部分的内容依法向上一级人民法院提出抗诉。

需要注意的是，人民检察院针对量刑错误提出抗诉，一般要求是量刑方面存在畸轻畸重，明显违背罪刑相适应原则，超出法官自由裁量的幅度的情形。对量刑偏轻或者偏重，但是没有超出法定量刑幅度的，应视为在法官自由裁量的范围之内，一般不宜提出抗诉。一方面符合诉讼经济原则，另一方面也有利于维护判决、裁定的稳定性和审判的权威性。

根据最高人民检察院《关于刑事抗诉工作的若干意见》的规定，对具有下列情形的一般不宜提出抗诉：（1）法律规定不明确、存有争议，抗诉的法律依据不充分的；（2）刑事判决或裁定认定罪名不当，但量刑基本适当的；（3）具有法定从轻或者减轻处罚情节，量刑偏轻的；（4）未成年人犯罪案件量刑偏轻的；（5）被告人积极赔偿损失，人民法院适当从轻处罚的。

（三）审查人民法院在审判过程中是否严重违反法定诉讼程序

程序公正是司法公正的应有内容，这是因为程序公正既具有独立价值，又是实体公正的有效保证。因此，人民法院在审判过程中严重违反法定诉讼程序必然影响审判的公正。根据相关规定，对于具有下列情形之一，可能影响公正审判的，人民检察院应当提出抗诉和支持抗诉：（1）违反有关回避规定的；（2）审判组织的组成严重不合法的；（3）除另有规定的以外，证人证言未经庭审质证直接作为定案根据，或者人民法院根据律师申请收集、调取的证据材料和合议庭休庭后自行调查取得的证据材料没有经过庭审辨认、质证直接采纳为定案根据的；（4）剥夺或者限制当事人法定诉讼权利的；（5）具备应当中止审理的情形而作出有罪判决的；（6）当庭宣判的案件，合议庭不经过评议直接宣判的；（7）其他严重违反法律规定的诉讼程序，影响公正判决或裁定的。

需要注意的是，人民法院的审判活动虽然违反法定诉讼程序，但是未达到严重程度，不足以影响公正裁判的，一般不宜提出抗诉，必要时可以检察建议书、纠正违法通知书等形式向人民法院提出纠正意见，要求人民法院纠正审判活动中的违法情形。

（四）审查审判人员在案件审理期间是否有贪污受贿、徇私舞弊、枉法裁判行为

审判人员在案件审理期间，有贪污受贿、徇私舞弊、枉法裁判行为，影响公正判决或裁定，包括造成判决和裁定认定事实和采信证据确有错误、刑事判决或者裁定在适用法律方面确有错误，或者人民法院在审判过程中严重违反法定诉讼程序的，人民检察院应当提出抗诉和支持抗诉。办理此类抗诉案件，需要注意以下三点：

1. 有违法犯罪行为的人必须是审判人员，包括人民法院的院长、副院长、审判委员会委员，以及组成合议庭的审判员、助理审判员、人民陪审员等。

2. 有贪污受贿、徇私舞弊、枉法裁判行为，且已经查证属实。如果仅有嫌疑，尚未查证属实，不能作为抗诉的依据。

3. 审判人员的贪污受贿、徇私舞弊、枉法裁判行为必须与本案的审判活动有关，直接影响案件的公正审判。一般来说，审判人员在审理案件时有贪污受贿、徇私舞弊、枉法裁判等行为会影响判决、裁定的公正性、正确性，但两

者之间并没有必然联系,还应当对判决、裁定本身是否正确进行审查。对于存在司法腐败,判决、裁定确有错误或者有发生错误的较大可能性的,就应当坚决抗诉。对于存在司法腐败,没有影响判决、裁定的公正性,但造成严重社会影响的,同样应当抗诉。

各级人民检察院在办理刑事抗诉案件中,在纠正不公正裁判的同时,要注意依法查处裁判不公背后可能存在的审判人员违法犯罪行为。

三、有权提出第二审程序抗诉的机关

(一)同级人民检察院有权对人民法院尚未生效的一审判决、裁定提出抗诉

根据刑事诉讼法第 217 条的规定,地方各级人民检察院认为本级人民法院第一审的判决、裁定确有错误的时候,应当向上一级人民法院提出抗诉。可见,有权对人民法院尚未发生法律效力的一审判决、裁定提出抗诉的,只能是同级地方人民检察院。最高人民法院的判决、裁定都是终审的判决、裁定,所以,最高人民检察院不能针对最高人民法院的判决、裁定提出第二审程序抗诉。

(二)上级人民检察院可指令下级人民检察院依法提出抗诉

根据《刑诉规则》第 589 条第 2 款的规定,上一级人民检察院在上诉、抗诉期限内,发现下级人民检察院应当提出抗诉而没有提出抗诉的案件,可以指令下级人民检察院依法提出抗诉。

(三)被害人及其法定代理人有权请求人民检察院提出抗诉

根据刑事诉讼法第 218 条的规定,被害人及其法定代理人不服地方各级人民法院第一审的判决的,自收到判决书后 5 日以内,有权请求人民检察院提出抗诉。也就是说,被害人及其法定代理人享有请求抗诉权,人民检察院依法必须对被害人及其法定代理人的请求在规定期限内审查并给予答复,但是是否抗诉仍然由人民检察院决定,并不受被害人及其法定代理人意见的制约。

(四)上级人民检察院决定是否支持抗诉

刑事诉讼法第 221 条规定:"地方各级人民检察院对同级人民法院第一审判决、裁定的抗诉,应当通过原审人民法院提出抗诉书,并且将抗诉书抄送上一级人民检察院。原审人民法院应当将抗诉书连同案卷、证据移送上一级人民法院,并且将抗诉书副本送交当事人。上级人民检察院如果认为抗诉不当,可以向同级人民法院撤回抗诉,并且通知下级人民检察院。"法律如此规定,首先,这与我国检察机关的领导体制相适应。根据人民检察院组织法的规定,上下级人民检察院之间是领导与被领导的关系,上级人民检察院有权审查下级人

民检察院所作的任何决定,并有权撤销其认为有错误的决定。其次,根据刑事诉讼法第224条的规定,第二审人民法院开庭审理抗诉案件时,将由同级人民检察院派员出庭支持抗诉,而不是由提出抗诉的人民检察院派员出庭,因此上一级人民检察院必须对抗诉进行审查。最后,由上一级人民检察院审查下级人民检察院提出的抗诉,也有利于保证刑事抗诉的准确性、严肃性和权威性。根据《刑诉规则》第589条的规定,下级人民检察院对上一级人民检察院撤回抗诉的决定有提请复议权,如果认为上一级人民检察院撤回抗诉不当,可以提请复议。上一级人民检察院应当复议,并将复议结果通知下级人民检察院。

四、第二审程序抗诉的期限

抗诉期限,是指刑事诉讼法规定的人民检察院提出第二审程序抗诉的时间限制。规定第二审程序抗诉期限的目的,主要是促使检察机关及时对判决、裁定进行审查,防止诉讼的过分延迟。

根据刑事诉讼法第219条的规定,不服判决的抗诉期限为10日,不服裁定的抗诉期限为5日,从接到判决书、裁定书的第二日起算。如果期限届满未提出上诉、抗诉,刑事判决、裁定便发生法律效力。此后即使发现确有错误,同级人民检察院也不能提出第二审程序抗诉,只能由上级人民检察院按照审判监督程序提出抗诉。

五、审查提出第二审抗诉的程序

(一)审查刑事判决书、裁定书

1. 依职权主动审查。人民检察院收到同级人民法院第一审刑事判决书或者裁定书后,应当及时指定专人进行审查,并在法定抗诉期限内决定是否提出抗诉。审查判决书、裁定书是人民检察院刑事抗诉工作的重要基础。只有通过认真审查,才能及时发现判决、裁定中存在的错误,才有可能进行监督。

2. 被害人及其法定代理人请求提出抗诉的审查。被害人及其法定代理人不服判决,在收到判决书后5日以内请求人民检察院提出抗诉的,人民检察院应当受理,并尽快予以审查,在收到请求后5日内作出是否抗诉的决定,并且答复请求人。被害人及其法定代理人在收到判决书5日以后请求人民检察院提出抗诉的,人民检察院可以决定受理,也可以决定不受理。被害人及其法定代理人在法定期限内请求提出抗诉时,如果人民检察院已经对判决进行了审查并作出决定的,人民检察院也应当受理被害人及其法定代理人的请求,并将已作出的是否抗诉决定答复请求人。

3. 职务犯罪案件一审判决的审查。为加强对职务犯罪案件判决的法律监督，解决一些地方存在的职务犯罪案件轻刑化的问题，根据最高人民检察院《关于加强对职务犯罪案件第一审判决法律监督的若干规定（试行）》（高检发诉字〔2010〕140号）的规定，对人民法院作出的职务犯罪案件第一审判决的法律监督还要实行上下两级检察院同步审查的内部工作机制。

4. 审查判决书、裁定书的要求。主要有两点：一是审查要及时。由于法定的抗诉期限比较短，而审查决定抗诉往往需要做大量的工作，如果不及时进行审查，就有可能在规定期限内发现不了判决、裁定中的错误，或者无法对有关问题进行认真细致的研究，影响抗诉决定的作出和办案质量，甚至可能来不及制作高质量的抗诉书。虽然在法定期限内未提出抗诉的案件，还可以由上级人民检察院按照审判监督程序提出抗诉，但后者程序比较复杂，并且与第二审程序抗诉具有阻止错误裁判生效执行的作用相比，提出审判监督程序抗诉的法律效果和社会效果都要差一些。二是审查要全面。要对判决书、裁定书的内容进行全面细致的审查，避免遗漏。不仅要审查刑事部分是否正确，也要审查附带民事诉讼部分是否正确；不仅要审查针对主犯所作的判决、裁定内容是否正确，也要审查针对其他被告人所作的判决、裁定内容是否正确；不仅要审查对实体问题的处理是否正确，也要审查人民法院是否有严重违反法定诉讼程序、影响公正审判的情形。对刑事部分，应当重点围绕认定事实是否清楚，证据是否确实、充分，适用法律是否正确，定罪量刑是否恰当，诉讼程序是否合法进行审查。发现判决、裁定确有错误时，还要进一步分析出现错误的原因。

5. 审查重点。对判决书、裁定书的刑事部分，应当重点围绕以下几个方面进行审查：（1）事实是否清楚。包括：犯罪的动机、目的是否明确；犯罪的手段是否清楚；与定罪量刑有关的情节是否具备；犯罪的危害后果是否查明；行为和结果之间是否存在刑法上的因果关系等。（2）证据是否确实、充分。具体包括：认定主体的证据是否确实、充分；认定犯罪行为和证明犯罪要素的证据是否确实、充分；涉及犯罪性质、决定罪名的证据是否确实、充分；涉及量刑情节的相关证据是否确实、充分；提出抗诉的刑事案件，支持抗诉主张的证据是否具备合法性、客观性和关联性；抗诉主张的每一环节是否均有相应的证据予以证实；抗诉主张与抗诉证据之间、各个抗诉证据之间是否存在矛盾；支持抗诉主张的证据是否形成完整的锁链等。（3）适用法律是否正确。具体包括：适用的法律和法律条文是否正确；罪与非罪、此罪与彼罪、一罪与数罪的认定是否正确；具有法定从重、从轻、减轻、免除处罚情节的，适用法律是否正确；适用刑种和量刑幅度是否正确；对人民检察院提出的附带民事诉讼部分的判决或裁定是否符合法律规定等。（4）程序是否符合法律规定。

6. 审查方法。审查判决书的一般方法是将判决书与起诉书相对照，结合法庭审理情况，分析两者在认定事实、适用法律等方面的差异，弄清起诉书的哪些意见人民法院没有采纳以及不采纳的理由，判决书的哪些内容不符合法律规定或者明显不当。在此基础上，还可以根据情况审阅卷宗，作进一步核查，确定是否存在错误。

（二）决定是否抗诉

案件承办人对判决、裁定审查后，应当填写《对法院刑事判决、裁定审查表》，提出同意刑事判决、裁定或者抗诉的具体意见，报公诉部门负责人审核。对拟提出抗诉的案件，还应制作《刑事抗诉案件审查报告》一并报经公诉部门负责人审核，呈报主管检察长。一般而言，公诉部门负责人应预先组织本处（科）对抗诉案件进行讨论，充分研究，并将各种不同意见一并报主管检察长。根据最高人民检察院《关于刑事抗诉工作的若干意见》的规定，拟抗诉的案件，应当提交检察委员会讨论决定。对于被害人及其法定代理人的抗诉请求，应填写《抗诉请求答复书》，在收到请求后的5日内答复请求人。

（三）提出抗诉、支持抗诉、撤回抗诉和指令抗诉

1. 提出抗诉。提出抗诉的人民检察院必须在法定期限内制作《刑事抗诉书》，通过原审人民法院向上一级人民法院提出抗诉，并且将抗诉书副本连同检察内卷材料报送上一级人民检察院。原审人民法院应当在3日内将抗诉书连同案卷、证据材料移送上一级人民法院，并且将抗诉书副本送达有关当事人。

2. 支持抗诉。上级人民检察院收到下级人民检察院《刑事抗诉书》副本后，指定专人阅卷审查，认为抗诉正确或者部分正确的，应当制作《支持刑事抗诉意见书》提交同级人民法院，并做好派员出席第二审法庭的准备。上级人民检察院对下级人民检察院的刑事抗诉意见，可以全部支持，也可以部分支持，并通知提起抗诉的下级人民检察院。

3. 撤回抗诉。上级人民检察院收到下级人民检察院《刑事抗诉书》副本后，指定专人阅卷审查，认为抗诉不当的，应当制作《撤回抗诉决定书》，并向同级人民法院撤回抗诉；同时应当制作《撤回抗诉通知书》，通知提出抗诉的下级人民检察院。下级人民检察院认为撤回抗诉不当的，可以提请复议。上一级人民检察院应当进行复议，并将复议结果通知下级人民检察院。

4. 指令抗诉。上一级人民检察院在上诉、抗诉期限内，发现下级人民检察院对应当抗诉的案件没有提出抗诉的，可以指令下级人民检察院依法提出抗诉。第二审人民法院发回原审人民法院重新按照第一审程序审理的案件，如果人民检察院认为重新审判的判决、裁定确有错误，仍然可以按照第二审程序提出抗诉。

第四节 审判监督程序抗诉

一、审判监督程序抗诉的对象

审判监督程序抗诉的对象是已经发生法律效力的刑事判决、裁定，既包括公诉案件的判决、裁定，也包括自诉案件的判决、裁定。所谓已经发生法律效力的刑事判决、裁定，包括：（1）已经超过法定上诉、抗诉期限的第一审刑事判决、裁定；（2）经第二审终审的刑事判决、裁定；（3）最高人民法院所作的刑事判决、裁定；（4）经最高人民法院核准死刑的判决；（5）经高级人民法院核准判处死刑缓期二年执行的判决。需要注意的是，死刑案件的二审判决、裁定作出后，不能立即提请抗诉或者提出抗诉，应当待死刑复核程序结束后，再提请抗诉或提出抗诉。

二、审判监督程序抗诉的条件

（一）一般条件

审判监督程序抗诉的条件与第二审程序抗诉的条件基本相同，一是终审判决、裁定确有错误，二是确有抗诉必要。但由于审判监督程序抗诉所针对的是已经发生法律效力的判决、裁定，因此，按照审判监督程序提出抗诉的案件，应当比第二审程序抗诉案件的标准从严掌握。具体而言：一是对支持抗诉的证据，应当要求得更为严格。二是要充分考虑抗诉的法律效果和社会效果，注意维护刑事裁判的稳定性和刑事抗诉的权威性。三是要充分发挥刑事政策在刑事抗诉工作中的指导作用，包括认真贯彻宽严相济的刑事政策。

（二）死刑抗诉案件的条件

1. 死刑抗诉案件的证据要求。办理按审判监督程序抗诉的死刑案件，必须有更为严格的证据要求。根据最高人民法院、最高人民检察院、公安部、国家安全部、司法部《关于办理死刑案件审查判断证据若干问题的规定》，对于以下事实的证明必须达到证据确实、充分：（1）被指控的犯罪事实的发生；（2）被告人实施了犯罪行为及被告人实施犯罪行为的时间、地点、手段、后果以及其他情节；（3）影响被告人定罪的身份情况；（4）被告人有刑事责任能力；（5）被告人的罪过；（6）是否共同犯罪及被告人在共同犯罪中的地位、作用；（7）对被告人从重处罚的事实。

2. 不宜抗诉的情形。根据相关规定，对于人民法院判处被告人死刑缓期二年执行的案件，有下列情形之一的，除原判认定事实、适用法律有严重错误或者罪行极其严重、必须判处死刑立即执行的以外，一般不宜按照审判监督程序提出抗诉：（1）因被告人有自首、立功等法定从轻、减轻处罚情节而被判处死刑缓期二年执行的；（2）因婚姻家庭、邻里纠纷等民间矛盾激化引发的案件，因被害方的过错行为引起的案件，被告人案发后真诚悔罪并积极赔偿被害人经济损失的案件，人民法院根据案件具体情况，判处被告人死刑缓期二年执行的；（3）被判处死刑缓期二年执行的罪犯入监劳动改造后，考验期届满，认罪服法，狱中表现较好的；（4）定罪的证据确实，但影响量刑的证据尚存有疑点，而判处被告人死刑缓期二年执行的。

三、有权提出审判监督程序抗诉的主体和时间要求

根据刑事诉讼法的规定，有权对已经发生法律效力的刑事判决、裁定提出抗诉的，只能是原审人民法院的上级人民检察院或者最高人民检察院。也就是说，地方各级人民检察院对同级人民法院的刑事判决、裁定，认为确有错误时，不能按照审判监督程序抗诉，只能提请上级人民检察院抗诉。例如，基层人民检察院无权提出审判监督程序抗诉，认为同级人民法院已经发生法律效力的刑事判决或裁定确有错误时，只能提请分、州、市人民检察院按照审判监督程序提出抗诉。

提请上级检察院按照审判监督程序抗诉的案件，原则上应当自法院作出裁判之日起2个月以内作出决定；需要复核主要证据的，可以延长1个月。上级检察院审查审判监督程序抗诉案件，原则上应当自收案之日起1个半月以内作出决定；需要复核主要证据或者侦查卷宗在15册以上的，可以延长1个月。

最高人民检察院、省级人民检察院认为下级人民法院的刑事判决、裁定确有错误时，可以直接向同级人民法院提出抗诉，也可以指令作出生效判决、裁定的人民法院的上一级人民检察院向同级人民法院提出抗诉。

四、审查提出审判监督抗诉的程序

（一）审查生效判决书、裁定书

在审判监督程序抗诉案件中，主要通过下列途径发现判决、裁定的错误：（1）收到人民法院生效判决书、裁定书后，人民检察院通过指定专人审查发现错误；（2）根据当事人及其法定代理人、近亲属的申诉，对判决、裁定审查后发现错误；（3）根据社会各界和有关部门转送的材料和反映的意见，对判决、裁定审查后发现错误；（4）在办案质量检查和案件复查等工作中，发现错误的判决、裁定。

如果是生效的一审判决、裁定，审查方法与按照第二审程序抗诉前审查判

决书、裁定书的方法相同。如果是经过上诉、抗诉而生效的第二审判决、裁定，一般应将判决书、裁定书与一审判决书、裁定书以及引起二审的抗诉书或上诉状对照起来进行审查。主要审查终审判决、裁定在认定事实、采信证据、适用法律、定罪量刑和诉讼程序等方面是否正确、合法，是否采纳了检察机关正确的抗诉意见和上诉人的合理要求，对无理的上诉是否驳回。在审查过程中，承办案件的检察官应当审阅案卷材料，提讯在押的原审被告人，复核主要证据，了解原审被告人服刑期间的表现和社会各界对原审判决、裁定的反映，必要时针对尚不清楚的事实和情节提取新的证据。

（二）提请抗诉

提请抗诉不是办理审判监督程序抗诉案件的必经程序。凡是本院有权按照审判监督程序提出抗诉的，可以根据下级人民检察院的提请作出抗诉决定，也可以不经提请直接作出抗诉决定。凡是本院不能按照审判监督程序提出抗诉的，应当审查决定是否提请上级人民检察院抗诉。需要由上一级人民检察院按照审判监督程序提出抗诉的案件，承办案件的检察人员完成审查判决书（裁定书）、审阅案卷材料、复核主要证据等工作后，应制作《刑事抗诉案件审查报告》，提出是否提请上一级人民检察院抗诉的意见，经公诉部门负责人审核，报请检察长提交检察委员会讨论决定。经检察委员会决定提请上一级人民检察院抗诉的案件，应当制作《提请抗诉报告书》，连同侦查、检察、审判卷宗一并报送上一级人民检察院审查决定。对终审判处被告人死刑、缓期二年执行的案件，省级人民检察院认为应判处死刑立即执行的，应当在收到终审判决书后1个月内提请最高人民检察院审查。

（三）决定抗诉

最高人民检察院、上级人民检察院在接到《提请抗诉报告书》后，应当及时指定检察人员进行审查。特别是对认为判处死刑缓期二年执行不当，拟要求改判死刑立即执行的案件，应当尽快审查决定是否抗诉。一般地，承办案件的检察人员应当按照下列步骤审查案件：（1）认真细致地阅读《提请抗诉报告书》，熟悉案件的基本情况，重点了解不同诉讼阶段对案件事实的认定有什么不同，公诉意见、历次判决结论有什么差异，并将判决理由与提请抗诉的理由进行对比，初步分析案件分歧的焦点所在。（2）审阅卷中起诉书、判决书，核对《提请抗诉报告书》所列举的公诉意见、判决结论、判决理由等内容是否存在错误。（3）审查卷中证据材料。在全面审阅的基础上，要重点审查生效判决所认定的案件事实有哪些证据证明，下一级检察院提请抗诉的理由有哪些证据可以作为依据，特别是对认定事实有分歧的，要仔细审查各个分歧意见分别有哪些证据。（4）根据卷中证据情况，提出对案件事实的初步认定意见，注意与生效判决的认定意见有没有不同。(5) 列出案件分歧的焦点问题，包括事实认定上的分歧、认定证据上的分歧以及适用法律上的分歧等。(6) 分析生效判决是否存在错误，提请抗诉的理由中哪些成立、哪些不成立以及是否存在疏漏，确定不抗诉或者抗诉的意见。(7) 根据案件具体情况，应当提讯被告人、复核主要证据或提取新的证据。(8) 根据复核证据的情况，进一步提出认定事实、证据和适用法律的意见，分析判决是否确有错误，抗诉的理由是否充分，最后作出抗诉或者不抗诉的结论。

决定抗诉后，应当制作《刑事抗诉书》，向同级人民法院提出抗诉。如果是以有新的证据证明原判决、裁定认定的事实确有错误为由提出抗诉，提出抗诉时应随附新的证据目录、证人名单和主要证据复印件或者照片。

人民检察院按照审判监督程序提出抗诉的案件，接受抗诉的人民法院应当组成合议庭重新审理。经重新审理作出的判决、裁定仍然确有错误时，如果是按照第一审程序审判的，同级人民检察院应当按照第二审程序向上一级人民法院提出抗诉；如果是按照第二审程序审判的，上级人民检察院应当按照审判监督程序向同级人民法院提出抗诉。

五、不抗诉说理机制

对以下三种情形，人民检察院不抗诉或者不支持抗诉时要向申请抗诉的被害人及其法定代理人或者下级人民检察院阐明不抗诉或者不支持抗诉的理由：

1. 被害人及其法定代理人不服地方各级人民法院第一审的判决，在收到判决书后5日内请求人民检察院提出抗诉的，人民检察院经审查，在收到被害人及其法定代理人的请求后5日内作出是否抗诉的决定，并且答复请求人。对于决定不抗诉的，应当阐明不抗诉的主要理由和法律依据并答复请求人。

2. 上一级人民检察院对下级人民检察院按照第二审程序提出抗诉的案件，认为抗诉不当，向同级人民法院撤回抗诉的，要将撤回抗诉情况以及撤回抗诉的理由告知下级人民检察院。

3. 对于下级人民检察院提请上一级人民检察院按照审判监督程序抗诉的案件，上一级人民检察院经审查，不支持下级人民检察院提请抗诉意见的，在决定不抗诉的同时，应当阐明不支持抗诉的主要理由和法律依据并答复下级人民检察院。

六、出席审判监督程序抗诉案件法庭

出席审判监督程序抗诉案件法庭，是指人民检察院派员出席同级人民法院按照审判监督程序开庭审理刑事抗诉案件的一种诉讼活动。审判监督程序抗诉案件的法庭，如果由上级人民法院直接开庭审理，则无论原来是一审案件还是二审案件，都应当依照第二审程序进行，所作的判决、裁定，是终审的判决、裁定。如果由原审人民法院审理，如果原来是第一审案件，应当依照第一审程序进行审判，所作的判决、裁定，可以上诉、抗诉；如果原来是第二审案件，应当依照第二审程序进行，所作的判决、裁定，是终审的判决、裁定。

（一）主要任务

出席审判监督程序抗诉案件法庭的主要任务包括三个方面：

1. 支持抗诉。这是人民检察院派员出席法庭的首要任务，也是出庭的基本目的。

2. 维护诉讼参与人的合法权利。人民检察院作为国家法律监督机关参与刑事诉讼，任何时候都必须维护诉讼参与人的合法权利，这是人民检察院的基本职责之一。检察人员在出庭支持抗诉过程中，当然也必须依法维护诉讼参与人的合法权利，特别要注意维护被告人和被害人的合法权利。

3. 监督审判活动依法进行。主要是对人民法院审判抗诉案件的程序进行监督，具体而言，主要是监督人民法院审理案件是否遵守法律规定的送达期限和审理期限，法庭的组成是否合法，庭审活动是否按照法律规定的程序进行，对应当延期审理、中止审理的案件是否作出正确决定，是否有其他违反法律规定的情形等。

（二）需要注意的问题

出席审判监督程序抗诉案件法庭程序与出席二审抗诉案件法庭基本相同，主要包括庭前准备、庭审开始前的预备工作、宣读抗诉书、参加法庭调查和法庭辩论等阶段，需要注意以下几个问题：

1. 在举证、质证时，应当重点针对与抗诉意见和理由有关、产生分歧的事实、情节进行举证。对于事实清楚、证据确实充分、定性准确，只是量刑明显不当，或者因审判活动严重违反法定诉讼程序而提起抗诉的案件，如果原审事实、证据没有变化，在宣读抗诉书后，检察人员可以提请，并经审判长许可和辩护方同意，除对新的辩论观点所依据的证据应当进行举证、质证外，可以直接进入法庭辩论。对于因原审判决、裁定部分事实不清、运用证据错误，导致定性不准、量刑明显不当而抗诉的案件，法庭调查、辩论的焦点应当放在检察机关认为认定错误的事实和运用错误的证据上。对原审未质证清楚，再审对犯罪事实又有争议的证据，或者在庭审期间收集的新证据，应当举证、质证。对于因原判事实不清、证据不足，导致定性不准、量刑明显不当而抗诉的案件，应当比较全面地举证。

2. 在讯问被告人时，可以按照庭前制定的讯问提纲所列问题和顺序进行讯问，但要根据情况变化适时调整讯问内容和方法。对被告人以往供述不清、不全，前后矛盾，明显不合情理，或者供述与已查证属实的证据相矛盾的问题，应当讯问。与案件无关、被告人已经供述清楚或者无争议的问题，不应当再讯问。在法庭调查结束前，检察人员可以根据辩护人、诉讼代理人、审判长（审判员）发问的情况，进行补充讯问。

3. 询问证人时，检察人员应当针对证言中有遗漏、矛盾、模糊不清和有争议的内容，并着重围绕与定罪量刑紧密相关的事实进行。发问应当采取一问一答的形式，做到简洁、清楚。证人进行虚假陈述的，应当通过发问澄清事实，必要时还应当出示、宣读证据配合发问。

4. 法庭辩论时，检察人员应当仅仅围绕抗诉理由和依据进行答辩和辩论，抓住重点，分清主次，切不可纠缠细枝末节。对与案件无关或者已经辩论过的观点和内容，可以简单说明与案件无关或者已经提出明确的论证意见，不再重复答辩。

5. 对审判监督程序抗诉案件审判活动进行监督时，出庭检察人员发现法庭审理活动违反法定诉讼程序的，应当建议休庭，并记录有关的情况，在休庭后及时报告，并经检察长批准后提出纠正意见。

思考题

1. 二审案件，人民检察院无法在1个月内完成阅卷的，如何处理？
2. 刑事审判监督的方式有哪些？
3. 第二审程序抗诉和审判监督程序抗诉的区别体现在哪些方面？
4. 第二审程序抗诉的法定条件包括哪些方面？
5. 死刑案件不宜抗诉的情形如何把握？

第五章 特别程序

刑事诉讼法在第五编"特别程序"分四章分别规定了未成年人刑事案件诉讼程序，当事人和解的公诉案件诉讼程序，犯罪嫌疑人、被告人逃匿、死亡案件违法所得的没收程序，依法不负刑事责任的精神病人的强制医疗程序，构建了具有中国特色的刑事特别程序体系。增设特别程序是2012年修订的刑事诉讼法的一项重大制度成果。创设特别程序是我国在刑事司法领域中，回应新形势下社会治理新要求，应对犯罪控制工作日益复杂化、多元化挑战所作出的必要调整，是我国刑事司法治理手段逐步走向专业化、精密化的体现。①

第一节 未成年人犯罪案件刑事检察工作

未成年人的健康成长关系着国家未来和民族希望，关系着亿万家庭的幸福安宁和社会的和谐稳定。我国历来重视未成年人犯罪问题，近年来，司法机关在完善未成年人刑事司法制度方面进行了探索和实践，积累了丰富的实践经验，显现出良好的社会效果。中央深化司法体制和工作机制改革明确要求，按照教育为主、惩罚为辅的原则，探索处理未成年人犯罪的司法制度，明确其条件、期限、程序和法律后果。2012年修订的刑事诉讼法将未成年人刑事案件程序作为一种特别的刑事诉讼程序予以规定，加强了未成年人在刑事诉讼中权益的保障，有利于未成年犯罪人的教育改造，有助于其尽快回归社会。为在检察工作中贯彻落实刑事诉讼法的相关规定，随后修订的《刑诉规则》对未成年人的刑事诉讼程序进行了规范和细化。2013年12月19日，最高人民检察院通过了《人民检察院办理未成年人刑事案件的规定》（以下简称《未成年人案件规定》），根据刑事诉讼法及相关司法解释，对新增内容，如社会调查、未成年人逮捕的社会危险性判断标准、附条件不起诉程序等，制定了详细、具体的方法和标准，使法律的规定更具可操作性。

---

① 陈卫东：《构建中国特色刑事特别程序》，载《中国法学》2011年第6期。

一、办理未成年人刑事案件的方针和原则

未成年人刑事案件诉讼程序通常称为少年司法程序。1984年，上海市长宁区人民法院建立了国内首个少年法庭，我国少年司法制度从此滥觞。办理未成年人刑事案件的方针和原则是少年司法制度的核心和精髓，是少年司法制度的指导思想和理论基础的具体体现。根据《中华人民共和国未成年人保护法》第54条、刑事诉讼法第266条、《未成年人案件规定》的规定，检察机关和检察人员在办理未成年人刑事案件时，应遵循以下方针和原则：

（一）教育、感化、挽救方针

该方针是指公安司法人员在依法追究未成年人刑事责任时，必须立足于教育、感化、挽救，通过教育、感化，增强涉案未成年人的法制观念，促使其认识错误改过自新，重新回归社会。检察机关和检察人员在办理未成年人刑事案件时，必须将教育、感化、挽救方针贯穿于办案的全过程。在审查逮捕阶段，对依法不应逮捕的不捕，可捕可不捕的不捕，减少对未成年犯罪嫌疑人的羁押。在审查起诉阶段，检察人员应通过讯问对未成年犯罪嫌疑人进行耐心细致的教育，注意了解未成年犯罪嫌疑人作案的动机和成因等情况；同时，应会同有关部门加强联系，充分了解案件情况，对符合条件的未成年犯罪嫌疑人作出不起诉或者附条件不起诉的决定，制定有利于未成年犯罪嫌疑人改过自新的帮教措施。在审判阶段，检察人员应向法院提出中肯的量刑建议。同时，检察机关和检察人员还要加强对侦查活动、审判活动和未成年犯监管场所的监督，保证准确执行法律，保障未成年人的合法权益。

（二）教育为主、惩罚为辅原则

该原则主要是指公安司法人员在处理教育与惩罚的关系时，要坚持教育为先的理念，以教育的方法着重于未成年人的改善，防止其再犯罪，刑罚则是作为教育的一种辅助手段，要服从于教育、感化、挽救的目的。这就要求检察机关及其工作人员在办理未成年人犯罪案件过程中既要查清犯罪事实，确保法律正确适用，保护其合法权利；同时，还要根据犯罪原因有针对性地对其进行法制教育，以矫正其犯罪心理和不良行为习惯，促其改过自新，重新融入社会。坚持教育为主、惩罚为辅原则，必须处理好保障社会安全和秩序与保护未成年犯罪人之间的关系。

（三）充分保障未成年人诉讼权利原则

刑事诉讼法第266条第2款规定，"人民法院、人民检察院和公安机关办理未成年人刑事案件，应当保障未成年人行使其诉讼权利，保障未成年人得到法律帮助。"据此，检察人员在办理未成年人刑事案件时，应切实保障未成年人能够充分行使其诉讼权利，体现未成年人与成年人所拥有的权利内容的差别，以及未成年人应当获得普通刑事犯罪嫌疑人、被告人所享有的刑事程序保障，积极为其行使各项诉讼权利提供必要的帮助。同时，检察人员应当依法监督侦查活动是否合法，发现公安机关、人民法院存在侵害未成年人诉讼权利的违法行为时，应当提出纠正意见。

（四）分案处理原则

刑事诉讼法第269条第2款规定："对被拘留、逮捕和执行刑罚的未成年人与成年人应当分别关押、分别管理、分别教育。"据此，检察人员在办理未成年人和成年人共同犯罪案件时，在不妨碍查清事实和相关案件开庭审理的情况下，应当将成年人和未成年人分案提起公诉，由法院分庭审理和判决。检察人员在审查逮捕、审查起诉未成年人犯罪案件中，发现侦查机关未依法实行对未成年犯罪嫌疑人与成年犯罪嫌疑人分别关押、管理的，应当提出纠正意见。在刑罚执行监督中，检察人员发现关押成年罪犯的监狱收押未成年罪犯的，未成年犯管教所违法收押成年罪犯的，或者对年满18周岁时余刑在2年以上的罪犯留在未成年犯管教所执行剩余刑期的，应当依法提出纠正意见。

（五）全面调查原则

《刑诉规则》第486条第1款规定，"人民检察院根据情况可以对未成年犯罪嫌疑人的成长经历、犯罪原因、监护教育等情况进行调查，并制作社会调查报告，作为办案和教育的参考。"据此，检察人员在办理未成年人刑事案件时，不仅要审查证据，查明案件事实，还要针对导致未成年人犯罪的主客观因素及其形成、发展、演变过程进行全面、彻底的调查，必要时还可以进行医学、心理学及精神病学等方面的鉴定，并在此基础上选择最恰当的处理方法，体现教育、感化、挽救的方针。

（六）尊重和保护未成年人隐私原则

根据《刑诉规则》第502条和《未成年人案件规定》第5条的规定，人民检察院办理未成年人刑事案件，应当依法保护涉案未成年人的名誉，尊重其人格尊严，不得公开或者传播涉案未成年人的姓名、住所、照片、图像及可能推断出该未成年人的其他资料。据此，检察人员在讯问未成年犯罪嫌疑人或者询问未成年被害人、证人时，应当注意工作方式和语气、态度，将其作为与自己平等的人来看待，尊重其人格尊严。在案件办理过程中，检察人员应注意保护涉案未成年人的个人信息和隐私，防止因其个人信息泄露，给涉案未成年人造成精神上的巨大压力，从而对其造成伤害。在对外披露案件相关信息时，检察人员应当注意言行，不得公开或者传播涉案未成年人的姓名、住所、照片、图像及可能推断出该未成年人的其他资料，不得使用带有人身攻击、有辱人格或者歧视性的语言,不得发表具有明显倾向性的意见,误导公众,从而影响案件的公正处理。

(七) 共同参与、综合治理原则

刑罚在治理青少年犯罪中的作用是有限的,这已经为各国在少年司法中的努力所证明。因此世界上许多国家开始提倡治理青少年犯罪和青少年保护中的共同参与原则,越来越重视发挥司法组织以外的机构、组织、社会公众,包括青少年群体在内的各种力量的作用。《未成年人案件规定》第6条规定:"人民检察院办理未成年人刑事案件,应当加强与公安机关、人民法院以及司法行政机关的联系,注意工作各环节的衔接和配合,共同做好对涉案未成年人的教育、感化、挽救工作。人民检察院应当加强同政府有关部门、共青团、妇联、工会等人民团体,学校、基层组织以及未成年人保护组织的联系和配合,加强对违法犯罪的未成年人的教育和挽救,共同做好未成年人犯罪预防工作。"检察机关和检察人员在未检工作中应当遵循这项原则,同政法各部门以及政府、相关社会组织等形成合力,最大限度地教育、感化、挽救涉罪未成年人,减少和预防未成年人犯罪。

(八) 专业化办理原则

根据刑事诉讼法第266条第2款的规定,对未成年人犯罪案件,应当由熟悉未成年人身心特点的审判人员、检察人员、侦查人员承办。《未成年人案件规定》第8条进一步规定,"省级、地市级人民检察院和未成年人刑事案件较多的基层人民检察院,应当设立独立的未成年人刑事检察机构。地市级人民检察院也可以根据当地实际,指定一个基层人民检察院设立独立机构,统一办理辖区范围内的未成年人刑事案件;条件暂不具备的,应当成立专门办案组或者指定专人办理。对于专门办案组或者专人,应当保证其集中精力办理未成年人刑事案件,研究未成年人犯罪规律,落实对涉案未成年人的帮教措施等工作。各级人民检察院应当选任经过专门培训,熟悉未成年人身心特点,具有犯罪学、社会学、心理学、教育学等方面知识的检察人员承办未成年人刑事案件,并加强对办案人员的培训和指导。"

二、办理未成年人刑事案件的特殊要求和程序

(一) 全面开展法律援助

1. 保障未成年犯罪嫌疑人获得法律援助。刑事诉讼法第267条规定:"未成年犯罪嫌疑人、被告人没有委托辩护人的,人民法院、人民检察院、公安机关应当通知法律援助机构指派律师为其提供辩护。"据此,检察人员在开始办理案件之初,即应向未成年犯罪嫌疑人及其法定代理人了解其委托辩护人的情

况，并告知其有权委托辩护人。未成年犯罪嫌疑人没有委托辩护人的，检察人员应当书面通知法律援助机构指派律师为其提供辩护。法律援助机构接到检察机关通知后，应当在3日以内指派律师，并将律师的姓名、单位、联系方式书面通知检察机关。

2. 帮助未成年被害人申请法律援助。《未成年人案件规定》第22条第2款对未成年被害人申请法律援助作出了专门规定，即在办案过程中，对未成年被害人或者其法定代理人提出聘请律师意向，但因经济困难或者其他原因没有委托诉讼代理人的，检察机关和检察人员应当帮助其申请法律援助。实践中，其他需要申请法律援助的情形，主要体现为未成年被害人为外来人口、未成年被害人的法定代理人不具备监护条件、案情复杂。检察人员帮助被害人及其法定代理人申请法律援助的方式主要是通知申请人的法定代理人、近亲属或者其委托的其他人员向法律援助机构提供有关证件、证明及相关材料等。

（二）讯问、询问时合适成年人到场

根据刑事诉讼法第270条的规定，对于未成年人刑事案件，在讯问和审判时，应当通知其法定代理人到场。无法通知、法定代理人不能到场或者法定代理人是共犯的，也可以通知其他成年亲属，所在学校、单位、居住地基层组织或者未成年人保护组织的代表到场，并将有关情况记录在案。如果被害人、证人是未成年人，询问时也应当通知其法定代理人到场，法定代理人无法到场时应通知其他合适的成年人到场。

1. 合适成年人的范围。根据刑事诉讼法的规定，合适成年人主要包括：（1）法定代理人；（2）未成年人的法定代理人以外的其他成年亲属；（3）未成年人所在学校、单位、村民委员会、居民委员会、社区等基层社会组织的代表；（4）共青团、妇联、关工委等未成年人保护组织的代表。

2. 到场的合适成年人的权利。分为以下两种情况：

（1）到场的法定代理人的权利。主要体现在以下几个方面：

①代为行使未成年犯罪嫌疑人、被告人的诉讼权利，主要包括：使用本民族语言文字进行诉讼；申请侦查人员、检察人员、审判人员、书记员、鉴定人、翻译人员回避；自行或在辩护人协助下获得辩护；讯问时拒绝回答讯问人员提出的与本案无关的问题；对审判人员、检察人员和侦查人员侵犯公民诉讼权利和有人身侮辱的行为，提出控告；参加法庭调查和法庭辩论，对证据、案件情况和定罪量刑发表意见，协助未成年犯罪嫌疑人、被告人对讯问笔录、法庭笔录的内容、制作过程是否真实进行核对。

②对办案人员在讯问、审判中侵犯未成年犯罪嫌疑人、被告人合法权益的行为提出意见。对于到场的合适成年人提出的意见，检察人员应当充分重视，

如确实侵犯了未成年犯罪嫌疑人、被告人合法权益的,应当及时予以纠正。

③阅读讯问笔录、询问笔录、法庭笔录。

④补充陈述,即未成年被告人最后陈述后,其法定代理人可以进行补充陈述。

(2)到场的其他合适成年人的权利。根据刑事诉讼法第270条的规定,到场的其他合适成年人认为办案人员在讯问、审判中侵犯未成年人合法权益的,可以提出意见。其他合适成年人到场的,讯问笔录、询问笔录、法庭笔录应当交其阅读或者向他宣读。

3. 应注意的问题。主要有以下几个方面:

(1)在安排合适成年人到场的顺序上,法定代理人具有优先性,即只有法定代理人不能或者不宜到场时,才能通知其他合适成年人到场。

(2)安排合适成年人到场前,应向未成年人就该制度作出必要解释,并征询其意见,未成年人对合适成年人的人选有意向的,只要是在法律规定的人选范围内,应当尊重其选择;对司法机关已经确定的合适成年人有异议的,如果未成年人能够说明该人有对其产生不利影响风险的,可以考虑调换其他人,但未成年人一律拒绝合适成年人到场的,则不应当准许,因为根据刑事诉讼法的规定,不能让未成年人独自面对侦讯,必须有一个合适成年人在场,以实现对未成年人的特殊保护。

(3)在开始讯问或询问前告知合适成年人的权利义务,尤其是要强调其义务,要求其不得干扰、妨害讯问、询问活动正常进行,应尊重未成年人隐私,保守案件秘密,遵守羁押场所管理制度等。

(4)讯问、询问结束后,检察人员应当将讯问笔录、法庭笔录、询问笔录交给到场的法定代理人或其他合适成年人阅读或者向他宣读。法定代理人或其他合适成年人核对笔录无误的,应当逐页签字确认,并在最后一页将讯问、询问在场的情况记录在案,并写明"笔录内容经核对无误,讯问、询问时我在场";或者按指印确认。其他合适成年人到场旁听讯问的,检察人员应当将法定代理人不能到场的原因、其他合适成年人到场的具体情况等信息在讯问笔录中予以记载、说明。

(5)讯问、询问女性未成年犯罪嫌疑人,应当有女性检察人员参加。在场的女性检察人员应充分考虑女性未成年犯罪嫌疑人、被害人、证人的生理、心理特点,帮助其缓解紧张、畏惧情绪或者消除抗拒心理,促使其客观、全面地陈述案件事实。

(6)讯问时一般不得使用械具。基于未成年人的身心特点,检察人员在讯问未成年犯罪嫌疑人时一般不得使用械具。对于确有人身危险性,必须使用械具的，也可以在必要的限度内使用，并且在现实危险消除后，应当立即停止使用。

（三）社会调查

1. 社会调查的主体。根据刑事诉讼法第 268 条以及《刑诉规则》第 486 条第 2 款的规定，为对未成年犯罪嫌疑人、被告人合理适用强制措施、准确适用刑罚、有效开展教育矫正工作，有权开展社会调查的主体应当是公安机关、人民检察院、人民法院以及受其委托的机构或者人员。

2. 开展社会调查的方式。实践中，社会调查应当由二名以上具有未成年人工作经验和相关知识背景的工作人员或者专业人员进行。采取的方式主要是走访涉罪未成年人家庭、户籍所在地或暂住地居委会、涉罪未成年人学校、工作单位，与涉罪未成年人的亲属、居委会工作人员、学校老师、单位领导及同事进行座谈。

3. 社会调查报告的主要内容。社会调查应当包括以下内容，并在调查结束后形成书面报告：犯罪嫌疑人的性格特点、家庭情况、社会交往、成长经历、犯罪原因、是否具备有效监护条件或者社会帮教条件；犯罪嫌疑人涉嫌犯罪前后的表现；犯罪嫌疑人在案件办理期间的表现；有关单位、人员对犯罪嫌疑人涉嫌犯罪的处理意见。条件具备的，可以对犯罪嫌疑人进行心理评估及逮捕必要性、社会危险性评估；并可以就社区矫正的可行性和适用非监禁刑及拟禁止事项提出评估建议，一并写入社会调查报告。

4. 对社会调查结果的运用。根据《刑诉规则》第 486 条第 1 款的规定，人民检察院制作社会调查报告，作为办案和教育的参考。检察机关根据调查所获得的信息和材料来判断该未成年犯罪嫌疑人的主观恶性程度、是否有社会危险性、是否有再犯罪的可能等，为确定是否采取强制措施，是否适用附条件不起诉，以及采取何种矫治和教育措施提供参考。检察机关对未成年犯罪嫌疑人制作了社会调查报告的，承办人员应当随案移送人民法院，供人民法院在进行法庭教育和量刑时参考。

5. 应当注意的问题。主要有以下几个方面：

（1）避免重复开展社会调查。开展社会调查是全面调查原则的直接体现，但从保护未成年人身心健康及隐私权、提高诉讼效率的角度看，也不是越多越好。因此，在公安机关已经开展社会调查的情况下，检察人员不宜重复进行，而应把精力投入到对社会调查报告的审查上。一般情况下，只有遇到下列情形之一的，检察人员才有必要自行开展社会调查，或者委托具备相关资质的社会组织对未成年犯罪嫌疑人开展社会调查：一是公安机关未开展社会调查的；二是需要对未成年犯罪嫌疑人进行补充社会调查的；三是因客观情况发生变化，需要对未成年犯罪嫌疑人重新进行社会调查的。

（2）注意对社会调查报告的审查。根据刑事诉讼法第268条的规定，社会调查报告并非必须制作，而是可以根据案件情况制作。如果公安机关制作了社会调查报告，在审查逮捕和审查起诉时，检察人员应当对调查报告进行审查，作为办案和教育的参考。以审查方式作为划分标准，对调查报告的审查分为程序性审查和实体性审查。

①程序性审查。对于社会调查报告的程序性审查，可以从以下两个方面入手：

第一，审查组织社会调查的主体。一是审查出具社会调查报告的主体是否符合法律规定。如果经过审查，进行社会调查的机构或者人员不在法律规定的范围内，则该报告的内容不得在办案中使用。二是审查参加社会调查的人员是否与本案或者与本案的当事人有利害关系。调查人员的立场的中立性是社会调查报告内容中立性的保障，如果参加社会调查的人员与本案或者与本案的当事人有利害关系，则该报告也不得在办案中使用。

第二，审查社会调查报告的格式。虽然法律法规对社会调查报告的格式并没有做统一规定，但是其作为公安司法机关对未成年犯罪嫌疑人进行司法处置的参考，是具有法律效力的法律文书，具体负责社会调查的机关应当在社会调查报告上盖章，参加调查的人员应当签字，并对其内容的真实性、客观性负责。因此，在审查社会调查报告时，应当注意审查相关的机关是否盖章，相关人员是否在报告上签字。

②实体性审查。对社会调查报告的实体性审查可以从以下三个方面着手：

第一，审查社会调查报告的相关性。社会调查报告作为检察机关办案和教育的参考，是其作出强制措施、起诉决定、量刑、制定帮教方案的重要依据。因此，社会调查报告从内容上看，应当围绕未成年犯罪嫌疑人的成长经历、犯罪原因、监护教育等情况展开。

第二，审查社会调查报告内容的真实性。对于社会调查报告的真实性，可以通过审查调查报告内容自身的合理性、逻辑性，以及与未成年犯罪嫌疑人的供述进行比对等方法进行审查判断。经审查，如果检察人员对社会调查报告仍存在疑问，需要调取原始调查材料进一步审查确认的，可以通过审查被调查人员与未成年犯罪嫌疑人的关系，对证言、书证和物证等进行比较分析等方式，确认社会调查报告的真实性。[①]

第三，审查社会调查的手段和方式。由于社会调查报告大多是在调查人员对被调查人关于涉罪未成年人品行、性格、悔罪表现等方面情况的意见、认识、看法等进行接收、采集、归纳、汇总的基础上形成的，因此，调查手段是否科学、专业，直接影响调查结果是否客观、全面。为确保调查结论全面、客观，社会调查工作除了应由两个以上调查员进行外，可采用座谈会、走访、做笔录及相关单位或个人提供书面材料等方式进行。调查人员在进行社会调查时，应尽量做到客观、全面，不得使用诱导性的问题，既要向与涉罪未成年人及其家人有纠纷或有关系的人调查，也要向与涉罪未成年人没有纠纷或关系的人员调查。

（四）多方听取意见

刑事诉讼法第170条规定："人民检察院审查案件，应当讯问犯罪嫌疑人，听取辩护人、被害人及其诉讼代理人的意见，并记录在案。辩护人、被害人及其诉讼代理人提出书面意见的，应当附卷。"《未成年人案件规定》在此规定的基础上，扩大了听取意见人员的范围，其第22条第4款要求，审查起诉未成年人刑事案件时，检察人员除应当听取辩护人、被害人及其诉讼代理人的意见外，还应当听取未成年犯罪嫌疑人的父母或者其他法定代理人的意见。

实践中，上述人员的意见主要包括以下三个方面：一是对案件定性及适用法律是否准确的意见，包括犯罪嫌疑人是否有罪、罪轻、罪重，是否有从轻、减轻处罚的情节，被害人对自己受侵害情况的意见，是否提起附带民事诉讼、赔偿的要求等实体性意见；二是对犯罪嫌疑人采取的强制措施是否适当的意见；三是对侦查活动是否合法等程序性的意见。对上述人员提出的意见，应记录在案，并区分情况作出处理。对于律师、法定代理人等以犯罪嫌疑人系未成年人而提出取保候审要求的，可以通知公安机关补充调查犯罪嫌疑人家庭情况，了解其近亲属是否有帮教条件等。对于上述人员提出的案件事实、证据情况及法律适用方面的意见以及对侦查活动是否合法等程序性的意见，应在案件审结报告中予以说明，并就是否采纳及理由进行阐述。在案件办结后，检察人员可以将意见采纳情况和案件处理结果及时反馈给上述人员。

---

① 参见张静、景孝杰：《未成年人社会调查报告的定位与审查》，载《华东政法大学学报》2011年第5期；张少林、王延祥、张亮：《审查逮捕证据审查与判断要点》，中国检察出版社2011年版，第310～311页；张永超、李朋远：《社会调查报告的审查可从程序实体两方面进行》，载《检察日报》2012年8月27日第3版。

第二部分 公诉工作实务

（五）限制适用逮捕措施和审查羁押必要性

1. 限制适用逮捕措施。刑事诉讼法第 79 条在总结实践经验的基础上，摒弃了"逮捕必要性"的提法，保留了逮捕证据标准和"社会危险性"的表述，并将犯罪嫌疑人的社会危险性细化为五种情形。刑事诉讼法第 269 条第 1 款和《刑诉规则》第 487 条规定，人民检察院办理未成年犯罪嫌疑人审查逮捕案件，应严格限制适用逮捕措施。《未成年人案件规定》第 13 条将未成年人适用逮捕的条件进一步细化，将其确定为"可捕可不捕的不捕"，并在第 19 条列出了应当不批准逮捕的适用条件和七种可以不批准逮捕的情形。

2. 审查羁押必要性。刑事诉讼法第 93 条规定："犯罪嫌疑人、被告人被逮捕后，人民检察院仍应当对羁押的必要性进行审查。对不需要继续羁押的，应当建议予以释放或者变更强制措施。有关机关应当在十日以内将处理情况通知人民检察院。"对于未成年犯罪嫌疑人，在批捕后，检察人员应当动态地多阶段、多次进行审查，充分听取各方诉讼参与人的意见，审查未成年犯罪嫌疑人是否仍然具有社会危险性及其涉嫌犯罪罪行的轻重，如果经审查认为其不再具有社会危险性或者涉嫌犯罪情节较轻，应当向办案机关提出予以释放或者变更强制措施的建议。提出建议时，应当说明不必要继续羁押的理由及法律依据。

（六）适时安排亲情会见

在具备一定条件的情况下，适当安排亲属会见在押的未成年人，有利于对未成年人的教育、挽救。因此，《未成年人案件规定》第 24 条规定了亲情会见制度。

1. 安排亲情会见的条件。安排亲情会见需要满足以下三个条件：（1）参加会见的法定代理人、近亲属与本案并无牵连，经公安机关批准；（2）未成年犯罪嫌疑人有认罪、悔罪表现，或者虽尚未认罪、悔罪，但通过会见、通话有可能促使其转化，或者通过会见、通话有利于社会、家庭稳定；（3）未成年犯罪嫌疑人的法定代理人、近亲属对其犯罪原因、社会危害性以及后果有一定的认识，并能配合司法机关进行教育。

2. 亲情会见的程序。根据《未成年人案件规定》第 25 条的规定，检察人员在安排亲情会见时，应当遵守以下程序：

（1）告知。对于符合条件的案件，案件承办人应当告知未成年犯罪嫌疑人及其法定代理人、近亲属有权申请亲情会见，并告知其会见、通话不得有串供或者其他妨碍诉讼的内容，否则将承担不利的法律后果。

（2）审批。案件承办人接到亲情会见的申请后，认为符合亲情会见条件的，应当提出亲情会见意见，报分管领导审批。

（3）安排会见。对于符合会见条件的，案件承办人报请批准后，联系看守所安排具体会见的时间。会见时，负责会见的检察人员应当会同会见人对会见的内容进行沟通交流，以便更好地对未成年犯罪嫌疑人进行教育、感化和挽救。会见、通话时，检察人员应明确告知会见人在会见时的禁止性规定及责任，如不得向未成年犯罪嫌疑人传递与案件有关的信息；必须遵守看守所内相关规定，自觉接受检察机关、看守所的安全检查。会见、通话时，检察人员可以在场。在场的检察人员与会见人应当相互配合，针对未成年犯罪嫌疑人的性格特点、心理状态、认罪态度等共同开展对未成年人的教育、感化工作。

（七）不起诉

经过审查，检察机关认为未成年犯罪嫌疑人的行为不符合起诉条件或没有必要起诉的，可以依法作出不起诉决定。根据刑事诉讼法第171条和第173条的规定，不起诉分为法定不起诉、酌定不起诉和证据不足不起诉。酌定不起诉在未成年人刑事案件中最为常见，最能体现未成年人司法原则，故本部分仅就酌定不起诉在未成年人刑事案件中的适用予以阐述。

1. 未成年人酌定不起诉的适用条件。具体分为以下两种情况：

（1）一般应当做出不起诉决定的情形。刑事诉讼法第173条第2款规定："对于犯罪情节轻微，依照刑法规定不需要判处刑罚或者免除刑罚的，人民检察院可以作出不起诉决定。"根据上述规定，按照未成年人刑事司法工作特殊保护，教育、感化、挽救的工作方针，《未成年人案件规定》第26条规定了七种"一般应当依法作出不起诉决定"的情形：①被胁迫参与犯罪的；②犯罪预备、中止、未遂的；③在共同犯罪中起次要或者辅助作用的；④系又聋又哑的人或者盲人的；⑤因防卫过当或者紧急避险过当构成犯罪的；⑥有自首或者立功表现的；⑦其他依照刑法规定不需要判处刑罚或者免除刑罚的情形。该情形为兜底条款，主要是为出现其他按照刑法规定不需要判处刑罚或者免除刑罚的情形而进行的规定。

（2）达成刑事和解可以作出不起诉决定的条件。根据《未成年人案件规定》第27条的规定，同时满足如下条件的案件可以作出不起诉决定：①案件具有下列情形之一的，即轻伤害、初次犯罪、过失犯罪、犯罪未遂、被诱骗或者被教唆实施的犯罪。这样规定主要是考虑到此类犯罪本身情节较为轻微，侵犯的客体都是公民人身权利，或者民主权利，此类案件中的未成年犯罪嫌疑人的主观恶性较小，社会危害性不大，可以给予其悔过自新、从宽处理的机会。②案件情节轻微。③犯罪嫌疑人确有悔罪表现。悔罪表现可以包括以下几个方面：承认罪行、真诚悔过、向被害人赔礼道歉、赔偿损失等。④当事人双方自愿且已就民事赔偿部分达成和解协议。这里的"自愿"是指双方当事人不受外力的干扰，出于自己的意愿达成和解。"民事赔偿"是指双方当事人可以达成和解的事项限定在赔偿损失、赔礼道歉等民事责任事项，但不得对案件的事实认定、证据采信、法律适用和定罪量刑等属于公安司法机关职权范围内的事宜进行协商。⑤协议已经切实履行或者经被害人同意并提供有效担保。⑥符合刑法第37条的规定。刑法第37条规定："对于犯罪情节轻微不需要判处刑罚的，可以免予刑事处罚，但是可以根据案件的不同情况，予以训诫或者责令具结悔过、赔礼道歉、赔偿损失，或者由主管部门予以行政处罚或者行政处分。"

对于符合上述条件的案件，检察机关可以根据具体情况作出如下处理：一是依据刑事诉讼法第173条第2款作出不起诉决定；二是在作出不起诉决定的同时，根据刑法第37条的规定，根据案件情况对未成年犯罪嫌疑人予以训诫或者责令具结悔过、赔礼道歉、赔偿损失，或者由主管部门予以行政处罚。

2. 不起诉决定的送达和宣布。不起诉决定书应当送达公安机关，被不起诉的未成年人及其法定代理人、辩护人，被害人或者其近亲属及其诉讼代理人。送达时，办案人员应当告知被害人或者其近亲属及其诉讼代理人，如果对不起诉决定不服，可以自收到不起诉决定书后7日以内向上一级人民检察院申诉，也可以不经申诉，直接向人民法院起诉；告知被不起诉的未成年人及其法定代理人，如果对不起诉决定不服，可以自收到不起诉决定书后7日以内向人民检察院申诉。

（八）附条件不起诉

附条件不起诉是指对一些犯轻罪的未成年人，有悔罪表现，人民检察院决定暂不起诉，对其进行监督考察，根据其表现，再决定是否起诉的制度。①2012年修订刑事诉讼法时，我国确立了附条件不起诉制度，这是我国刑事诉讼制度改革的重大成果。

1. 附条件不起诉的适用条件。根据刑事诉讼法第271条的规定，适用附条件不起诉应当同时满足以下四个条件：

（1）未成年人涉嫌的罪名限于刑法分则第四章、第五章、第六章规定的犯罪，即侵犯公民人身权利、民主权利罪，侵犯财产罪以及妨害社会管理秩序罪，实践中未成年人犯罪案件所涉及的罪名主要也是这三种。

（2）未成年人所涉嫌罪行可能判处1年有期徒刑以下刑罚。在执法中检察人员需要注意的是，"可能判处1年有期徒刑以下刑罚"不是法定刑，而是

---

① 郎胜主编：《中华人民共和国刑事诉讼法释义》，法律出版社2012年版，第593页。

基于案件情况、刑法规定及现有判例，审判机关可能对未成年犯罪嫌疑人判处的刑罚。

（3）犯罪事实已经查清，证据确实、充分，符合起诉条件。如果是犯罪情节轻微，依照刑法规定不需要判处刑罚或者免除刑罚的，人民检察院可以直接作出不起诉决定，不需要适用附条件不起诉。如果是事实不清、证据不足，经过补充侦查仍然不符合起诉条件的，人民检察院应当作出不起诉决定，而不能适用附条件不起诉。

（4）未成年人有悔罪表现。表现为认罪态度好、向被害人赔礼道歉、积极赔偿、取得被害人谅解等。悔罪表现反映了犯罪的未成年人的主观恶性不深，可以从轻处理，为进一步实施教育、矫治创造条件。

人民检察院只有在上述条件都具备时，才能对涉案未成年人作出附条件不起诉的决定。

2. 附条件不起诉的办案程序。具体包括以下几个方面：

（1）听取意见程序。根据《刑诉规则》第492条第2款的规定，人民检察院在作出附条件不起诉的决定以前，应当听取公安机关、被害人、未成年犯罪嫌疑人的法定代理人、辩护人的意见。未成年犯罪嫌疑人的意见应当当面听取。法定代理人和被害人的意见一般应当当面听取，确实无法当面听取的，可以采用电话、邮寄等方式听取。电话听取意见的，应当制作电话记录。检察人员在听取上述诉讼参与人的意见时，应当制作笔录，并在笔录中全面、客观、如实反映听取意见过程及各方的意见。为规范听取意见的程序，检察人员可以采用书面征询意见的方式，向上述机关或人员送达意见征询书，并要求在规定的时间内反馈意见。向未成年犯罪嫌疑人及其法定代理人、被害人送达的意见征询书中应告知附条件不起诉的含义及法律后果，并要求其在回执上写明是否同意适用并签字确认。听取公安机关的意见，应当要求书面反馈是否同意适用的意见，并加盖单位公章。

（2）适时举行听证。为消除争议、化解矛盾，达到法律效果和社会效果的统一，检察机关在特定案件中可以采取听证程序。根据《未成年人案件规定》第31条的规定，公安机关或者被害人对附条件不起诉有异议或争议较大的案件，人民检察院可以召集侦查人员、被害人及其法定代理人、诉讼代理人、未成年犯罪嫌疑人及其法定代理人、辩护人举行不公开听证会，充分听取各方的意见和理由，并制作听证笔录，由参与各方签字确认。对于决定附条件不起诉可能激化矛盾或者引发不稳定因素的，人民检察院应当慎重适用。

（3）决定程序。根据《未成年人案件规定》第32条的规定，适用附条件不起诉的审查意见，应当由办案人员在审查起诉期限届满15日前提出，并根据案件的具体情况拟定考验期限和考察方案,连同案件审查报告、社会调查报告等,经部门负责人审核,报检察长或者检察委员会决定。

(4) 决定的送达和宣布程序。根据《未成年人案件规定》第33条的规定,人民检察院作出附条件不起诉的决定后,应当制作附条件不起诉决定书,并在3日以内送达公安机关、被害人或者其近亲属及其诉讼代理人、未成年犯罪嫌疑人及其法定代理人、辩护人。送达时,检察人员应当告知被害人或者其近亲属及其诉讼代理人,如果对附条件不起诉决定不服,可以自收到附条件不起诉决定书后7日以内向上一级人民检察院申诉。检察人员应当当面向未成年犯罪嫌疑人及其法定代理人宣布附条件不起诉决定,告知考验期限、在考验期内应当遵守的规定和违反规定应负的法律责任,以及可以对附条件不起诉决定提出异议。对于附条件不起诉决定的上述送达情况,办案人员应当制作笔录由被送达人签字后附卷。

(5) 释放未成年犯罪嫌疑人或者对其变更强制措施。根据《未成年人案件规定》第34条的规定,未成年犯罪嫌疑人在押的,作出附条件不起诉决定后,人民检察院应当作出释放或者变更强制措施的决定。需要注意的是,附条件不起诉决定作出后,检察机关应当根据案件的具体情况选择采取何种强制措施,以确保诉讼的顺利进行,而不是只能释放。

(6) 对附条件不起诉决定的复议。公安机关认为不起诉决定有错误,要求复议的,人民检察院公诉部门应当另行指定检察人员进行审查并提出审查意见。检察人员对公安机关的复议进行审查后应当提出维持或者撤销原附条件不起诉决定的意见,经公诉部门负责人审核后,报请检察长或者检察委员会决定。一般对于由检察长决定的附条件不起诉案件,公安机关要求复议的,应当由检察委员会决定是否采纳公安机关的意见。人民检察院应当在收到要求复议意见书后的30日以内作出复议决定,并将复议决定书送达公安机关。

(7) 对附条件不起诉决定的复核。上一级人民检察院收到公安机关提请复核意见书后,应当及时进行复核,具体程序交由未成年人刑事检察机构承办。这是由于附条件不起诉是由未检部门承办的,上一级人民检察院也由未检部门予以承办复核比较合适。上一级人民检察院未检部门应当指定检察人员进行审查,严格依据刑事诉讼法关于附条件不起诉的法定条件,审查附条件不起诉案件的事实、证据情况,特别是公安机关提请复核的理由、法律依据,提出审查意见,经部门负责人审核,报请检察长或者检察委员会决定,制作复核决定书。上一级人民检察院应当在收到提请复核意见书后的30日以内作出决定,制作复核决定书送交提请复核的公安机关和下级人民检察院。经复核改变下级人民检察院附条件不起诉决定的,应当撤销下级人民检察院作出的附条件不起诉决定,交由下级人民检察院执行。

(8) 对被害人申诉的处理。被害人不服附条件不起诉决定,在收到附条件不起诉决定书后7日以内申诉的,由作出附条件不起诉决定的人民检察院的上一级人民检察院未成年人刑事检察机构立案复查。被害人向作出附条件不起诉决定的人民检察院提出申诉的,作出决定的人民检察院应当将申诉材料连同案卷一并报送上一级人民检察院受理。被害人不服附条件不起诉决定,在收到附条件不起诉决定书7日后提出申诉的,由作出附条件不起诉决定的人民检察院未成年人刑事检察机构另行指定检察人员审查后决定是否立案复查。

未成年人刑事检察机构复查后应当提出复查意见,报请检察长决定。复查决定书应当送达被害人、被附条件不起诉的未成年犯罪嫌疑人及其法定代理人和作出附条件不起诉决定的人民检察院。上级人民检察院经复查作出起诉决定的,应当撤销下级人民检察院的附条件不起诉决定,由下级人民检察院提起公诉,并将复查决定抄送移送审查起诉的公安机关。

应当注意的是,根据全国人民代表大会常务委员会《关于〈中华人民共和国刑事诉讼法〉第二百七十一条第二款的解释》,对人民检察院维持不起诉决定的,不适用刑事诉讼法第176条关于被害人可以向人民法院起诉的规定。

(9) 对不服附条件不起诉决定的未成年犯罪嫌疑人提起公诉。根据刑事诉讼法第271条第3款的规定,未成年犯罪嫌疑人或者其法定代理人认为,该未成年人行为不构成犯罪,或者犯罪情节轻微,依照刑法不需要判处刑罚或者免除刑罚,对检察机关附条件不起诉的决定提出异议的,检察机关应当作出起诉的决定,依法提起公诉,由人民法院对其是否构成犯罪以及如何定罪量刑作出判决。

(10) 备案。人民检察院在作出附条件不起诉决定后,应当在10日内将附条件不起诉决定书报上级人民检察院主管部门备案。经审查,上级人民检察院认为下级人民检察院作出的附条件不起诉决定不适当的,应当制作撤销附条件不起诉决定书,送达下级人民检察院,下级人民检察院应当执行,制作起诉书向人民法院提起公诉。

3. 对被附条件不起诉人的监督考察。主要涉及以下三个方面的问题:

(1) 监督考察的主体。刑事诉讼法将对被附条件不起诉的未成年犯罪嫌疑人进行监督考察的职责赋予了人民检察院。此外,未成年犯罪嫌疑人的监护人,应当对未成年犯罪嫌疑人加强管教,配合人民检察院做好监督考察工作。人民检察院可以会同未成年犯罪嫌疑人的监护人、所在学校、单位、居住地的村民委员会、居民委员会、未成年人保护组织等的有关人员,定期对未成年犯罪嫌疑人考察、教育,实施跟踪帮教。

（2）考验期限。人民检察院作出附条件不起诉决定的，应当确定考验期。考验期为6个月以上1年以下，从人民检察院作出附条件不起诉的决定之日起计算。考验期的长短应当与未成年犯罪嫌疑人所犯罪行的轻重、主观恶性的大小和人身危险性的大小、一贯表现及帮教条件等相适应，根据未成年犯罪嫌疑人在考验期的表现，可以在法定期限范围内适当缩短或者延长。

（3）被附条件不起诉的未成年犯罪嫌疑人应当遵守的义务。被附条件不起诉的未成年犯罪嫌疑人，应当遵守下列规定：一是遵守法律法规，服从监督；二是按照考察机关的规定报告自己的活动情况；三是离开所居住的市、县或者迁居，应当报经考察机关批准；四是按照考察机关的要求接受矫治和教育。考察机关会针对被附条件不起诉未成年犯罪嫌疑人的具体情况，决定采取一定的矫治和教育措施，帮助其认识错误、改过自新。考察机关可以要求未成年犯罪嫌疑人接受的矫治和教育措施包括：完成戒瘾治疗、心理辅导或者其他适当的处遇措施；向社区或者公益团体提供公益劳动；不得进入特定场所，与特定的人员会见或者通信，从事特定的活动；向被害人赔礼道歉，赔偿损失；接受相关教育；遵守其他保护被害人安全以及预防再犯罪的禁止性规定。

4. 考验期满后的处理程序。考验期届满，办案人员应当根据考验期限内未成年犯罪嫌疑人的表现，提出起诉或者不起诉的意见，报本部门负责人审核后，报请检察长决定。人民检察院应当在审查起诉期限内作出起诉或者不起诉的决定。作出附条件不起诉决定的案件，审查起诉期限自人民检察院作出附条件不起诉决定之日起中止计算，自考验期限届满之日起或者人民检察院作出撤销附条件不起诉决定之日起恢复计算。

（1）作出不起诉决定及不起诉决定的宣布。对被附条件不起诉的未成年犯罪嫌疑人，在考验期内，如果没有实施新的犯罪、未发现决定之前有漏罪，没有实施违反治安管理规定、违反考察机关监管规定，情节严重的行为，考验期满后，检察机关应当依法作出不起诉的决定。在向被不起诉的未成年人及其法定代理人宣布不起诉决定书时，应当充分阐明不起诉的理由和法律依据，并结合社会调查，围绕犯罪行为对被害人、对本人及家庭、对社会等造成的危害，导致犯罪行为发生的原因及应当吸取的教训等，对被不起诉的未成年人开展必要的教育。如果侦查人员、合适成年人、辩护人、社工等参加有利于教育被不起诉未成年人的，经被不起诉的未成年人及其法定代理人同意，可以邀请他们参加，但要严格控制参与人范围。不起诉决定宣布后6个月内，办案人员可以对被不起诉的未成年人进行回访，巩固帮教效果，并做好相关记录。

（2）撤销附条件不起诉提起公诉。被附条件不起诉的未成年犯罪嫌疑人，在考验期内发现有《刑诉规则》第500条规定的情形之一的，办案人员应当制作附条件不起诉考察意见书，提出起诉意见，经部门负责人审核，报请检察长决定。《刑诉规则》第500条规定的情形是：实施新的犯罪的；发现决定附条件不起诉以前还有其他犯罪需要追诉的；违反治安管理规定，造成严重后果，或者多次违反治安管理规定的；违反考察机关有关附条件不起诉的监督管理规定，造成严重后果，或者多次违反考察机关有关附条件不起诉的监督管理规定的。对于未成年犯罪嫌疑人在考验期内实施新的犯罪或者在决定附条件不起诉以前还有其他犯罪需要追诉的，办案人员应将相关情况处理意见报部门负责人审核，以检察机关的名义向有管辖权的侦查机关移送，由其立案侦查。

5. 应注意的问题。对以下几个问题应予以注意：

（1）重点审查未成年犯罪嫌疑人的年龄。在未成年人刑事案件中，犯罪嫌疑人的年龄直接决定其行为是否作为犯罪处理，是否可以适用法律针对未成年人设置的特殊性保护规定，因此，在各个办案环节，均是审查的重点。

司法实践中关于认定未成年人是否达到刑事责任年龄的证据主要有以下几种：①公安机关出具的身份证件或户籍证明；②医院或卫生防疫部门出具的出生证、防疫接种记录；③父母、邻居、同学等就未成年人的出生、年龄等情况所作的证人证言；④骨龄鉴定；⑤犯罪嫌疑人或被告人供述；⑥计生部门出具的计生证明、学校出具的学籍证明或入学登记原始记录；⑦人口普查登记。根据最高人民法院、最高人民检察院、公安部、国家安全部、司法部《关于办理死刑案件审查判断证据若干问题的规定》第40条的规定，审查犯罪嫌疑人、被告人实施犯罪时是否已满14、16、18周岁临界年龄，一般应当以户籍证明为依据；对户籍证明有异议，并有经查证属实的出生证明文件、无利害关系人的证言等证据证明被告人不满上述年龄的，应认定犯罪嫌疑人、被告人未满相应刑事责任年龄；没有户籍证明以及出生证明文件的，应当根据人口普查登记、无利害关系人的证言等证据综合进行判断，必要时，可以进行骨龄鉴定，并将结果作为判断被告人年龄的参考。未排除证据之间的矛盾，无充分证据证明犯罪嫌疑人实施被指控的犯罪时已满14、16、18周岁且确实无法查明的，不能认定其已满相应刑事责任年龄。

办案时，检察人员如发现年龄证据缺失或者不充分，或者未成年犯罪嫌疑人及其法定代理人基于相关证据对年龄证据提出异议等情况，可能影响案件认定的，应当要求公安机关补充证据，公安机关不能提供充分证据的，应当作出不予批准逮捕的决定，并通知公安机关补充侦查。补充侦查仍不能证明未成年人作案时已达到法定刑事责任年龄的，检察院应当依法作出有利于未成年犯罪嫌疑人的认定和处理。

（2）注意审查是否存在被胁迫、引诱的情节。根据有关未成年人犯罪的调查，共同犯罪现象比较突出。审查未成年犯罪嫌疑人是否存在被胁迫、引诱、教唆或者利用犯罪的情节，将直接影响涉案未成年犯罪嫌疑人是否构成犯罪、在共同犯罪中的地位和作用、主观恶性等社会危险性判断。对于没有社会危险性或者社会危险性较小，应当考虑适用不起诉或附条件不起诉。同时，通过对上述情节的审查，可以及时深挖未成年人犯罪背后的成年人犯罪，为未成年人健康成长创造良好的社会环境。

（3）审查犯罪嫌疑人的监护情况。有无监护与社会帮教条件是判断未成年犯罪嫌疑人社会危险性的重要方面之一，对于有监护与社会帮教条件的未成年犯罪嫌疑人适用附条件不起诉，也是司法实践多年来的做法。在作出附条件不起诉决定前，检察人员应当审查其监护情况，参考其法定代理人、学校、居住地公安派出所及居民委员会、村民委员会的意见，并在附条件不起诉书中对未成年犯罪嫌疑人是否具备有效监护条件或者社会帮教措施进行具体说明。

（九）分案起诉

1. 分案起诉的原则与条件。由于在未成年人与成年人共同犯罪案件中，未成年人大多数处于从属性地位，并案起诉往往不利于对未成年人合法权利的保护，如由于涉罪成年人的案件事实、情节、证据等原因延长办案期限、退回补充侦查等，致使未成年人案件不能尽快结案；在庭审中也容易发生未成年被告人面对成年被告人心有余悸，不敢如实陈述案情以及司法机关无法实施寓教于审等问题。而分案起诉、分案审理既可以避免交叉讯问、质证等不利因素对未成年被告人的影响，也有利于诉讼参与人各司其责，对未成年人进行法庭教育，充分保护未成年人的合法权益。另外，也可以有效解决对未成年人不公开审理和对成年人公开审理的问题。为此，《未成年人案件规定》第51条第1款规定，对于未成年人与成年人共同犯罪案件原则上应当分案起诉，只有特殊情况可以不分案起诉，即"人民检察院审查未成年人与成年人共同犯罪案件，一般应当将未成年人与成年人分案起诉。但是具有下列情形之一的，可以不分案起诉：（一）未成年人系犯罪集团的组织者或者其他共同犯罪中的主犯的；（二）案件重大、疑难、复杂，分案起诉可能妨碍案件审理的；（三）涉及刑事附带民事诉讼，分案起诉妨碍附带民事诉讼部分审理的；（四）具有其他不宜分案起诉情形的。"

2. 分案起诉的具体操作。根据《未成年人案件规定》第52条、第53条、第54条的规定，对于分案起诉的未成年人与成年人共同犯罪案件，一般应当同时移送人民法院。对于需要补充侦查的，如果补充侦查事项不涉及未成年犯罪嫌疑人所参与的犯罪事实，不影响对未成年犯罪嫌疑人提起公诉的，应当对未成年犯罪嫌疑人先予提起公诉。在审查起诉过程中，检察人员可以根据全案情况制作一个审结报告,起诉书以及出庭预案等应当分别制作。对未成年人与成年人共同犯罪案件分别提起公诉后,在诉讼过程中如出现不宜分案起诉情形的,检察人员可以建议人民法院并案审理。

(十)犯罪记录封存

"有条件地建立未成年人轻罪犯罪记录消灭制度"是中央司法体制和工作机制改革的明确要求。《中华人民共和国刑法修正案(八)》第19条对刑法第100条"前科报告制度"作了修正和完善,规定犯罪的时候不满18周岁被判处5年有期徒刑以下刑罚的人,免除前科报告义务,这是对多年来"未成年人轻罪犯罪记录消灭制度改革"的试点经验的规范性确认。与此相衔接,刑事诉讼法第275条明确规定了未成年人犯罪记录封存制度。未成年人犯罪记录封存制度的建立,对于严格限制犯罪记录的对外公开,弱化社会公众通过犯罪记录公开而对未成年人进行非规范性消极评价具有深远的意义,在消除犯罪标签效应的同时,有利于未成年人的再社会化。

1. 封存犯罪记录的适用范围与条件。从主体上看,适用于犯罪时未满18周岁的未成年人。当事人的年龄是以犯罪行为发生时为标准,即使审判时已年满18周岁,同样可以适用。从犯罪类型上看,适用于一切犯罪类型。刑事诉讼法并未对此作轻罪或者重罪的区分。从既判刑罚看,适用于被判处5年有期徒刑以下刑罚的未成年人。有期徒刑5年以上的刑罚,即属于重刑。适用重刑的未成年人,其犯罪记录不宜封存。至于封存犯罪记录是否适用于再犯,由于刑事诉讼法并未予以限制,而且,法律已经将封存犯罪记录的案件限定在5年有期徒刑以下刑罚,检察机关在实际操作中不应当禁止封存其犯罪记录。

2. 封存程序的启动。根据《刑诉规则》第503条的规定,人民检察院收到人民法院的生效判决后,只要符合有关条件,就自行启动犯罪记录封存程序,即"犯罪的时候不满十八周岁,被判处五年有期徒刑以下刑罚的,人民检察院应当在收到人民法院生效判决后,对犯罪记录予以封存"。在生效判决作出之前,根据刑事诉讼法和相关法律关于保护未成年人的立法精神和具体规定,检察人员不得公开案件的立案文书、侦查文书、起诉书等相关法律文书。在新闻报道、法制宣传等活动中,一般不得使用被封存的犯罪记录内容;确需使用的,不得公开未成年犯罪嫌疑人、被告人、罪犯的真实姓名、家庭住址、所读学校等可推知其真实身份的信息。

对于检察机关对未成年犯罪嫌疑人作出不起诉决定的案件,是否需要对相关记录予以封存,对此刑事诉讼法没有规定。为了更好地贯彻教育、感化、挽救未成年人的方针,《未成年人案件规定》第66条规定,人民检察院对未成年犯罪嫌疑人作出不起诉决定后,应当对相关记录予以封存。

3. 封存的具体操作要求。根据《刑诉规则》第 504 条的规定，人民检察院应当将拟封存的未成年人犯罪记录、卷宗等相关材料装订成册，加密保存，不予公开，并建立专门的未成年人犯罪档案库，执行严格的保管制度。

4. 封存的效力。未成年人的犯罪记录一旦封存，人民检察院就不能向任何单位和个人提供，也不得提供未成年人有犯罪记录的证明，除非是司法机关为办案需要或者有关单位根据国家规定进行查询。从封存的时间效力上看，除了发现不符合封存条件而解除封存的外，应终身封存。

5. 查询封存的犯罪记录。根据刑事诉讼法第 275 条第 2 款的规定，对封存的未成年人犯罪记录，司法机关为办案需要或者有关单位根据国家规定可以进行查询。依法查询的单位，应当对被封存的犯罪记录的情况予以保密。根据《未成年人案件规定》第 64 条的规定，需要查询未成年人犯罪记录的单位应当向作出封存犯罪记录决定的检察机关提出申请，说明查询所依据的法律规定、法定事由、查询的事项和范围。检察机关在收到相关单位的申请后，应当审查查询条件，并在 7 日内作出是否许可的答复，符合条件的，作出封存决定的机关应当许可其查询；不符合条件的，应当作出不许可其查询的决定。

6. 已封存犯罪记录的解封。《未成年人案件规定》第 65 条规定，"对被封存犯罪记录的未成年人，符合下列条件之一的，应当对其犯罪记录解除封存：（一）实施新的犯罪，且新罪与封存记录之罪数罪并罚后被决定执行五年有期徒刑以上刑罚的；（二）发现漏罪，且漏罪与封存记录之罪数罪并罚后被决定执行五年有期徒刑以上刑罚的。"据此，如果出现上述情形，表明原封存决定不符合法律规定的条件，如果继续对其犯罪记录予以封存，与建立这项制度的初衷不符。因此，在这种情况下，人民检察院应对其犯罪记录解除封存。

第二节 当事人和解的公诉案件诉讼程序

2012 年修订的刑事诉讼法从立法上对刑事和解制度予以确认，对部分轻微刑事案件在双方当事人自愿和解的基础上司法机关可以按照特别程序办理，依法作出从宽处理的决定。

一、刑事和解的概念、适用范围和条件

（一）概念

刑事和解是一种以协商合作方式恢复原有秩序的案件解决方式。它是指在刑事诉讼中，加害人以认罪、赔偿、道歉等形式与被害人达成和解后，国家专门机关对加害人不追究刑事责任、免除刑事处罚或者从轻处罚的一种制度。换言之，刑事和解是被害人与加害人之间就相关民事问题，如赔偿损失、赔礼道歉等事项协商谈判达成的和解，并不涉及被追诉者的刑事责任问题。

（二）适用的案件范围

根据刑事诉讼法第 277 条第 1 款的规定，双方当事人可以和解的案件包括以下两类：

1. 因民间纠纷引起，涉嫌刑法分则第四章、第五章规定的犯罪，可能判处 3 年有期徒刑以下刑罚的案件。这类案件包含三个要素：（1）从案件起因上看，系因民间纠纷引起。对于不属于因民间纠纷引起的，如雇凶伤害他人、黑社会性质组织犯罪、寻衅滋事、涉及聚众斗殴、多次故意伤害他人身体等犯罪案件，不宜和解。（2）从罪行的严重程度上看，是可能判处 3 年以下有期徒刑、拘役、管制或者单处附加刑的案件。（3）从犯罪的种类上看，只能是属于刑法分则第四章、第五章规定的侵犯公民人身权利、民主权利、财产权利的犯罪。

2. 除渎职犯罪以外的可能判处 7 年有期徒刑以下刑罚的过失犯罪案件。这类案件也有三个要素：（1）必须是过失犯罪；（2）渎职犯罪不能适用；（3）可能判处 7 年有期徒刑以下刑罚。

（三）适用条件

根据刑事诉讼法第 277 条第 1 款和《刑诉规则》第 510 条第 2 款的规定，适用当事人和解的公诉案件诉讼程序的条件包括以下五个方面：

1. 犯罪嫌疑人真诚悔罪，向被害人赔偿损失、赔礼道歉等。有悔罪表现是我国刑罚中关于量刑的一个重要情节，表明其人身危险性和社会危险性相对较小。检察人员可以通过以下方面来判断犯罪嫌疑人是否真诚悔罪：（1）犯罪嫌疑人在实施犯罪后的表现，如是否逃跑或者有逃跑的倾向，是否有隐匿或者毁灭证据的行为，是否意识到自己行为的违法性并主动停止犯罪，是否主动到案等。（2）犯罪嫌疑人的认罪态度，如是否如实供述其本人及其所知晓的同案犯的全部犯罪事实，是否积极检举揭发，是否有立功表现等。（3）是否表示愿意悔改、自愿向被害人赔礼道歉、赔偿损失及赔偿方面的努力程度等。

2. 被害人明确表示对犯罪嫌疑人予以谅解。所谓"谅解"是指犯罪嫌疑人通过赔礼道歉、赔偿损失等各种方式真诚悔罪，使被害人体察并同情其处境，原谅其错误。"谅解"需要通过外在的行为予以确定，应以和解协议、被害人出具的书面声明等确认被害人同意和解的意思表示。

3. 双方当事人自愿和解，符合有关法律规定。当事人和解应当符合自愿、合法的原则。这里的"自愿和解"是指双方当事人不受外力的干扰，出于自己的意愿达成和解。自愿是当事人和解的前提条件之一。犯罪嫌疑人威胁、欺骗、引诱被害人达成和解，或者被害人漫天要价、犯罪嫌疑人被迫接受和解协议，均违反了自愿原则。"合法"是指和解应当在法律规定的范围内进行，和解的程序、内容应当符合法律规定，不得违背法律的禁止性规定。

4. 犯罪类型属于侵害特定被害人的故意犯罪或者有直接被害人的过失犯罪。在这两类犯罪中，有明确的犯罪嫌疑人、被告人和被害人，刑事责任和民事责任承担的主体明确，双方当事人可以就民事问题进行协商，进而达成和解。

5. 案件事实清楚，证据确实、充分。当事人的和解以及基于当事人和解司法机关对案件所做的处理，要建立在事实清楚、证据确实充分，能够确认双方当事人法律责任的基础上，否则不能适用刑事和解。

（四）排除条件

犯罪嫌疑人在5年以内曾经故意犯罪的，不适用当事人和解的公诉案件诉讼程序。这包含三层含义：一是从时间上看，犯前罪的时间距离犯后罪的时间不超过5年；二是从前罪的主观方面看，属于故意犯罪；三是前罪是否被追究刑事责任均不影响本排除条件的适用。

二、和解的主体

刑事诉讼法规定双方当事人是达成和解的主体，考虑到双方有可能是未成年人或者由于客观原因当事人可能无法参与协商等实际情况，《刑诉规则》第511条、第512条规定了当事人以外有权达成和解的主体。

就被害人一方而言，如果被害人死亡的，其法定代理人、近亲属可以与犯罪嫌疑人和解；如果被害人系无行为能力或者限制行为能力人的，其法定代理人可以代为和解。

就犯罪嫌疑人一方而言，犯罪嫌疑人系限制行为能力人的，其法定代理人可以代为和解；犯罪嫌疑人在押的，经犯罪嫌疑人同意，其法定代理人、近亲属可以代为和解。

三、刑事和解的内容

根据《刑诉规则》第513条的规定，刑事和解的内容主要包括：（1）可以就赔偿损失、赔礼道歉等民事责任事项进行和解；（2）就被害人及其法定代理人或者近亲属是否要求或者同意公安机关、人民检察院、人民法院对犯罪嫌疑人依法从宽处理进行协商。

双方当事人不得对案件的事实认定、证据采信、法律适用和定罪量刑等依法属于公安机关、人民检察院、人民法院职权范围的事宜进行协商，即被害可以表达希望司法机关对犯罪嫌疑人从宽处理的意愿，但是这样的协商结果仅能表达被害人对犯罪嫌疑人的谅解，对公安司法机关没有法律约束力。

四、刑事和解的达成方式

刑事和解的达成方式主要有两种：一是双方当事人自行和解；二是在人民调解委员会、村民委员会、居民委员会、当事人所在单位或者同事、亲友等组织或者个人调解后达成和解。但无论以何种方式达成和解，检察机关一般不主持和解。

检察机关在审查逮捕、审查起诉阶段发现案件符合法律规定的和解范围和条件的，可以向当事人提出和解的建议，并告知双方当事人的权利义务，必要时可以提供法律咨询。

五、和解协议的审查

人民检察院应当对和解的自愿性、合法性进行审查。根据《刑诉规则》第515条的规定，应重点审查以下内容：（1）双方当事人是否自愿和解；（2）犯罪嫌疑人是否真诚悔罪，是否向被害人赔礼道歉，经济赔偿数额与其所造成的损害和赔偿能力是否相适应；（3）被害人及其法定代理人或者近亲属是否明确表示对犯罪嫌疑人予以谅解；（4）是否符合法律规定；（5）是否损害国家、集体和社会公共利益或者他人的合法权益；（6）是否符合社会公德。

为了保证审查的效果，在审查时应当听取双方当事人和其他有关人员对和解的意见，告知被害人刑事案件可能从宽处理的法律后果和双方的权利义务，并制作笔录附卷。

六、刑事和解协议书的制作

检察机关一般不主持当事人的刑事和解活动，但经审查，人民检察院认为双方自愿和解，内容合法，且符合刑事诉讼法规定的刑事和解的范围和条件的，应当主持制作和解协议书。和解协议书的主要内容包括：（1）双方当事人的基本情况。（2）案件的主要事实。（3）犯罪嫌疑人真诚悔罪，承认自己所犯罪行，对指控的犯罪没有异议，向被害人赔偿损失、赔礼道歉等；赔偿损失的，应当写明赔偿的数额、履行的方式、期限等。（4）被害人及其法定代理人或者近亲属对犯罪嫌疑人予以谅解，并要求或者同意司法机关对犯罪嫌疑人依法从宽处理。

和解协议书应当由双方当事人签字，可以写明和解协议书系在检察机关主持下制作。检察人员不在当事人和解协议书上签字，也不加盖人民检察院印章。和解协议书一式三份,双方当事人各持一份,另一份由检察机关附卷备查。

七、刑事和解协议书的履行

和解协议书约定的赔偿损失内容,应当在双方签署协议后立即履行,至迟在人民检察院作出从宽处理决定前履行。确实难以一次性履行的,在被害人同意且犯罪嫌疑人提供有效担保的情况下,也可以分期履行。根据《刑诉规则》第521条第1款的规定,对于犯罪嫌疑人没有切实履行和解协议,或者在不能即时履行的情况下也未提供有效担保的,检察机关应当将其作为是否决定不起诉的因素予以考虑。

八、刑事和解案件的处理

对于当事人达成和解协议的公诉案件,人民检察院应根据案件具体情况分别作出处理:

1. 双方当事人在侦查阶段达成和解协议,公安机关向检察机关提出从宽处理建议的,检察机关在审查逮捕和审查起诉时应当充分考虑公安机关的建议。

2. 对于公安机关提请批准逮捕的案件,检察机关可以将刑事和解作为有无社会危险性或者社会危险性大小的因素予以考虑,经审查认为不需要逮捕的,可以作出不批准逮捕的决定;在审查起诉阶段可以依法变更强制措施。

3. 对于公安机关移送审查起诉的案件,检察机关可以将刑事和解作为是否需要判处刑罚或者免除刑罚的因素予以考虑,符合法律规定的不起诉条件的,可以决定不起诉。

4. 对于依法应当提起公诉的案件,检察机关在审判阶段可以向人民法院提出对被告人从轻或者减轻处罚的量刑建议。

由于检察机关以当事人是否达成刑事和解作为从宽处理的重要考虑因素,因此,如果当事人在达成刑事和解后反悔的,将对检察机关的处理决定产生一定影响。根据《刑诉规则》第521条和第522条的规定,在检察机关作出不起诉决定之前,犯罪嫌疑人、被害人任何一方反悔或者双方都反悔的,应当认定和解协议无效,检察机关可以促成双方当事人另行达成和解协议。如果达成新的和解协议,检察机关可以根据新的和解协议作出从宽处理的决定;如果不能达成新的和解协议的,检察机关应当依法作出起诉或者不起诉决定。在检察机关作出不起诉决定之后,当事人中任何一方反悔,要求检察机关改变处理决定的,检察机关均不应支持。只有在有证据证明和解违反自愿、合法原则的情形下，检察机关才能撤销不起诉决定提起公诉。

第三节　犯罪嫌疑人、被告人逃匿、死亡案件违法所得没收程序

根据刑事诉讼法第 280 条的规定，犯罪嫌疑人、被告人逃匿、死亡案件违法所得没收程序（以下简称违法所得没收程序），是指在贪污贿赂犯罪、恐怖活动犯罪等重大犯罪案件中，犯罪嫌疑人、被告人逃匿经通缉 1 年不到案，或犯罪嫌疑人、被告人死亡，且依照刑法规定应当追缴其违法所得及其他涉案财产，经人民检察院申请，人民法院依法作出没收裁定的特别诉讼程序。设置该特别程序是我国预防与惩治腐败犯罪、恐怖犯罪等严重犯罪的现实要求，是建立健全我国犯罪所得追缴、没收等处置制度的客观需要，对于加强犯罪的打击力度、维护法制权威具有重要意义。

一、适用范围和适用条件

（一）适用的案件范围

关于违法所得没收程序的案件范围及适用条件，无论在刑事诉讼法制定过程中，还是在颁布以后，一直都是各界争议的焦点。最高人民检察院和最高人民法院从严密法网、堵塞制度漏洞的角度分别在《刑诉规则》第 523 条和《高法刑诉法解释》第 507 条明确了违法所得没收程序的案件范围，即对于犯罪嫌疑人、被告人死亡的，其案件范围不受限制；对于犯罪嫌疑人逃匿的，其案件范围仅限于贪污贿赂犯罪、恐怖活动犯罪等重大犯罪案件。

1. 犯罪嫌疑人、被告人逃匿的贪污贿赂犯罪、恐怖活动犯罪等重大犯罪案件。对这类案件，应注意以下几个问题：

（1）对"贪污贿赂犯罪"的界定。主要有两种意见：一种意见认为，违法所得没收程序中的"贪污贿赂犯罪"是指贪污罪以及受贿罪、行贿罪等贿赂犯罪，不包括刑法分则第八章规定的挪用公款罪、巨额财产来源不明罪、隐瞒境外存款罪、私分国有资产罪、私分罚没财物罪等罪名。主要理由是：犯罪嫌疑人、被告人逃匿、死亡案件违法所得没收程序是此次修改刑事诉讼法新设置的程序，实践经验不足，而且是在被告人缺席的情况下对其财产作出处理，应当严格控制适用范围，防止滥用。另一种意见认为，"贪污贿赂犯罪"是指刑法分则第八章规定的贪污贿赂犯罪及其他章中明确规定依照第八章相关条文定罪处罚的犯罪案件。主要理由是：从目前反腐败的形势和任务来看，将私分国有资产罪等罪名也纳入违法所得没收程序的范围，社会效果较好。两种观点

均有一定的合理性，对此，有待有关司法解释或者规范性文件进行界定，在相关规定出台以前，还是应当严格掌握贪污贿赂犯罪的范围，不宜任意扩大。①

（2）对"恐怖活动犯罪"的界定。根据全国人大常委会 2011 年 10 月通过的《关于加强反恐怖工作有关问题的决定》，恐怖活动是指以制造社会恐慌、危害公共安全或者胁迫国家机关、国际组织为目的，采取暴力、破坏、恐吓等手段，造成或者意图造成人员伤亡、重大财产损失、公共设施损坏、社会秩序混乱等严重危害社会的行为，以及煽动、资助或者以其他方式协助实施上述活动的行为。较为典型的恐怖活动犯罪包括刑法第 120 条规定的"组织、领导、参加恐怖组织罪"和第 120 条之一规定的"资助恐怖活动罪"，此外，以制造社会恐慌、危害公共安全或者胁迫国家机关、国际组织为目的而实施的放火、决水、爆炸、投放危险物质、以危险方法危害公共安全、破坏交通工具、破坏交通设施、破坏电力设备、破坏易燃易爆设备、劫持航空器、劫持船只汽车、洗钱、投放虚假危险物质、故意传播虚假恐怖信息、故意杀人、绑架等犯罪行为，也属于恐怖活动犯罪的范畴。在判断是否属于恐怖活动犯罪时，最主要是看犯罪嫌疑人实施该犯罪行为是否以制造社会恐慌、危害公共安全或者胁迫国家机关、国际组织为目的。②

（3）对"等重大犯罪案件"的界定。从立法本意看，除贪污贿赂犯罪、恐怖活动犯罪外，给其他犯罪适用违法所得没收程序留下了余地。一般来说，其他可以适用违法所得没收程序的犯罪案件应当与贪污贿赂犯罪、恐怖活动犯罪在性质、危害程度上相当。而关于何为"重大犯罪案件"，《高法刑诉法解释》第 508 条有明确界定，即犯罪嫌疑人、被告人可能被判处无期徒刑以上刑罚的，案件在本省、自治区、直辖市或者全国范围内有较大影响的，或者属于其他重大犯罪案件。

2. 犯罪嫌疑人、被告人死亡的案件。无论犯罪嫌疑人、被告人在刑事诉讼的任何阶段死亡，根据刑事诉讼法第 15 条的规定，就应当撤销案件，或者不起诉，或者终止审理。犯罪嫌疑人、被告人死亡的案件，不受案件类型限制，依照刑法规定应当追缴其违法所得及涉案财产的，可以适用违法所得没收程序，由人民检察院向人民法院提出没收违法所得的申请。

---

① 孙谦主编：《〈人民检察院刑事诉讼规则（试行）〉理解与适用》，中国检察出版社 2012 年版，第 354~355 页。
② 孙谦主编：《〈人民检察院刑事诉讼规则（试行）〉理解与适用》，中国检察出版社 2012 年版，第 355 页。

(二) 适用条件

案件适用范围不同，适用条件也不尽相同。

1. 对犯罪嫌疑人、被告人逃匿的贪污贿赂犯罪、恐怖活动犯罪等重大犯罪案件适用违法所得没收程序的条件。该类案件应满足以下两个条件：

(1) 犯罪嫌疑人、被告人逃匿，在通缉1年后不能到案。"逃匿"是指侦查机关对犯罪嫌疑人、被告人立案侦查或者刑事诉讼程序启动后，犯罪嫌疑人、被告人为逃避法律制裁而逃跑、隐匿或躲藏。"通缉"是指公安机关或人民检察院通令缉拿应当逮捕而在逃的犯罪嫌疑人归案的一种侦查行为。实践中，一般由县级以上的公安机关发布通缉令；人民检察院在办理自侦案件过程中，需要追捕在逃的犯罪嫌疑人时，经检察长批准，有权作出通缉决定，但仍需由公安机关发布通缉令。对于犯罪嫌疑人、被告人逃匿的，公安司法机关应当尽力通缉、抓捕，以使之尽快到案并依照法定程序追诉，只有对犯罪嫌疑人、被告人在通缉1年后仍无法抓捕到案的，才可以适用非法所得没收程序。

(2) 依照刑法规定应当追缴犯罪嫌疑人、被告人违法所得及其他涉案财产。刑法第64条规定，犯罪分子违法所得的一切财物，应当予以追缴或者责令退赔；对被害人的合法财产，应当及时返还；违禁品和供犯罪所用的本人财物，应当予以没收。没收的财物和罚金，一律上缴国库，不得挪用和自行处理。适用违法所得没收程序，应当符合刑法规定的属于犯罪嫌疑人、被告人违法所得及其他涉案财产。《刑诉规则》第523条第3款规定："犯罪嫌疑人实施犯罪行为所取得的财物及其孳息以及犯罪嫌疑人非法持有的违禁品、供犯罪所用的本人财物，应当认定为前两款规定的违法所得及其他涉案财产。"

2. 对犯罪嫌疑人、被告人死亡案件适用违法所得没收程序的条件。该类案件适用违法所得没收程序的条件如下：(1) 依照刑法规定应当追缴犯罪嫌疑人、被告人违法所得及其他涉案财产；(2) 犯罪嫌疑人、被告人确已死亡。实践中，应当由医院、公安机关等专门机关出具的死亡证明确认犯罪嫌疑人、被告人死亡的事实。

二、公诉部门对公安机关移送的没收违法所得案件的审查和监督

对于符合违法所得没收程序适用条件的案件，经县级以上公安机关负责人批准，公安机关应当写出没收违法所得意见书，连同相关证据材料一并移送同级人民检察院。人民检察院受理案件后应当对没收违法所得意见书进行审查，作出是否提出没收违法所得申请的决定，并对公安机关的调查活动等进行监督。

(一) 对没收违法所得意见书的审查

《刑诉规则》第528条规定了人民检察院对公安机关移送的没收违法所得

意见书进行审查的主要内容,包括九项:(1)是否属于本院管辖;(2)是否符合刑事诉讼法第280条第1款规定的条件;(3)犯罪嫌疑人身份状况,包括:姓名、性别、国籍、出生年月日、职业和单位等;(4)犯罪嫌疑人涉嫌犯罪的情况;(5)犯罪嫌疑人逃匿、被通缉或者死亡的情况;(6)违法所得及其他涉案财产的种类、数量、所在地,以及查封、扣押、冻结的情况;(7)与犯罪事实、违法所得相关的证据材料是否随案移送,不宜移送的证据的清单、复制件、照片或者其他证明文件是否随案移送;(8)证据是否确实、充分;(9)相关利害关系人的情况。

(二)审查期限

根据《刑诉规则》第529条第1款的规定,人民检察院应当在接到公安机关移送的没收违法所得意见书后30日以内作出是否提出没收违法所得申请的决定。30日以内不能作出决定的,经检察长批准,可以延长15日。

(三)审查后的处理

1. 决定提出没收违法所得申请。对于侦查机关移送的没收违法所得申请案件,人民检察院经审查,对于符合刑事诉讼法规定的违法所得没收条件的,应按照《刑诉规则》第526条的规定,向人民法院提出没收违法所得的申请,并应当制作没收违法所得申请书。

没收违法所得申请书的主要内容包括:(1)犯罪嫌疑人、被告人的基本情况,包括姓名、性别、出生年月日、出生地、户籍地、身份证号码、民族、文化程度、职业、工作单位及职务、住址等;(2)案由及案件来源;(3)犯罪嫌疑人、被告人的犯罪事实;(4)犯罪嫌疑人、被告人逃匿、被通缉或者死亡的情况;(5)犯罪嫌疑人、被告人的违法所得及其他涉案财产的种类、数量、所在地及查封、扣押、冻结的情况;(6)犯罪嫌疑人、被告人近亲属和其他利害关系人的姓名、住址、联系方式及其要求等情况;(7)提出没收违法所得申请的理由和法律依据。

2. 决定不提出没收违法所得申请。经过审查,对于不符合违法所得没收程序适用条件的,检察机关应当作出不提出没收违法所得申请决定。不符合条件的情形包括:犯罪嫌疑人、被告人没有犯罪事实,或者所涉罪名不属于恐怖活动犯罪等重大犯罪案件的;犯罪嫌疑人、被告人没有逃匿或者死亡,或者犯罪嫌疑人、被告人逃匿后,通缉尚不满1年的;涉案财产不属依照刑法规定应当追缴的违法所得及其他涉案财产的;事实不清,证据不足的。检察机关应当制作不提出没收违法所得申请决定书,并送达移送没收违法所得意见书的公安机关。决定书中应当重点说明不提出没收违法所得申请的理由。

3. 要求补充证据。根据《刑诉规则》第529条第2款、第3款的规定,人民检察院在审查没收违法所得意见书的过程中，发现公安机关移送的案件犯罪事实不清，相关证据不够确实、充分的，可以书面通知公安机关补充证据，也可以自行调查。人民检察院退回补充证据，应当制作补充证据通知书，并书面写明需要补充调查的事项，连同案卷材料一并退回公安机关。公安机关补充证据的时间不计入人民检察院办案期限。人民检察院自行调查时，可以要求公安机关予以协助。

（四）公诉部门对没收违法所得案件的检察监督

1. 对应当启动程序而不启动的监督。根据《刑诉规则》第 530 条的规定，人民检察院发现公安机关应当启动违法所得没收程序而不启动的，可以要求公安机关在 7 日以内书面说明不启动的理由。经审查，认为公安机关不启动理由不能成立的，应当通知公安机关启动程序。

2. 对调查活动的监督。根据《刑诉规则》第 531 条的规定，人民检察院发现公安机关在违法所得没收程序的调查活动中有违法情形的，应当向公安机关提出纠正意见。公安机关在违法所得没收程序的调查活动中的违法情形主要包括：非法取证的；伪造、隐匿、销毁、调换、私自涂改证据的；对不属于违法所得或其他涉案财产的财物采取查封、扣押、冻结措施，或者应当解除查封、扣押、冻结不解除的；贪污、挪用、私分、调换、违反规定使用查封、扣押、冻结的财物及其孳息的；等等。检察机关发现违法情形的，应当提出纠正意见。提出纠正意见的具体方式主要有两种：一种是口头提出纠正意见；另一种是发出纠正违法通知书。口头方式适用于情节较轻的违法行为，可以由履行监督职责的检察人员直接提出，但应当及时向本部门负责人汇报，必要时也可以由部门负责人提出。书面方式适用于情节较重的违法行为，且必须经检察长批准。所谓情节较重的违法行为，是指严重违反法律规定但未达到犯罪程度的行为，例如，严重违反诉讼程序可能导致实体错误的；暴力取证的；贪污、挪用赃款赃物的；多次口头纠正仍不改正的；等等。对于情节较重的违法行为，必须以纠正违法通知书的方式予以纠正，不应以口头纠正的方式代替。

（五）终止审查

根据《刑诉规则》第 532 条的规定，在审查公安机关移送的没收违法所得意见书的过程中，在逃的犯罪嫌疑人、被告人自动投案或者被抓获的，人民检察院应当终止审查，并将案卷退回公安机关处理。

三、检察机关自侦部门启动违法所得没收程序的办案程序

（一）自侦部门启动违法所得没收程序进行调查

根据《刑诉规则》第 533 条第 1 款的规定，人民检察院直接受理立案侦

查的案件，犯罪嫌疑人逃匿或者犯罪嫌疑人死亡而撤销案件，符合刑事诉讼法第280条第1款规定条件的，侦查部门应当启动违法所得没收程序进行调查。

（二）调查的对象及方式

根据《刑诉规则》第533条第2款的规定，侦查部门的调查应当围绕以下对象展开：一是犯罪嫌疑人涉嫌的犯罪事实；二是犯罪嫌疑人逃匿、被通缉或者死亡的情况；三是犯罪嫌疑人的违法所得及其他涉案财产的情况。

为核实犯罪事实、查明犯罪嫌疑人的违法所得及其他涉案财产的情况，检察机关依法可以通过询问证人、有关当事人，调取相关的证据材料等方式展开调查，并依法可以采取查封、扣押、查询、冻结等强制性措施。

（三）自侦部门移送没收违法所得意见书

根据《刑诉规则》第533条第3款的规定，经调查，侦查部门认为符合刑事诉讼法第280条第1款规定条件的，应当写出没收违法所得意见书，连同案卷材料一并移送有管辖权的人民检察院侦查部门，并由有管辖权的人民检察院侦查部门移送本院公诉部门。没收违法所得意见书应当包括以下内容：(1) 犯罪嫌疑人的基本情况；(2) 犯罪事实和相关的证据材料；(3) 犯罪嫌疑人逃匿、被通缉或者死亡的情况；(4) 犯罪嫌疑人的违法所得及其他涉案财产的种类、数量、所在地；(5) 查封、扣押、冻结的情况等。

（四）公诉部门对没收违法所得意见书的审查和处理

根据《刑诉规则》第533条第4款的规定，公诉部门应当在接到自侦部门移送的没收违法所得意见书后30日以内作出是否提出没收违法所得申请的决定。30日以内不能作出决定的，经检察长批准，可以延长15日。经审查，公诉部门认为自侦部门移送的没收违法所得案件不符合刑事诉讼法第280条第1款规定条件的，应当作出不提出没收违法所得申请的决定，并向自侦部门书面说明理由；认为需要补充证据的，应当书面要求自侦部门补充证据，必要时也可以自行调查。

四、在审查起诉、审判阶段启动违法所得没收程序的办案程序

根据《刑诉规则》第534条的规定，在人民检察院审查起诉过程中，犯罪嫌疑人死亡，或者贪污贿赂犯罪、恐怖活动犯罪等重大犯罪案件的犯罪嫌疑人逃匿，在通缉1年后不能到案，依照刑法规定应当追缴其违法所得及其他涉案财产的，人民检察院可以直接提出没收违法所得的申请。人民法院在审理案件过程中，被告人死亡的，人民法院应当裁定终止审理；被告人脱逃的，人民法院应当裁定中止审理。人民法院作出了终止审理或者中止审理的决定后，如果符合没收违法所得条件的，应当由人民检察院另行提出没收违法所得的申请，人民法院不能直接作出没收违法所得的裁定。检察机关认为符合刑事诉讼法规定的没收违法所得的条件的，可以直接向人民法院提出没收违法所得申请，不需要再将案卷退回侦查机关办理，但可以要求侦查机关补充证据，必要时也可以自行调查。

五、公诉部门参与违法所得没收程序审理活动的职责

人民法院对没收违法所得申请进行审理，检察机关公诉部门作为提出没收违法所得申请的主体，应当积极参与审理，支持申请，并对人民法院的审判活动进行监督。

（一）承担举证责任

《刑诉规则》第535条第1款明确规定了违法所得没收程序的审理活动中，人民检察院承担举证责任。由于我国违法所得没收程序是以追赃为基本内容的特别程序，因此，公诉人应当紧紧围绕提出申请没收的财产确属违法所得及其他涉案财产这一证明对象进行举证、示证、辩论。根据《高法刑诉法解释》第516条的规定，检察机关对案件事实的证明需要达到事实清楚、证据确实、充分的程度。

（二）出席法庭

根据《刑诉规则》第535条第2款的规定，凡是人民法院对没收违法所得的申请开庭审理的，人民检察院应当派员出席法庭。庭审中，检察员需宣读申请书，出示有关证据，对利害关系人出示有关证据进行质证，发表辩论意见。

（三）进行检察监督

根据《刑诉规则》第536条的规定，公诉部门对违法所得没收程序的检察监督分为两个方面：一方面是对审判活动的监督，即公诉部门发现人民法院或者审判人员审理没收违法所得案件违反法律规定的诉讼程序，应当向人民法院提出纠正意见。另一方面是对法院裁定的监督，即公诉部门认为同级人民法院按照违法所得没收程序所作的第一审裁定确有错误的，应当在5日以内向上一级人民法院提出抗诉。此外，最高人民检察院、省级人民检察院认为下级人民法院按照违法所得没收程序所作的已经发生法律效力的裁定确有错误的，应当按照审判监督程序向同级人民法院提出抗诉。

（四）法院终止审理后将案件退回公安机关

根据《刑诉规则》第537条的规定，在审理案件过程中，在逃的犯罪嫌疑人、被告人自动投案或者被抓获，人民法院按照刑事诉讼法第283条第1款的规定终止审理的，人民检察院应当将案卷退回侦查机关处理。

第四节 依法不负刑事责任的精神病人的强制医疗程序

我国刑法第18条第1款规定:"精神病人在不能辨认或者不能控制自己行为的时候造成危害结果,经法定程序鉴定确认的,不负刑事责任,但是应当责令他的家属或者监护人严加看管和医疗;在必要的时候,由政府强制医疗。"2012年修订的刑事诉讼法设专章规定了"依法不负刑事责任的精神病人的强制医疗程序"。根据刑事诉讼法第284条的规定,依法不负刑事责任的精神病人的强制医疗程序(以下简称强制医疗程序)是指公安机关、检察机关、人民法院对实施暴力行为,危害公共安全或者严重危害公民人身安全,经法定程序鉴定依法不负刑事责任,并有继续危害社会可能的精神病人,实施强制医疗的特别诉讼程序。

一、强制医疗的适用条件

根据刑事诉讼法第284条、《刑诉规则》第539条的规定,适用强制医疗程序必须符合以下条件:

(一)行为人实施了暴力行为,危害公共安全或者严重危害公民人身安全,已经达到犯罪程度

这是判断被申请人是否需要强制医疗在行为要件上的要求,具体如下:

1. 在行为性质上,被申请人实施的必须是暴力行为。所谓"暴力行为"是指以人身、财产等为侵害目标,采取暴力手段,对被害人的身心健康和生命财产安全造成极大的损害,直接危及人的生命、健康及公共安全的行为,如杀人、伤害、放火、爆炸等。

2. 在行为后果上,被申请人的行为已危害公共安全或者严重危害公民人身安全。所谓危害公共安全,是指行为对不特定多数人的生命健康或者公私财产已经造成实际危害或者有造成实际危害的危险,实践中可以比照刑法分则第二章危害公共安全罪中所表述的行为进行判断。所谓严重危害公民人身安全,是指行为对公民个人人身安全已造成严重危害或者有造成严重危害的危险。需要特别注意的是,被申请人的行为不必造成人员死亡、重伤等严重后果,只要实施此类暴力,有可能危害公共安全或者严重危害公民人身安全即视为其行为已危害公共安全或者严重危害公民人身安全。

3. 在行为的社会危害性上,被申请人实施的危害公共安全或者严重危害公民个人安全的暴力行为,其社会危害性应与犯罪的程度相当。对于精神病人

实施一般的暴力行为,达不到犯罪程度的,不能对其予以强制医疗。

(二) 经法定程序鉴定行为人为依法不负刑事责任的精神病人

这是被申请人是否需要强制医疗在程序要件上的要求。根据刑法第18条的规定,精神病人在不能辨认或者不能控制自己行为的时候造成危害结果,经法定程序鉴定确认的,不负刑事责任。根据刑事诉讼法和全国人大常委会《关于司法鉴定管理问题的决定》的有关规定,对精神病人的鉴定应当由符合条件的鉴定机构和鉴定人按照法律规定的程序进行鉴定。鉴定人进行鉴定后,应当写出鉴定意见,并且签名。在侦查、审查起诉、审判阶段经法定鉴定程序确定为不负刑事责任的精神病人,均符合本项适用条件。

(三) 行为人有继续危害社会的可能

这是被申请人是否需要强制医疗在必要性上的要求。强制医疗案件中的被申请人是否"有继续危害社会的可能",需要综合案件具体情况进行分析判断。实践中,检察人员一般可以根据被申请人所实施的危害行为、被申请人一贯表现、被申请人实际病情、治疗医生有关病情的描述和诊断、家属的管控及看护能力,并结合相关鉴定意见进行判断。但是如果行为人在实施了暴力行为后因患严重疾病或者严重伤残等客观原因丧失了继续危害社会的能力的,则无须对其进行强制医疗。

二、强制医疗的诉讼程序

(一) 人民检察院提出强制医疗申请

强制医疗案件的申请分为两种情形:第一种是公安机关在侦查阶段如果发现犯罪嫌疑人可能是精神病人,应当按照有关法律规定进行鉴定,如果鉴定结果确认犯罪嫌疑人是精神病人,且在不能辨认或者不能控制自己行为的时候造成危害结果的,应当撤销刑事案件,写出强制医疗意见书,然后按照法律关于管辖的规定移送检察机关。人民检察院经过审查,对于符合强制医疗条件的,向人民法院提出强制医疗的申请。第二种是人民检察院在审查起诉过程中发现公安机关移送的刑事案件的犯罪嫌疑人可能是精神病人,经过审查,发现符合强制医疗条件的,应当向人民法院提出强制医疗的申请。

对于第一种情形,人民检察院应当在认真审查的基础上作出决定,向人民法院提出强制医疗的申请,具体程序如下:

1. 审查强制医疗意见书。检察机关应当对强制医疗意见书进行审查。根据《刑诉规则》第543条的规定,检察机关应从以下八个方面对公安机关移送的强制医疗意见书进行审查:(1) 是否属于本院管辖;(2) 涉案精神病人身份状况是否清楚,包括姓名、性别、国籍、出生年月日、职业和单位等;

（3）涉案精神病人实施危害公共安全或者严重危害公民人身安全的暴力行为的事实；（4）公安机关对涉案精神病人进行鉴定的程序是否合法，涉案精神病人是否依法不负刑事责任；（5）涉案精神病人是否有继续危害社会的可能；（6）证据材料是否随案移送，不宜移送的证据的清单、复制件、照片或者其他证明文件是否随案移送；（7）证据是否确实、充分；（8）采取的临时保护性约束措施是否适当。

2. 决定提出或者不提出强制医疗申请。《刑诉规则》第544条第1款规定，人民检察院应当在接到公安机关移送的强制医疗意见书后30日以内作出是否提出强制医疗申请的决定。

经过审查，对于符合刑事诉讼法第284条规定条件的，检察机关应当作出提出强制医疗申请的决定。但是，对于不符合刑事诉讼法第284条规定条件的，应当作出不提出强制医疗申请的决定。不符合条件的情形包括：行为人不是精神病人的；行为人虽然是精神病人但依法应当负刑事责任的；涉案精神病人的行为没有危害公共安全或者严重危害公民人身安全的；涉案精神病人没有采取暴力手段的；鉴定程序不合法的；涉案精神病人没有继续危害社会可能的。检察机关应当制作不提出强制医疗申请决定书，并送达移送强制医疗意见书的公安机关。决定书中应当重点说明不提出强制医疗申请的理由。

3. 要求补充证据。根据《刑诉规则》第544条第2款的规定，检察机关在审查强制医疗意见书的过程中，发现公安机关移送的强制医疗意见书中，相关事实不够清楚，证据不够确实、充分的，可以退回公安机关，由公安机关补充证据；也可以由检察机关自行调查。

检察机关退回补充证据，应当制作补充证据通知书，并书面写明需要补充调查的事项，连同案卷材料一并退回公安机关。公安机关补充证据的时间不计入人民检察院办案期限。人民检察院自行调查时，可以要求公安机关予以协助。

4. 制作强制医疗申请书。根据《刑诉规则》第542条的规定，检察机关向人民法院提出强制医疗的申请，应当制作强制医疗申请书。强制医疗申请书的主要内容包括：（1）涉案精神病人的基本情况，包括姓名、性别、出生年月日、出生地、户籍地、身份证号码、民族、文化程度、职业、工作单位及职务、住址，采取临时保护性约束措施的情况及处所等。（2）涉案精神病人的法定代理人的基本情况，包括姓名、住址、联系方式等。（3）案由及案件来源。（4）涉案精神病人实施危害公共安全或者严重危害公民人身安全的暴力行为的事实，包括实施暴力行为的时间、地点、手段、后果等及相关证据情况。（5）涉案精神病人不负刑事责任的依据，包括有关鉴定意见和其他证据材料。（6）涉案精神病人继续危害社会的可能。（7）提出强制医疗申请的理由和法律依据。

5. 向法院提出强制医疗申请。根据《刑诉规则》第 541 条的规定，强制医疗的申请由被申请人实施暴力行为所在地的基层人民检察院提出；由被申请人居住地的人民检察院提出更为适宜的，可以由被申请人居住地的基层人民检察院提出。

对于第二种情形，除免去审查强制医疗意见书及要求补充证据外，程序与第一种情形基本相同。

（二）人民法院作出是否强制医疗的决定

1. 法庭审理程序。根据刑事诉讼法第 285 条、第 286 条的规定，对精神病人强制医疗的，由人民法院决定；人民法院受理强制医疗的申请后，应当组成合议庭进行审理，并应当通知被申请人或者被告人的法定代理人到场；对于被申请人或者被告人没有委托诉讼代理人的，人民法院应当通知法律援助机构指派律师为其提供法律帮助。在审理强制医疗案件时，应当遵循以下程序：

（1）审判长宣布法庭调查开始后，先由检察员宣读申请书，后由被申请人的法定代理人、诉讼代理人发表意见。

（2）法庭依次就被申请人是否实施了危害公共安全或者严重危害公民人身安全的暴力行为、是否属于依法不负刑事责任的精神病人、是否有继续危害社会的可能进行调查；调查时，先由检察员出示有关证据，后由被申请人的法定代理人、诉讼代理人发表意见、出示有关证据，并进行质证。

（3）法庭辩论阶段，先由检察员发言，后由被申请人的法定代理人、诉讼代理人发言，并进行辩论。

被申请人要求出庭，人民法院经审查其身体和精神状态，认为可以出庭的，应当准许。出庭的被申请人，在法庭调查、辩论阶段，可以发表意见。

检察员宣读申请书后，被申请人的法定代理人、诉讼代理人无异议的，法庭调查可以简化。

2. 决定程序。人民法院对强制医疗的申请进行审理后，将按照具体情形分别处理：（1）符合刑事诉讼法第 284 条规定的强制医疗条件的，作出对被申请人强制医疗的决定。（2）被申请人属于依法不负刑事责任的精神病人，但不符合强制医疗条件的，作出驳回强制医疗申请的决定；被申请人已经造成危害结果的，同时责令其家属或者监护人严加看管和医疗。（3）被申请人具有完全或者部分刑事责任能力，依法应当追究刑事责任的，作出驳回强制医疗申请的决定，并退回人民检察院依法处理。

三、强制医疗的检察监督

人民检察院依法对强制医疗的决定和执行实行监督,具体分为以下三个方面:

(一) 对公安机关的监督

1. 对应当启动程序而不启动的监督。根据《刑诉规则》第545条的规定,人民检察院发现公安机关应当启动强制医疗程序而不启动的,可以要求公安机关在7日以内书面说明不启动的理由。经审查,认为公安机关不启动理由不能成立的,应当通知公安机关启动程序。

2. 对鉴定的监督。检察机关在审查公安机关移送的强制医疗意见书时,需要对鉴定意见进行认真的审查,如果发现鉴定程序不合法,应当提出纠正意见。

3. 对临时保护性约束措施的监督。检察机关对临时保护性约束措施的监督分为三个方面:一是公安机关对涉案精神病人采取的临时保护性约束措施是否适当,包括是否有必要采取临时保护性约束措施,采取的临时保护性约束措施的强度是否适当,有没有对涉案精神病人的健康造成严重影响,是否能够保证涉案精神病人正常接受审判等。如果发现公安机关对涉案精神病人采取临时保护性约束措施不当的,应当提出纠正意见。二是公安机关应当采取临时保护性约束措施而尚未采取的,人民检察院应当建议公安机关采取临时保护性约束措施。三是公安机关对涉案精神病人采取临时保护性约束措施时有体罚、虐待等违法情形的,人民检察院应当提出纠正意见。

(二) 对法院的监督

检察机关对人民法院审理强制医疗案件的监督分为三个方面:

1. 对审判活动的监督。根据《刑诉规则》第550条第1款的规定,人民检察院发现人民法院或者审判人员审理强制医疗案件违反法律规定的诉讼程序,应当向人民法院提出纠正意见。

2. 对决定的监督。根据《刑诉规则》第550条第2款的规定,人民检察院认为人民法院作出的强制医疗决定或者驳回强制医疗申请的决定不当,应当在收到决定书副本后20日以内向人民法院提出书面纠正意见。

3. 对批准解除强制医疗的监督。人民检察院对人民法院批准解除强制医疗的监督,主要体现在对人民法院解除强制医疗的批准程序和批准决定是否合法,是否存在徇私舞弊行为等进行监督。

(三) 对强制医疗机构的监督

人民检察院对强制医疗机构的执行活动进行监督,主要审查强制医疗机构是否对被强制医疗的人实施必要的治疗,是否按照要求定期对被强制医疗的人进行诊断评估,是否按照要求提出解除强制医疗的申请,是否保障被强制医疗人的合法权利等,该职责由刑事执行检察部门负责。

思考题

1. 如何区别适用附条件不起诉与相对不起诉?
2. 是否应当将"具有帮教条件"作为附条件不起诉的前提条件?
3. 检察机关如何审查当事人和解的自愿性和合法性?
4. 如何理解犯罪嫌疑人、被告人逃匿、死亡案件违法所得没收程序的适用条件?
5. 人民检察院通过哪些途径对强制医疗进行法律监督?

第三部分
常用文书制作与范例

第六章　公诉文书的概念、特征和写作要求

第一节　公诉文书的概念和特征

一、公诉文书的概念

公诉文书是指人民检察院在依法履行公诉职能过程中制作的各种文书。根据人民检察院组织法和刑事诉讼法的有关规定，公诉部门的主要职能为诉讼和监督，具体表现为审查起诉、出庭支持公诉、抗诉、侦查活动监督和审判活动监督等。在履行这些职能过程中，需要制作各类法律文书，以体现检察机关运用法律处理具体案件（事项）的意见和决定。

公诉文书具有以下功能：

（一）公诉人正确履职的工具

就检察机关而言，公诉文书是检察机关参与刑事诉讼，履行刑事法律监督权，作出某种实体处分行为的凭证。公诉人在审查证据、认定事实的基础上，依法处理具体案件的全过程，需要以各种法律文书为载体，公诉文书就是使公诉办案过程规范化、固定化的工具。公诉人在审查起诉、派员出庭支持公诉阶段，可以通过自己的某一行为启动或终止某一具体诉讼程序，但必须制作并送达相关文书，从而保证其履职行为的严肃性和规范性。离开各类法律文书，公诉人履行职能就会举步维艰。

（二）公诉人思维活动的记录

公诉人运用法律思维解决具体案件问题的过程，是一个宝贵的经验积累过程。公诉文书作为办案活动的记载，同时也是办案者思维活动的记录。如审查报告的制作，就全面反映了办案者在阅卷、证据分析、事实认定、法律论理等办案中的思维过程。通过对撰写这些法律文书思维过程的梳理，公诉人也可以有效地积累承办新型、疑难、复杂案件的经验。对审批者而言，也是全面考察承办人办案思路和思维过程的主要载体，并以此作为判断案件处理意见正确与否的依据。需要注意的是，公诉文书对公诉人办案的思维模式进行了一定的预设，如最高人民检察院发布的公诉案件审查报告模板，但其只是一个推荐的基

本模式，公诉人仍可根据具体案件情况进行适当补充调整。

（三）公诉人法制宣教的工具

公诉文书所记载的是与指控犯罪和诉讼监督有关的内容，通过一定范围的发送，势必起到宣传教育和预防犯罪的作用。如在出庭支持公诉时，公诉人通过发表公诉意见，对犯罪人和旁听群众可以进行直接的法制宣传教育。随着检察机关正在推进的终结性法律文书网上公布，社会群众可以更方便地查阅、学习检察机关公布的公诉文书，接受法制教育，法制宣传效果将进一步凸显。

（四）公诉人能力素质的反映

公诉文书是公诉人办理案件的书面结论，集中反映了公诉人对法律的正确理解和准确适用。一般而言，能够全面理解党和国家法律政策，精通法律且具备娴熟的语言文字能力的公诉人，制作的公诉文书水平往往较高，否则，就写不出合格的公诉文书。因此实践中，公诉文书的写作质量就成为考核公诉人业务素质和办案水平的重要依据。各级检察机关在评选优秀公诉人时，往往把制作公诉文书作为重要考察项目；在评选优秀公诉案件时，案件相关的公诉文书经常是考察评价的重要材料；开展案件质量检查时，相关公诉文书是检查的主要对象；举办优秀公诉文书评比，也是各级检察机关发现、培养优秀公诉人才的重要途径。

二、公诉文书的特征

公诉文书作为法律文书的重要组成部分，具有法律文书的一般特征，也有自己独特的一面，主要体现在以下两个方面：

（一）内容的广泛性

与检察机关其他部门制作的法律文书相比，公诉文书以体现检察机关履行公诉职能为主要内容，贯穿审查起诉、提起公诉、出庭支持公诉、裁判审查、抗诉等阶段，涉及侦查、审查起诉、判决诉讼全过程，因此在文书内容的范围上要广于其他部门的法律文书。

（二）发送对象的广泛性

公诉部门是检察机关执法的窗口，对司法机关内部，要与公安侦查机关、法院等部门相互配合、相互制约；对社会群众，要与犯罪嫌疑人、被告人、被害人及法定代理人、近亲属以及辩护人、诉讼代理人等沟通；对被不起诉人建议行政处理时，要与有关行政机关联系；在延伸职能参与社会治安综合治理时，要与党委政法委及发案单位等联系协调。因此，与检察机关其他部门相比，公诉部门制作的文书发送对象更具有广泛性。

第二节 公诉文书的写作要求

一、公诉文书的语言

基于公诉职能的要求，公诉文书的语言应当严肃、朴实、准确、明确。

（一）公诉文书的语言应当严肃

公诉文书是检察机关履行指控犯罪、诉讼监督职能的载体。公诉执法涉及人的自由、生命和尊严，是一项十分严肃的司法工作。因此公诉文书用语一定要庄重严肃，这是由法律的严肃性和特定的书面语体决定的。在撰写公诉文书时，要尽量使用书面语言，力求避免方言、俗语、土语、黑话，讲究语言文明，更不允许使用刺激性的带有人身攻击或者人格污蔑的语言。根据特殊情况确需引用时，应当加" "或（ ）附注说明。

（二）公诉文书的语言应当朴实

所谓朴实，是指语言朴实无华，通俗易懂。公诉人的客观公正性义务要求其执法时要始终坚持理性、文明、公正，公诉法律文书作为公诉人执法办案的工具，因此在语言使用上要尽量客观朴实，把问题讲清楚、说明白、容易理解接受即可，陈述事实，井然有序；阐明道理，语贵精要。不允许有类似"燕山雪花大如席"、"白发三千丈"之类的艺术夸张，也排斥比喻、渲染、烘托等艺术手法，忌用"血肉横飞"、"皮开肉绽"、"血流如注"、"居心叵测"、"花枝招展"、"跳梁小丑"之类的富有描绘色彩的词语。否则，会使司法文书变得不伦不类，既丧失说服力，又显得很不庄重、严肃。需要注意的是，公诉意见书由于其特殊性而有例外性。公诉意见书是公诉人当庭口头发表的法律文书，由于口头表达和论辩的需要，为增强公诉意见的感染力和说服力，防止用语过于平淡，可以适当运用一些修辞比喻，但一定要注意"度"，防止过度表达引发社会群众对检察机关文明、公正执法的怀疑。

（三）公诉文书的语言应当准确

所谓准确，也就是说在公诉文书的写作过程中，各个要素必须准确无误，而且用词、语法、逻辑、修辞和标点符号也须准确无误，意思表达十分明确。准确是公诉执法的基本要求，也是公诉文书语言使用的基本要求，一定程度上可以说是公诉文书的生命线。一字当否，一词得失，甚至一个标点符号的错用，都会造成不可挽回的损失。对此，尤其要重视法律术语和法律习惯用语的准确使用。法律术语是法律科学的专门用语，有着特定的内涵和外延。在使用法律术语时，常见的不规范、不准确有以下几种：一是省略不当。如"不予批准逮捕"简称为"不捕"、"取保候审"简称为"取保"等。二是用法错误。如将"被告人"称为"被告"、"法定代表人"称为"法人",两种称呼虽一字之差,但内涵外延却截然不同。三是用法混淆。如"侦查"与"侦察"、"勘察"与"勘查"、"被害人"与"受害人"。法律习惯用语是指在法学理论研究和长期司法实践中产生的,被广泛认可和接受的习惯使用的固定词语和句式。如"犯罪构成"、"人身危险性"、"事实清楚,证据确实、充分"等。这些虽不属于法律明确规定的用语,但在写作时也应按照通常习惯使用。需要注意的是,在制作公诉文书时,也要注意模糊用语的使用。一般而言,凡属对法律事实、法律行为的叙述说明和对具有法律意义内容的认定,都要清楚明白,不能含混不清,必须使用具有确切含义的词语,不能使用模糊词语。但在基本构成事实以外的细节描述上,有时难免使用模糊用语,如"××年×月的某一天"、"夜晚"、"四百余万元"等,这是证据本身的模糊性所致,文书语言上必然也要予以反映,这与法律文书用语准确性的要求并不矛盾。

(四)公诉文书的语言应当明确

所谓明确,即明白、准确。指公诉文书遣词造句要准确,语义要单一。公诉文书是刑事法律实施的主要表现形式,作为刑事法治基本原则的罪刑法定原则要求法律的用语一定要词义明确,不产生歧义,即明确性原则,以防止司法者在适用法律时随意解释、侵犯公民人权。这一原则在公诉文书中的贯彻即要求所用语言必须明确,肯定否定意思鲜明,不能含糊其辞、模棱两可,切忌使用"基本"、"大概"、"可能"、"大体上"、"原则上"等词语。因此,在制作公诉文书时,用语一定要简单明确,遵循社会一般的逻辑解释,所用词语含义具有确定性和唯一性。

二、公诉文书的表达

文章写作的基本表达方式有五种:叙述、议论、说明、描写和抒情。公诉文书是用于处理案件,履行检察机关法律监督权的重要工具,它的主要功能是用于达意,而非传情;是为服人,而非感人。因此,其表达方式主要是叙述、说理(议论)和说明,一般禁用描写或抒情的表达方式。

(一)叙述

叙述一般用于对人物的经历、行为或事件的发生、发展、变化过程的表述。公诉文书中关于案情事实的叙述,最基本的方法是顺叙,即按照案件性质的要求,客观地将案情事实叙述清楚。在公诉案件审查报告和起诉书中,常使用顺叙,即先从犯罪起因写起,然后叙写犯罪行为过程和犯罪结果。由于案情事实的特点、性质不同,文书主旨不同,从而形成了下面几种常用的法律文书叙述方式：

1. 自然顺叙法。这种方式常用于各类案件的案情叙述，即以时间为线索，按照案件的发生、发展、结果来叙述事实。

2. 争议事实分叙法。此方法适用于刑事抗诉文书。一般先写诉判分歧，再叙写判决错误的理由，内容概括，文字简练；最后写本院认为应当认定的事实、适用法律的条款以及裁判结果，内容详细，表述具体。

3. 结合归纳法。此方法也叫概括叙述法，一般不宜单独使用，应配合各种具体叙述的方法使用。如一人多次犯罪案件多用此法进行综合归纳、概括叙述。

4. 突出主犯法。这是叙述共同犯罪案件事实的方法。适用于多人一次犯一罪、多人一次犯多罪、多人多次犯一罪及多人多次犯多罪的刑事案件。

5. 突出主罪法。此方法适用于一人多次犯一罪、一人多次犯多罪及多人多次犯多罪的刑事案件。叙述案情打破自然顺序，先详写主要犯罪事实，再略写次罪的事实。

6. 先总后分法。此方法适用于案件比较复杂的共同犯罪案件。即先总括叙述多名犯罪嫌疑人所犯的一种或多种共同犯罪的罪行事实，然后再按主犯、从犯的顺序，逐次分别叙述每一被告人各自所犯罪行。

需要注意的是，以上各种叙述方法并非孤立使用，而是根据案情灵活掌握，对于比较复杂的案件，往往是几种方法综合使用。

总之，公诉法律文书中叙述案情事实要做到：事实要素完备、关键情节具体、因果关系明确、脉络层次清楚。

（二）说理（议论）

说理，就是讲述道理，论说是非曲直，一般文章也叫议论。它是作者通过事实材料和逻辑推理的方式来表明自己观点的一种表达方式。公诉文书中的"理由"即说理的过程。理由是公诉文书结构中极其重要的组成部分，它起着承上启下的作用，上承事实，下启结论，是公诉文书的灵魂。它主要包括两方面的内容：一是认定事实的理由，证明检察机关认定的案情事实是确凿无疑的；二是适用法律的理由，证明对案件的处理决定是合情、合理、合法的。

总之，公诉文书的说理必须坚持"以事实为根据，以法律为准绳"的原则。

公诉文书说理的方法灵活多样，主要有以下几种形式：

1. 事实论证法。这是法律文书说理的最基本、最重要的方法，通过将经过查证属实的事实列举出来，运用铁的事实说话，从而具有不可辩驳的说服力。

2. 法理论证法。这是运用法律规定和法学理论作为论据，以证实论点正确的一种立论方法。这种方法多在抗诉案件中使用。

3. 因果论证法。这是利用因果的辩证关系进行论证的方法。这是公诉文书常用的论证方法。

4. 反驳论点法。这是针对对方错误的论点进行批驳，指出它是错误的、虚假的、不符合实际的，从而将它驳倒。

5. 反驳论据法。这是利用驳倒论据来推倒对方论点的方法。如抗诉书的理由部分，公诉意见书中对被告人、辩护人不正确辩护意见的反驳等，都常用反驳论据法，或反驳其论据虚假，或批驳其论据不足。

6. 反驳论证法。这是通过分析对方论证方法中存在的逻辑错误，达到证实对方论点错误的目的。这也是出庭公诉意见书中常用的方法。

需要注意的是，以上各种说理方法并不是孤立使用的，往往是交错使用，相辅相成。不破不立、立中有破、破中有立；反驳论点势必涉及反驳论据，反驳论点和论据又势必涉及反驳论证，而反驳论据、反驳论证，其目的都是为了反驳论点。公诉文书的说理往往是多种说明方法的综合运用。

总之，公诉文书中的说理要做到：事实证据确凿无疑；公平严肃，依法说理；就事论事，针锋相对；逻辑严密，无懈可击。

(三) 说明

说明是对客观事物的性质、状态、特征、成因、关系、功用或发生发展的解释或介绍，使人们对事物有明晰、完整的了解和认识的一种表达方式。

说明的叙述方法在公诉文书中的应用也非常广泛。一是部分文书全篇以说明为主，如有些表格填写式的送达回证、派员出席法庭通知书等文书，几乎全用说明。二是在叙述、议论之间穿插使用说明的方法，如审查报告中关于处理决定以及其他特殊事项的说明等。

公诉文书中说明的应用通常涉及对人、现场及其他有关事项的说明。如起诉书和审查报告中，既要介绍犯罪嫌疑人（被告人）的姓名、性别、出生年月日、民族、籍贯、职业或工作单位和职务、住址等自然情况，还要写明因本案所受的限制人身自由的强制措施的情况（如被拘留的日期、地点等）。另外，犯罪嫌疑人有绰号、化名的也要写上。公司、团体涉嫌犯罪的，要写明公司、团体全称和所在地址、法定代表人姓名、职务等。在审查报告中的"需要说明的其他问题"部分，也要使用说明的叙述方法。

总之，法律文书中的说明要做到：把握特点、真实客观、言简意赅、言而有序。

三、公诉文书的结构

公诉文书有其独特的结构形式,在安排段落结构时,一定要使结构与文书的格式要求相适应,要求制作者严格公诉文书的规范格式,把所要表达的思想内容正确地表达出来,明确公诉文书的各个结构部分,突出中心与主干,正确开头,紧密衔接,自然呼应,合理结尾。结构的安排要正确反映文书内容的内在联系,不枝不蔓,无懈可击,事实材料组织得周详严密、无遗漏、无破绽,文书内容部分连接紧凑,照应清楚。总之要使文书从内容到形式均达到严谨自然、完整统一。

总的来看,公诉文书在结构上一般分为首部、正文、尾部三个部分。正文又分为事实、理由和结论三个部分。且上述内容的前后顺序不能颠倒。其中,在首部和尾部往往运用说明的方式进行表述,而在正文的事实部分则多用叙述的方式进行表述,在理由和结论部分多用议论的表述方式。之所以如此,一方面是为了维护公诉文书的严肃性。公诉文书结构上的统一性是其严肃性的直接体现,也是公诉文书所具有类型风格的直接体现。另一方面是为了服务于阅读者。公诉文书的阅读者主要包括案件审批者、当事人和法官、辩护人等,公诉文书的制作目的是向上述阅读者说明公诉人或检察机关对于某一案件所提出的程序性或实体性意见以及据以作出此种决定的事实和法律依据,并以此说服其接受公诉人或检察机关所提出的意见。公诉人在制作公诉文书时,虽然自己已经了然于胸,但阅读者并非如此,还需要按照阅读者的习惯谋篇布局、确定结构,以保证所制作文书取得"达意"的效果。

四、公诉文书的句子

公诉文书是审查起诉、出庭支持公诉和检察机关依法开展诉讼监督的文字载体。公诉文书的类型风格决定了其在整体上追求的是一种朴实、庄重的风格,这一点既表现在公诉文书的语言风格上,同时也表现在公诉文书的句子风格上。公诉文书的句子风格主要体现在句类、句型和句式三个方面。

(一)公诉文书以陈述句为主

撰写公诉文书时使用的句类较为单一,主要集中使用陈述句,在复述案件事实时要平铺直叙,保证案件事实描述的客观性;在分析、论证时,更要理性、平和、客观,这也是公诉人客观公正性义务的必然要求。比较以下两种表达方式:"通过以上分析,公诉人不禁要问,难道张某的行为真的不构成受贿罪吗?""通过以上分析,公诉人认为,张某的行为构成受贿罪。"上述两种表述方式所要表达的是同一个核心信息,即张某的行为已经构成受贿罪。但是,在句类的选择上，第一种表述方式用的是反问句，而第二种表述方式用的是陈述句。相比较而言，第二种表述的含义更加直接明确，而第一种表述方式所表达的含义，还需要阅读者结合上下文语境才能够明白，因此，其在"达意"效果上就要弱于使用陈述句的第二种表达方式。当然，在极特殊的情况下，针对不同种类的公诉文书也并不是绝对排斥其他句类的使用，关键是要看文书的阅读对象和使用环境。例如，在撰写庭审答辩提纲时，为强化辩论效果，也可以使用包括反问句、排比句等多种句类。

（二）公诉文书以主谓型单句为主

句型通常可以分为单句和复句，其中单句又分为主谓型单句和非主谓型单句（省略句、独语句和无主句），复句又分为偏正复句和联合复句。在公诉文书中通常使用的是主谓型单句，之所以不用非主谓型单句或复句，其主要原因在于保证文书内容的指向单一，防止出现指向不明或表述存在歧义，以保证阅读者能比较容易地准确领会文书所要传达的核心信息，帮助阅读者正确理解文书的内容。

（三）公诉文书以常式句为主

句式是指句子中各种成分的排列顺序和位置。通常，句式可以分为常式句和变式句。其中，常式句是指句子成分按一般日常顺序排列的句子，而变式句是指句子成分按特殊顺序排列的句子。为了服务于阅读者，使阅读者准确理解公诉文书所要传达的核心信息，就要求其所使用的句子在句式方面符合社会公众通常的阅读习惯。因此，公诉文书在句式方面必然以使用常式句为主。

第七章　常用公诉文书制作与范例

第一节　公诉案件审查报告

一、文书格式

（一）一审普通程序公诉案件审查报告文书格式

关于犯罪嫌疑人_____涉嫌_____案件的审查报告

收案时间：_____年____月____日

案件来源：_____

移送案由：_____（涉嫌罪名众多的，可写明几项主要罪名，后用"等"字概括）

犯罪嫌疑人：_____（犯罪嫌疑人众多的，可写明主要的几名，后用"等"字概括）

强制措施：逮捕羁押（或取保候审，监视居住）在_____（注明地点。一案多人的，可简单注明逮捕或取保候审、监视居住几人即可）

_____（注明侦查机关或部门名称）承办人：_____、_____联系电话：_____（若侦查机关承办人很多，可写明主要的两名承办人）

_____（注明检察院院名及公诉部门处或科名称）承办人：_____、_____

承办人意见：_____（简要写明审查结论，如是否构成犯罪、构成何罪等以及处理意见如起诉、不起诉等）

_____（侦查机关或部门名称）以_____号起诉意见书移送我院审查起诉的犯罪嫌疑人_____涉嫌_____一案（如果案件是其他人民检察院移送的，应当将改变管辖原因、批准单位、移送单位以及移送时间等写清楚），我院于_____年____月____日收到卷宗_____册，证物_____。依照刑事诉讼法的有关规定，于_____年____月____日告知犯罪嫌疑人依法享有的诉讼权利；于_____年____月____日告知被害人及法定代理人或者近亲属、附带民事诉讼的当事人及其法定代理人依法享有的诉讼权利；已依法讯问犯罪嫌疑人，询问证人，听取被害人和犯罪嫌疑人、被害人委托的人的意见，以及进行补充鉴定、复验复查、庭前证据交换等（对于刑事诉讼法明确要求履行的程序，如告知权利，讯问犯罪嫌疑人，听取被害人以及辩护人、被害人委托的人的意见等，审查起诉中必须严格履行，因此在审查报告中也必须写明；而对于刑事诉讼法没有强制性要求的，则应当根据办案的实际情况，进行了哪些工作，就写明哪些），并审阅了全部案件材料，核实了案件事实与证据。期间，退回补充侦查_____次（注明退补时间，重新移送时间；若有自行补充侦查也在此叙明）；提请延长审限_____次（注明提请时间，批准期限）。现已审查终结，报告如下：

一、犯罪嫌疑人及其他诉讼参与人的基本情况

1. 犯罪嫌疑人基本情况。犯罪嫌疑人_____（曾用名_____，与案情有关的别名_____，化名_____，绰号_____），男（女），____年____月____日出生（犯罪时年龄_____岁），（系盲、聋、哑人等特殊情况的在此注明），身份证号码_____，_____族，_____文化程度，职业（或工作单位及职务），住址_____（居住地与户籍地不一致时，用括号注明户籍所在地）。曾受到过行政处罚、刑事处罚的时间、原因、种类、决定机关、释放时间等情况。

（犯罪嫌疑人自报姓名又无法查实的，应当注明系自报；犯罪嫌疑人系人大代表的，写明罢免情况；外国人涉嫌犯罪的，应注明国籍、护照号码、国外居所；单位涉嫌犯罪的，应写明犯罪单位的名

称、所在住址、法定代表人或代表的姓名、职务，诉讼代表人的姓名、职务，应当负刑事责任的"直接责任人"，应按上述犯罪嫌疑人基本情况书写，对于单位实际经营地址与注册地不一致的还应当注明实际经营地址）

犯罪嫌疑人_____因涉嫌_____罪，于____年__月__日被____执行刑事拘留，____年__月__日经____院批准（或决定），于____年__月__日被____执行逮捕，先羁押于____市____看守所（或取保候审，监视居住在____）。（在审查起诉阶段依法改变强制措施的，应在此部分体现，并写明改变强制措施的时间、内容和理由）

2. 辩护人基本情况。写明辩护人姓名、性别、年龄、工作单位及职务或职业，与犯罪嫌疑人的关系，通讯方式等；辩护人是律师的写明所属律师事务所。（一案多人的，在每个犯罪嫌疑人基本情况后列明其辩护人）

3. 被害人基本情况。写明被害人姓名、性别、年龄（系未成年人的注明出生年月日）、民族、现住址、被害情况等，被害人情况不清楚的，予以说明。（多名被害人的，概括说明涉及多少被害人、主要情况等）

4. 委托代理人的基本情况。写明参与诉讼的身份、姓名、性别、年龄、民族、住址、职业或者工作单位及职务，与被害人关系，通讯方式等。

5. 附带民事诉讼原告人情况。个人的，写明姓名、性别、年龄、民族、文化程度、职业或工作单位及职务、住址、通讯方式等；是单位的，写明单位全称、所在地址、法人代表姓名、职务、通讯方式等。（无附带民事诉讼的，或附带民事诉讼原告人与被害人相同的，此部分省略）

二、发、破案经过

综合全案证据材料，客观叙写本案发案、立案、破案的时间、经过等情况，特别是犯罪嫌疑人的到案经过。

三、侦查机关（部门）认定的犯罪事实与意见

将侦查机关（部门）认定的犯罪事实和处理意见全面高度概括

叙明，注意内容要忠实于移送起诉意见书，可以进行必要的归纳和概括。

四、相关当事人、诉讼参与人的意见

1. 被害人意见
2. 被害人委托的人的意见
3. 辩护人意见

（如实扼要地反映上述相关当事人、诉讼参与人对案件事实、证据、定性、量刑等问题的观点和对案件处理的意见）

五、审查认定的事实、证据及分析

写明经审查后查明的事实和具体的证据。具体要求如下：

1. 事实叙写：（1）犯罪事实要按照犯罪构成来叙写。（2）凡是影响定罪量刑的事实、情节都应当叙述清楚，尤其不能遗漏关键的事实、情节。具体包括作案的时间、地点、动机、目的、实施过程、手段、犯罪情节、危害后果，以及犯罪嫌疑人作案后的表现如有无坦白、自首、立功、退赃等事实和情节。（3）对于共同犯罪，各同案人的地位和作用应在事实中得到呈现。（4）注意不要在认定的事实中夹杂一些与定罪量刑无关内容。

2. 证据摘录：（1）在此摘录的证据应当是经过审查复核后查证属实的。对于不能采信的证据在后面综合分析论证时指出。（2）证据要按照先客观性证据即物证、书证、勘验或者检查笔录、鉴定意见、视听资料等，后主观性证据即证人证言、被害人陈述、同案人供述和犯罪嫌疑人供述和辩解等的顺序具体列举，以客观证据为基石构建证据体系。（3）在证据名称后用括号分别注明每份证据的来源和特征，包括取证主体、取证时间、地点、取证程序、证据材料表现形式以及证据与证据之间关联性等。（4）摘录证据既要具体、全面，又要突出关键点，对于言词证据可以进行必要的归纳、概括。（5）摘录每份证据的具体内容后，要对其所证明的事项进行必要的说明，并对证据本身及证据与证据之间是否存在问题以及存在的问题是否影响对案件事实的认定等进行必要的分析，以确认所摘录的证据客观属实。如说明单个证据经审查发现的证据能力及证明力问题、证据变化及复核补证情况等，藉此客观的呈现该证据的全貌，

为证据体系的整体评价奠定基础。(6) 对于分组举证的，还要在每组证据全部摘录和分析后，对该组证据所证明的事项作小结和说明。(7) 要兼顾定罪证据和量刑证据的全面收集，为量刑建议打好事实证据基础。

3. 综合分析论证：全案证据摘录后，要对全案所有证据的证明力、客观性、合法性以及证据之间能否相互印证，证据与事实之间是否具有关联性，全案证据能否形成完整的证据链条等进行综合分析论证，对于证据之间存在矛盾的，应结合证据体系说明矛盾是否能够排除；对于案件非主要事实及情节不够清楚的，应说明该非主要事实、情节是否影响案件基本事实及主要情节的认定，从而得出所建立的证据体系是否完善、事实是否清楚、证据是否确实充分，是否足以得出唯一的排他性认定的结论。另外，对于不真实的或者不能采用的证据要在此指出，对于不能认定的事实和情节，应当作出有根据有分析的说明，尤其是对有争议的事实和证据，如与侦查机关认定事实、采信证据不一致，或者是否应当采纳辩护人、被害人、诉讼代理人等对案件事实、证据的意见等，更要重点分析论证。

4. 对于一人多起多罪、多人多起多罪等复杂案件，应当采取一事一证一分析原则。对其中犯罪手段、危害后果等方面相同的刑事案件，在叙写案件事实时，可以先对相同的情节进行概括叙述，然后再逐一列举出每起犯罪事实的具体时间、结果等情况，不必详细叙述每一起犯罪事实的过程，只要能够达到保持案件事实明确的目的即可，但是在列明证据时，仍应当按照一事一证的方式，将每一起案件事实的证据列明，以保证能够清楚、完整地表述所认定的每一起案件事实的具体证据情况。

5. 对于事实不清、证据不足的案件，应当根据案件具体情况，将经审查查清的事实、证据以及未查清的事实、证据都一一写明，并分析事实不清、证据不足的具体情况。

六、需要说明的问题

此部分主要是审查报告其他部分无法涵盖而承办人认为需要说明或者报告的事项，包括：

1. 案件管辖问题；
2. 追诉漏罪、漏犯情况；

3. 共同犯罪案件中未一并移送起诉的同案人的处理问题；

4. 进行刑事和解情况；

5. 敏感案件预警或处置情况；

6. 侦查活动违法及纠正情况；

7. 有碍侦查、起诉、审判的违法活动及解决情况；

8. 扣押款物的追缴、保管、移交、处理情况；

9. 被害人及附带民事诉讼原告人、被告人及其亲属以及人民群众对案件的处理有无涉法、涉诉上访问题及化解矛盾情况；

10. 结合办案参与综合治理、发出检察建议等相关情况；

11. 需要由检察机关提起附带民事诉讼问题；

12. 案件经过沟通、协调情况，领导批示情况；

13. 承办人认为需要解决的其他问题等。

七、承办人意见

1. 对全案事实证据情况的意见：结合全案事实、证据情况，对犯罪事实是否清楚、证据是否确实充分提出结论性意见。因为在"五、审查认定的事实、证据及分析"部分已对事实证据进行了综合分析论证，因此此部分无需重复分析论证，但可以根据具体情况简要概括认定的事实和证据，重点在于做出犯罪事实是否清楚、证据是否确实充分的结论性意见。

2. 对案件定性和法律适用的意见：依据案件事实、情节和法律法规、司法解释等相关规定，对罪与非罪、此罪与彼罪、一罪与数罪等问题进行分析论证，提出明确具体的定性及法律适用意见。

3. 量刑建议：根据犯罪的事实、犯罪的性质、情节和对社会的危害程度，在综合考虑案件从重、从轻、减轻或者免除处罚等各种法定、酌定量刑情节的基础上，依照刑法、刑事诉讼法以及相关司法解释的规定，就适用的刑罚种类、幅度及执行方式等提出量刑建议。

（对于涉及案件定性、量刑等有争议的问题，如与侦查机关对案件性质的认识不一致，以及是否应当采纳辩护人、被害人、诉讼代理人等对案件定性、量刑的意见等，应当重点分析论证。如果一案多名犯罪嫌疑人的，应当分别论述清楚。）

综上，承办人认为_____（在上述分析论证的基础上，提出明确具体的起诉、不起诉、建议撤销案件或做其他处理的意见。）

附件：1. 退回补充侦查提纲、自行补充侦查提纲；
　　　2. 起诉书或者不起诉决定书草稿；
　　　3. 与案件有关的法律法规、司法解释及行政法规等。
　　　（可根据案件具体情况选择附件的内容）

承办人：_____
_____年_____月_____日

（二）简易程序公诉案件审查报告文书格式

关于犯罪嫌疑人
_____涉嫌_____一案的审查报告

　　收案时间：_____年_____月_____日
　　案件来源：_____
　　移送案由：_____
　　犯罪嫌疑人：_____
　　强制措施：逮捕羁押（或取保候审，监视居住）在_____（注明地点。一案多人的，可简单注明逮捕或取保候审、监视居住几人即可）
　　_____（注明侦查机关或部门名称）承办人：_____、_____
联系电话：_____
　　_____（注明检察院院名及公诉部门处或科名称）承办人：_____、_____
　　承办人意见：_____（简要写明结论如是否构成犯罪、构成何罪等以及处理意见如起诉、不起诉等）。
　　_____（侦查机关或部门名称）以_____号起诉意见书移送我

院审查起诉的犯罪嫌疑人_____涉嫌_____一案（如果案件是其他人民检察院移送的，应当将改变管辖原因、批准单位、移送单位以及移送时间等写清楚），我院于_____年_____月_____日收到卷宗_____册，证物_____。依照刑事诉讼法的有关规定，于_____年_____月_____日告知犯罪嫌疑人依法享有的诉讼权利；于_____年_____月_____日告知被害人及法定代理人或者近亲属、附带民事诉讼的当事人及其法定代理人依法享有的诉讼权利；已依法讯问犯罪嫌疑人，询问证人，听取被害人和犯罪嫌疑人、被害人委托的人的意见，以及进行补充鉴定、复验复查、庭前证据交换等（对于刑事诉讼法明确要求履行的程序，如告知权利，讯问犯罪嫌疑人，听取被害人以及辩护人、被害人委托的人的意见等，审查起诉中必须严格履行，因此在审查报告中也必须写明；而对于刑事诉讼法没有强制性要求的，则应当根据办案的实际情况，进行了哪些工作，就写明哪些），并审阅了全部案件材料，核实了案件事实与证据。现已审查终结，报告如下：

一、犯罪嫌疑人及其他诉讼参与人的基本情况

1. 犯罪嫌疑人基本情况。犯罪嫌疑人_____（曾用名_____，与案情有关的别名_____，化名_____，绰号_____），男（女），_____年_____月_____日出生（犯罪时年龄_____岁），（系盲、聋、哑人等特殊情况的在此注明），身份证号码_____，_____族，_____文化程度，职业（或工作单位及职务），住址_____（居住地与户籍地不一致时，用括号注明户籍所在地）。曾受到过行政处罚、刑事处罚的时间、原因、种类、决定机关、释放时间等情况。

犯罪嫌疑人_____因涉嫌_____罪，于_____年_____月_____日被_____执行刑事拘留，_____年_____月_____日经_____院批准（或决定），于_____年_____月_____日被_____执行逮捕，现羁押于_____市_____看守所（或取保候审，监视居住在_____）。（在审查起诉阶段依法改变强制措施的，应在此部分体现，并写明改变强制措施的时间、内容和理由）

2. 辩护人基本情况。写明辩护人姓名、性别、年龄、工作单位及职务或职业，与犯罪嫌疑人的关系，通讯方式等；辩护人是律师

的写明所属律师事务所。（一案多人的，在每个犯罪嫌疑人基本情况后列明其辩护人）

3. 被害人基本情况。写明被害人姓名、性别、年龄（系未成年人的注明出生年月日）、民族、现住址、被害情况等，被害人情况不清楚的，予以说明。

4. 委托代理人的基本情况。写明参与诉讼的身份、姓名、性别、年龄、民族、住址、职业或者工作单位及职务，与被害人关系，通讯方式等。

5. 附带民事诉讼原告人情况。个人的，写明姓名、性别、年龄、民族、文化程度、职业或工作单位及职务、住址；是单位的，写明单位全称、所在地址、法人代表姓名、职务、通讯方式等。（无附带民事诉讼的，或附带民事诉讼原告人与被害人相同的，此部分省略）

二、认定属于"依法快速办理轻微刑事案件"的理由

经审查，本案符合《最高人民检察院关于依法快速办理轻微刑事案件的意见》第一条、第三条规定的条件，属于第四条第_____款规定的案件，经部门负责人批准（或者主诉检察官决定），依法适用快速办理机制，简化制作案件审查报告。

三、审查认定的事实、证据

经依法审查，现查明：_____（写明犯罪嫌疑人作案的时间、地点、动机、目的、实施过程、手段、犯罪情节、危害后果，以及犯罪嫌疑人作案后的表现如有无坦白、自首、立功、退赃等事实和情节。）

侦查机关（部门）认定的案件事实与承办人认定的基本一致。（不影响案件基本事实及主要情节认定的非主要事实、情节不一致的，简要说明不一致的地方；有重大分歧的则不适用简化版。）

认定上述事实的证据有：_____（证据要按照先客观性证据即物证、书证、勘验或者检查笔录、鉴定意见、视听资料等，后主观性证据即证人证言、被害人陈述、同案人供述和犯罪嫌疑人供述和辩解等的顺序列举；可以简单列明证据的出处及其所能证明的案件事实，不必详细抄录；凡是证据存在瑕疵等问题的，应当在该份证据后用括号注明。）

四、需要说明的问题

此部分主要是审查报告其他部分无法涵盖而承办人认为需要说明或者报告的事项，如有关未认定的事实和证据情况，案件管辖问题，追诉漏罪、漏犯情况，对共同犯罪案件中未一并移送起诉的同案人的处理问题，进行刑事和解情况，扣押款物的追缴、保管、移交、处理情况，结合办案参与综合治理、发出检察建议等相关情况，以及需要由检察机关提起附带民事诉讼问题，承办人认为需要解决的其他问题等。

五、承办人意见

写明对案件证据、定性、量刑情节的综合分析意见。由于此类案件事实清楚，没有争议，可不必展开分析论证，但应当包含下列内容：1. 通过对全案证据情况的总结与评价，得出本案事实清楚、证据确实充分的结论；2. 围绕犯罪构成要件简要论述案件的定性；3. 说明本案是否具有法定、酌定量刑情节。

综上，犯罪嫌疑人_____的行为已触犯《中华人民共和国刑法》第_____条（款、项）之规定，犯罪事实清楚，证据确实充分，应当以_____罪追究其刑事责任，其法定刑为_____。因其具有_____量刑情节，故根据_____（法律依据）的规定，建议对其判处_____（主刑种类及幅度或单处附加刑或免予刑事处罚），_____（执行方式），并处_____（附加刑）。

依照《中华人民共和国刑事诉讼法》第_____条的规定，应当提起公诉，建议适用简易程序。

（做不起诉处理或其他处理的，可以按照高检院制定的《人民检察院刑事诉讼法律文书格式样本（2013版）》中相关文书的结论部分书写）

附件：1. 起诉书或者不起诉决定书草稿；
　　　2. 与案件有关的法律法规、司法解释及行政法规等。
　　　（可根据案件具体情况选择附件的内容）

承办人：_____
_____年_____月_____日

二、制作说明

公诉案件审查报告是公诉案件承办人基于审查过程、审查结论向案件审批人制作的，能够全面反映审查起诉活动过程，为下一步决定起诉、不起诉以及出庭指出公诉提供重要依据的公诉法律文书。

公诉案件审查报告包括标题、首部、正文、尾部、附件五个部分，制作时可以参照最高人民检察院《人民检察院刑事诉讼法律文书格式样本（2013版）》（以下简称《文书格式样本》）规定的具体项目和内容要素。制作公诉案件审查报告总的要求如下：一是内容要兼收并蓄，对案件的来龙去脉、诉讼过程、工作过程、案件事实证据情况、侦查机关（或部门）对案件事实的认定和处理意见、相关当事人和诉讼参与人的意见以及存在的问题和争议等情况都要报告清楚，以保证检察长或者检察委员会能够在全面、充分地了解、研判案件的基础上，作出客观正确的处理决定；二是对相关的诉讼程序、工作程序要交代全面、清楚，以供领导审查承办人在审查起诉工作中是否严格按照法律规定的程序和要求进行，强化对办案责任的监督制约；三是对能认定的事实予以认定，对不能认定的和存在的问题要作出分析说明；四是援引的法条要准确、完整；五是公诉案件审查报告系不公开的内部文书，应归入副卷，并注意保密。有关具体要求及需要注意的问题如下：

（一）标题

公诉案件审查报告的标题要特定化，即应当写明犯罪嫌疑人的姓名和案由，如"关于犯罪嫌疑人××涉嫌××案件的审查报告"，不能简化为"审查报告"。

（二）首部

首部主要包括"提要"和"导语"两部分内容，其中"提要"的主要作用是简要提示审查报告的重要信息，包括案件来源、收案时间、移送案由、犯罪嫌疑人姓名、强制措施、承办人意见。"导语"部分主要是介绍案件诉讼程序方面的情况，包括案件的移送机关、移送文书、移送案由，本院受理的时间、收到的卷宗册数及其他案件材料、证物等情况，以及承办人在审查起诉中根据法律的要求所进行的程序方面的工作，包括履行对犯罪嫌疑人告知诉讼权利的义务，讯问犯罪嫌疑人，询问被害人和证人，退回侦查机关（或部门）补充侦查或者自行侦查，提请延长审限，补充鉴定，复验复查，听取被害人以及辩护人、被害人委托的人的意见，进行庭前证据交换等。需要注意的是，对于刑事诉讼法明确要求履行的程序，如告知权利，讯问犯罪嫌疑人，听取被害人以及辩护人、被害人委托的人的意见等，审查起诉工作中必须严格遵循，在审查报告中也必须写明，而对于刑事诉讼法没有强制性要求的，则应当根据办案的实际情况，做了哪些工作，就写明哪些。另外，"导语"部分主要是一些程式化的内容，只要将承办人所履行的程序义务、所进行的有关诉讼程序方面的工作包括具体的时间、次数、经过等报告清楚即可，而有关实体方面的内容，如讯问犯罪嫌疑人的具体内容、补充侦查的具体事项等则在正文、附件等部分表述。

（三）正文

正文包括"一、犯罪嫌疑人及其他诉讼参与人的基本情况；二、发、破案经过；三、侦查机关（部门）认定的犯罪事实与意见；四、相关当事人、诉讼参与人的意见；五、审查认定的事实、证据及分析；六、需要说明的问题；七、承办人意见"。详述如下：

1. 犯罪嫌疑人及其他诉讼参与人的基本情况。此部分只要按照《文书格式样本》规定的要素结合案件具体情况制作即可。需要注意的是，要将犯罪嫌疑人曾受到行政处罚（限与本罪有关）、刑事处罚的具体时间、原因、处罚方式、决定机关、释放时间等情况写明，为后面进一步明确对其是否应当认定为累犯或具有从重情节等做好铺垫。另外需注意以下几类人的情况：一是犯罪嫌疑人是未成年人、已满75周岁的人以及盲、聋、哑的；二是犯罪嫌疑人是人大代表的；三是犯罪嫌疑人是外国人的；四是单位犯罪的。

2. 发、破案经过。此部分要求根据案件材料记载，扼要叙写本案发案、立案、破案的时间、经过等情况。需要注意的是，要写明犯罪嫌疑人的到案经过，以及涉及能否认定为自首、立功等的相关事实情况，为后面认定自首、立功等做好铺垫。

3. 侦查机关（部门）认定的犯罪事实与意见。此部分要求将侦查机关（部门）认定的犯罪事实、犯罪情节和适用法律的意见等全面概括叙明，内容既要忠实于移送起诉意见书，又要进行必要的归纳和概括，以便于领导审核时对移送机关的认定和意见有全面、客观的了解。

4. 相关当事人、诉讼参与人的意见。此部分要求如实反映被害人以及辩护人、被害人委托的人等对案件事实、证据、定性、量刑等问题的观点和对案件处理的意见。刑事诉讼法明确规定，检察机关审查起诉应当听取被害人以及辩护人、被害人委托的人的意见。因此，承办人在审查起诉中应当高度重视有关当事人、诉讼参与人对案件的意见，并将其具体意见在审查报告中充分表述，这不仅是严格执行法律的体现，也有利于检察机关在充分听取各方意见的基础上，作出客观公正的决定。

5. 审查认定的事实、证据及分析。准确认定案件事实是正确适用法律处理案件的前提。对案件事实和证据的审查认定是审查起诉工作的核心，因此，本部分是审查报告的关键部分，要求承办人在对全案证据材料进行认真的审查复核后，作出对案件事实明确具体的认定，同时对于那些不真实或者不能采用的证据以及不能认定的事实和情节，作出有根据、有分析的说明，尤其是对有争议的事实和证据，更要重点分析论证。

（1）认定的案件事实应当包括作案的时间、地点、动机、目的、实施过程、手段、犯罪情节、危害后果，以及犯罪嫌疑人作案后的表现等。一方面，凡是影响定罪量刑的事实、情节，包括法定量刑情节和酌定量刑情节等都要具体表述，为后面定性意见、量刑建议等做好铺垫；另一方面，凡是认定的事实、情节，都必须有确实、充分的证据予以支持。制作本部分需要注意以下几个问题：

①对认定的事实、情节表述要全面，尤其不能遗漏关键的事实、情节。实践中有的审查报告对认定的事实、情节表述不全面，甚至遗漏关键的事实、情节。如在故意伤害案件中，只笼统地表述为："犯罪嫌疑人×××将被害人×××打伤，经鉴定构成轻伤。"至于采用何种手段、使用何种工具、造成何部位受伤等，都没有具体表述，导致领导审核时无从判断犯罪嫌疑人的主观恶性、人身危险性以及被害人的伤情与犯罪嫌疑人的加害行为是否具有直接的因果关系等。又如在共同犯罪中对于共同预谋的情节仅表述为"犯罪嫌疑人经预谋"，至于谁先提起犯意、如何预谋、如何分工等问题没有表述；在财产型犯罪中没有对赃物、赃款下落情况的交代，分赃情况不明等。

②注意不要在认定的事实中夹杂一些与定罪量刑无关的内容。实践中有的审查报告没有紧紧围绕定罪量刑来认定案件事实，把一些与定罪量刑无关的事实、情节表述进去，不仅容易导致认定事实冗长烦琐，还容易节外生枝。

③必须对案件事实进行明确认定。实践中，有的审查报告把有利于和不利于犯罪嫌疑人的证据夹杂在事实认定中，还有的是以犯罪嫌疑人的供述来替代事实认定，实际上承办人对案件事实并没有进行明确的认定。审查报告对案件事实的明确认定是后面适用法律认定案件性质、提出处理意见的前提，因此，必须对案件事实作出明确认定，否则后面适用法律认定案件性质、提出处理意见就失去了基础，无法令人信服。

（2）对于据以认定犯罪事实的有关物证、书证、证人证言、被害人陈述、勘验或者检查笔录、鉴定意见、视听资料、同案人供述和犯罪嫌疑人供述和辩解等证据，要在注明证据的来源和特征后具体列举，并对证据与案件事实的联系进行总结分析，对证据之间有矛盾的要进行实事求是的分析认证。制作时需要注意以下几个问题：

①按照从客观性证据到主观性证据的顺序进行审查、摘录，并注明证据的

来源和特征。由于客观性证据的自然、稳定、直接的属性，其证明力及其与案件事实的关联性较强，因此，审查证据时要贯彻从客观性证据到主观性证据审查的顺序要求，力求避免审查一开始就受主观性证据的影响。审查起诉的一项重要内容是审查复核证据材料的合法性、真实性，即审查证据材料的取证主体、取证程序及证据材料表现形式等是否符合法律规定，证据材料是否真实可信，从而排除非法、虚假证据，补充完善有瑕疵的证据。实践中，有的审查报告在摘录证据时不注明证据的来源和特征，或者表述不全面，导致无法判断取证主体、取证程序等是否符合法律规定，以及证据的可信度等。如在涉案财产价格鉴定中没有注明鉴定基准日，导致无法审核鉴定意见的合理性、有效性等。

②摘录证据要全面，尤其不能遗漏关键证据。证据是正确认定案件事实的基础，因此摘录证据时应遵循全面、完整、真实的原则。实践中，有的审查报告对证据的内容摘录不全，如在故意伤害案中，证据摘录全部集中在犯罪嫌疑人殴打被害人的过程，而对于双方产生矛盾的原因、作案凶器的下落等证据摘录不完整。

③证据摘录时要进行必要的归纳，突出证据的关键点。实践中，有些审查报告对证据尤其是言词证据的摘录过于细碎，大量的全文摘抄，造成内容重复冗长，且证据的关键点不突出。

④要在摘录的每份证据后对其所证明的事项进行必要的分析总结，以证明所摘录的证据与本案事实之间的关联性，并要对每份证据在形式上或者实体上是否存在问题以及存在的问题是否影响对案件事实的认定等进行必要的分析说明，以确认所摘录的证据是合法、有效的。如有的犯罪嫌疑人口供前后反复，或者与被害人陈述、证人证言等在某些环节上存在矛盾的情况经常发生，对此应当如实地反映在案件审查报告中，并加以分析说明；又如有的证据在形式上存在瑕疵，但已无法弥补也无法替代的，也应当如实地反映在案件审查报告中，并加以分析说明。

（3）摘录所有证据后，要结合存在的问题，对全案证据进行综合分析论证，具体论述什么事实有哪些证据来证明，各项证据之间能否相互印证，能否形成完整的证据链条；对与所认定事实相反的证据，要具体论证不予采信的理由或依据，从而得出所建立的证据体系是否完善、证据是否充分的结论。尤其是对有争议的事实和证据，更要重点分析论证。对证据的综合分析论证，实际上是为了解决两个方面的问题：

①对证据确实性的审查判断。任何证据都不能自证属实，通过单个证据的审查判断，只能初步地排除虚假证据，要最终确定证据材料的客观性、相关

性,仅靠审查每一个证据材料的来源及其所反映的内容是否合理等还不够,还必须将每一个证据材料与在案的其他证据材料加以对照、印证,从各证据材料的相互联系上进行考察,看它们所反映的内容是否协调一致,有无矛盾存在,并将所有证据材料所分别证明的若干案件事实结合起来进行检验,以查实它们之间是否相互呼应、协调一致。对于证据之间存在矛盾的,应结合证据体系分析论述矛盾是否能够排除。只有这样,才能最终判断据以定案的所有证据是否都具有确实性。

②对证据充分性的审查判断。首先,应当把已有的证据材料数量与待证事实联系起来进行分析,看待证事实是否均已得到充分的证明,有无应该证明而未予证明的情况。其次,应当对已有的证据材料从质量、数量两方面进行评估,一般来讲,证明力强的直接证据结合一些间接证据便可以达到证据充分;直接证据证明力较弱或者以间接证据定案的,则要求形成闭合的证据锁链,方可达到证据充分。最后,还要把已有的证据与定案结论联系起来分析,看据以定案的证据体系是否足以得出唯一的排他性结论,只有根据现有证据得出唯一结论时,证据才能算是充分,如果依现有证据能得出几种结论,就不能认为该案证据充分。对于案件非主要事实及情节不够清楚的,还应分析论述该非主要事实、情节是否影响案件基本事实及主要情节的认定。

总之,对证据的综合分析论证,不仅要将全案所有的证据材料联系起来,还要将全案证据材料与待证的案件事实联系起来,作综合性分析判断,除了论述证据能否相互印证,是否协调一致,有无矛盾存在,还要论述影响定罪量刑的一切情况是否都有相应的证据予以证明,从而最终确定事实是否清楚,证据是否确实、充分。

对于一人多罪、多人多罪等复杂案件,"审查认定的事实和证据"部分一般应当采取一事一证一分析一小结的原则;但是对犯罪手段、情节等情况相同的案件,在叙写案件事实时,可以先对相同的情节进行概括叙述,然后再逐一列举出每起犯罪事实的具体时间、结果等情况,而不必详细叙述每一起犯罪事实的过程。但是在列举证据时,仍应当按照一事一证一分析一小结的方式,将每一起案件事实的证据列明,以保证能够清楚、完整地表述所认定的每一起案件事实的具体证据情况。

6. 需要说明的问题。此部分主要是表述审查报告其他部分无法涵盖而承办人认为需要说明或者报告的事项,如有关案件管辖问题,追诉漏罪、漏犯情况,对共同犯罪案件中未一并移送起诉的同案人的处理问题,敏感案件预警或处置情况,侦查活动违法及纠正情况,有碍侦查、起诉、审判的违法活动及解决情况,扣押款物的追缴、保管、移交、处理情况,被害人及附带民事诉讼原告人、被告人及其亲属以及人民群众对案件的处理有无涉法、涉诉上访问题及化解矛盾情况,结合办案参与综合治理、发出检察建议等相关情况,以及需要由检察机关提起附带民事诉讼等。制作此部分应当根据具体案件的实际情况,有什么需要说明的问题,就写明什么问题。

7. 承办人意见。此部分要求承办人根据审查核实的证据和查明的事实与情节,依照有关法律、法规和司法解释等规定,运用有关法学理论,分析论述犯罪嫌疑人的行为性质、情节、社会危害性大小,定罪的证据是否充分,能否认定犯罪嫌疑人有罪,构成何种罪,是否应当负刑事责任及其责任的大小,有无法定从轻、减轻或者从重的情节和其他可以从宽、从严的情节,在法定量刑幅度的基础上应当判处什么刑罚等。认为应当向人民法院提出量刑建议的,可以在审查报告中提出量刑的意见,一并报请决定。

实践中制作此部分主要存在以下问题:一是对案件定性不作分析、论证。如有的审查报告仅表述为"犯罪嫌疑人无视国法,采用何种手段,实施何种犯罪,其行为触犯了刑法某某条之规定,构成某某罪",根本没有结合犯罪构成,对影响案件定性的关键构成要件如主观方面、客观方面、主体等问题进行必要的分析。二是罗列法条,分析、论述不足。如相当多的审查报告都只是简单罗列法律、司法解释等的相关规定,却没有结合案件事实,具体论证犯罪嫌疑人的行为是否符合法律、司法解释规定,给人一种法律规定和案件事实都在报告中,请审阅人自行判断的印象。三是泛泛而论,论述缺乏针对性。有的审查报告虽然有分析、论述,有的还好像很全面,但都是泛泛而论,针对性较差。如对于与该案无关的问题也进行论述,从而冲淡主题;而对于案件中存在的罪与非罪、此罪与彼罪等定性问题存在一定争议的,却没有作出较为系统的、具有说服力的论证。四是含糊其辞,处理意见缺乏法律依据。如有的审查报告这样写:"本院批捕部门认为某某不构成犯罪,但公安机关坚持移送审查起诉,鉴于存在分歧意见,建议对某某作相对不起诉处理或者建议公安机关撤回。"根据法律的规定,相对不起诉的适用条件是犯罪嫌疑人已经构成犯罪,但是犯罪情节轻微,依照刑法规定不需要判处刑罚或者免除刑罚,如犯罪嫌疑人的行为不构成犯罪,应当作绝对不起诉处理。因此这种对案件定性问题含糊其辞而提出的"处理意见",没有任何法律依据,完全是为规避诉讼风险,失去了法律的严肃性。

针对以上问题,新修改样本从以下两个方面来引导承办人加强对法律适用问题的分析论证:

(1) 提示承办人应当分三个层次进行论证。第一个层次是"对全案事实证据情况的意见"。虽然新样本在"五、审查认定的事实、证据及分析"部分已要求对事实证据进行综合分析论证,但由于定性与对事实、证据的分析存在必然联系,因此要求在这部分先简要概括认定的事实和证据,在此基础上明确作出犯罪事实是否清楚、证据是否确实充分的结论性意见,这样有利于思路衔接。第二个层次是"对案件定性和法律适用的意见",并提示要"依据案件事实、情节和法律法规、司法解释等相关规定,对罪与非罪、此罪与彼罪、一罪与数罪等问题进行分析论证,提出明确具体的定性及法律适用意见",以引导承办人将事实与法律条文有机地结合起来,进行法理上的分析,以案件事实和法律适用为基础,充分论证和阐明法律规定与案件事实之间的内在联系。第三个层次是"量刑建议",即"根据犯罪的事实、犯罪的性质、情节和对社会的危害程度,在综合考虑案件从重、从轻、减轻或者免除处罚等各种法定、酌定量刑情节的基础上,依照刑法、刑事诉讼法以及相关司法解释的规定,就适用的刑罚种类、幅度及执行方式等提出量刑建议"。修订后的刑事诉讼法将量刑纳入庭审范围,因此审查报告样本应当将量刑建议问题作为一项重要内容单独予以论证,且相关制作内容、要求应当与法律和规范性文件的规定相衔接。

(2)在上述分析论证的基础上,进一步引导承办人对于有争议的案件还要进行第四个层次的有针对性的释法说理,即"对于涉及案件定性、量刑等有争议的问题,如与侦查机关对案件性质的认识不一致,以及是否应当采纳辩护人、被害人、诉讼代理人等对案件定性、量刑的意见等,应当重点分析论证"。实践中对于案件的定性、量刑等适用法律问题存在这样或那样的争议是经常发生的,也是很正常的现象。因为个案的千差万别往往使人无法"按图索骥"式地简单套用法律规定,这是一般调整代替个别调整一直存在的问题;加之法律规则具有面向不同理解者的开放性,不同的人站在不同的角度往往会出现对法律规则的不同理解。这些不同的理解在法律人及当事人之间实际上存在一种竞争关系,即看哪一种理解能够接近正确的理解,或至少能被职业群体所接受。而要寻求到接近正确或者被接受的答案,就得经过论证。经过论证可以达到共识,可以达到难以辩驳的程度,这样就可以形成确定性的结论。因此,对于有争议的案件,承办人应当将产生争议的原因、不同观点的理由和依据等进行比较、说明、论证,通过深入挖掘法条的内在含义以及案件事实与法律规定的内在联系等,提出个人的倾向性意见。尤其是对于那些争议很大的案件,更要经过充分的论证、深入的说理,否则专横就可能弥漫于司法。我们常说办案要"以事实为根据,以法律为准绳",这句话说起来简单,真正做起来,不仅要牢固树立这样的理念,还需要我们具有较高的对法律规定、立法精神的理解、掌握以及综合运用的能力和水平,需要我们不断地学习和实践。其中增强审查报告的释法说理分量就是我们的实践之一。

（四）尾部

审查报告的尾部，由承办案件的检察员或者助理检察员署名并写明年月日。

（五）附件

可根据案件具体情况选择附件的内容，通常包括：

1. 退回补充侦查提纲、自行补充侦查提纲。实践中，退回补充侦查和自行补充侦查前一般都要列写"提纲"，很多地方的侦查机关也明确要求："退查时应列出明确、具体、全面的退查提纲，以便于补充侦查工作更具有针对性和有效性，避免案件反复退查。"因此，在审查报告附件中列明退回补充侦查提纲、自行补充侦查提纲，有利于进一步规范和制约退回补充侦查和自行补充侦查行为，对于保证诉讼效率和质量都具有积极意义。

2. 起诉书或者不起诉决定书草稿。公诉案件审查报告的基本功能是向检察长、检察委员会报告案件并由其决定是否提起公诉，其直接结果一般是对案件提起公诉或者不起诉。根据检察机关内部工作程序，起诉书、不起诉决定书等法律文书须经检察长签发，因此，将其列为公诉案件审查报告的附件上报，有利于简化和规范内部程序。

3. 与案件有关的法律法规、司法解释及行政法规等。供案件研究讨论时参考。

简化版的审查报告格式样本的主要内容为：

一是在总体结构上省略了正文中的"二、发、破案经过"，"三、侦查机关（部门）认定的犯罪事实与意见"和"四、相关当事人、诉讼参与人的意见"三部分，因为适用简化版样本的案件都是案情简单、事实清楚、证据充分、犯罪嫌疑人认罪、没有大的争议，可以适用简易程序审理的案件。但在"三、审查认定的事实、证据"部分规定，在叙写承办人审查认定的事实后，要另起一段写明"侦查机关（部门）认定的案件事实与承办人认定的基本一致"，并增加提示项"不影响案件基本事实及主要情节认定的非主要事实、情节不一致的，简要说明不一致的地方；有重大分歧的则不适用简化版。"

二是对证据摘录部分进行简化，规定对证据不详细抄录，只简单列明证据的出处及其所能证明的案件事实即可；但要求凡是证据存在瑕疵等问题的，应当在该份证据后用括号注明，以体现证据的客观情况。

三是规定"承办人意见"部分"写明对案件证据、定性、量刑情节的综合分析意见"，具体包括"1. 通过对全案证据情况的总结与评价，得出本案事实清楚、证据确实充分的结论；2. 围绕犯罪构成要件简要论述案件的定性；3. 说明本案是否具有法定、酌定量刑情节"，可不必展开分析论证，并以填空方式引导承办人列举适用的实体法和程序法法条，以及提出处理意见。

三、范例

关于犯罪嫌疑人林××
涉嫌故意伤害案件的审查报告

收案时间：2011年10月29日

案件来源：××市检察院报送

移送案由：故意伤害

犯罪嫌疑人：林××

强制措施：逮捕羁押在××市看守所

××市公安局刑事侦查大队承办人：曹××、杨××，电话：××

××市人民检察院公诉一处承办人：谭××

承办人意见：犯罪嫌疑人林××之行为触犯了《中华人民共和国刑法》第二百三十二条之规定，构成故意杀人罪。建议向××市中级人民法院提起公诉。

××市公安局以×公刑诉字〔2011〕第××号起诉意见书，移送××市人民检察院审查起诉犯罪嫌疑人林××涉嫌故意伤害一案，××市人民检察院于2011年9月20日告知犯罪嫌疑人、被害人近亲属依法享有的诉讼权利，认为该案可能判处无期徒刑以上刑罚，于2011年10月29日报送我院审查起诉。我院于同日收到卷宗1册。依照刑事诉讼法的有关规定，已依法讯问犯罪嫌疑人，并审阅了全部案件材料，核实了案件事实与证据。现已审查终结，报告如下：

一、犯罪嫌疑人及其他诉讼参与人的基本情况

1. 犯罪嫌疑人基本情况

犯罪嫌疑人林××，男，1981年7月29日出生（犯罪时年龄26岁），身份证号码：×××，汉族，初中文化，无业，住××市

××镇××村。2005年3月30日曾因犯盗窃罪被××市人民法院判处拘役3个月，并处罚金人民币5000元，刑期2005年1月10日~2005年4月9日。

犯罪嫌疑人林××因涉嫌故意伤害罪，于2011年7月16日被××市公安局刑事拘留，同年7月28日经××市人民检察院批准，被××市公安局逮捕，现羁押于××市看守所。

2. 辩护人基本情况：暂无。

3. 被害人基本情况：被害人林志×（曾用名林吉×），男，1977年8月7日出生，汉族，初中文化，住××市××镇××村。2007年9月19日在家中死亡。

4. 委托代理人的基本情况：暂无

5. 附带民事诉讼原告人情况：暂无

二、发、破案经过

犯罪嫌疑人林××涉嫌故意伤害一案，由匿名群众于2007年8月21日报案至××市公安局，××市公安局经过审查，于同日立案进行侦查，犯罪嫌疑人林××畏罪潜逃，被公安机关网上追逃，于2011年7月16日据群众举报，被××市公安局抓获归案。

三、侦查机关（部门）认定的犯罪事实与意见

××市公安局起诉意见书认定，2007年8月21日上午，犯罪嫌疑人林××听其母亲打电话说其邻居林保×领林志×（曾用名林吉×）等人将林××家新盖的门楼扒倒，便买了汽油回家准备对付对方。当天中午1时许，犯罪嫌疑人林××回家后将汽油倒在脸盆中，并制作了火把。当林志×饭后到林××门口查看情况时，二人相遇并发生口角，后犯罪嫌疑人林××将事先准备好的汽油泼在林志×身上，并点燃火把引燃，致使林志×全身大面积烧伤经治疗无效死亡。经法医鉴定，林志×全身大面积烧伤后致多脏器功能衰竭死亡。认为犯罪嫌疑人林××的行为触犯了《中华人民共和国刑法》第二百三十四条之规定，构成故意伤害罪，依法移送审查起诉。

四、相关当事人、诉讼参与人的意见

1. 被害人委托的人的意见：暂无

2. 辩护人意见：暂无

五、审查认定的事实、证据及分析

（一）事实概述

经审查查明：犯罪嫌疑人林××与林保×系××市××镇××村东西邻居，两家因林××家门楼改建产生纠纷。2007年8月21日上午，林保×伙同林志×等人将犯罪嫌疑人林××家正在改建的门楼扒倒，当时在家中的刘××（林××的母亲）将该情况电话告诉其儿子林××，林××得知后为报复林志×等人，遂购买1桶汽油（约5L）并返回家中，回到家中后将汽油倒入脸盆并制作引火用的火把。下午1时许，当林志×再次来到林××家门口查看门楼情况时，与林××会面并发生言语冲突，犯罪嫌疑人林××遂将在脸盆中盛放的汽油泼在林志×身上，并用火把点燃，致林志×烧伤后经××市中心医院抢救治疗无效于2007年9月19日在家中死亡。经法医鉴定，林志×系全身大面积烧伤后致多脏器功能衰竭死亡。

作案后，犯罪嫌疑人骑自行车逃离现场，2011年7月16日被公安机关抓获归案。

（二）证据摘录

1. 书证

（1）P_1 接受刑事案件登记表

证实：匿名群众于2007年8月21日13时45分报案称犯罪嫌疑人林××将事先准备好的汽油泼在林志×身上点火致后者大面积烧伤。

（2）P_{32}、P_{59} 人口信息两份

证实：犯罪嫌疑人林××于1981年7月29日出生，作案时已达到刑事责任年龄。

证实：被害人林志×的身份情况，系1977年8月7日出生。

（3）P_{60} ××市人民法院刑事判决书一份

证实：犯罪嫌疑人林××因犯盗窃罪于2005年3月30日被判处拘役三个月，并处罚金五千元（刑期2005年1月10日~2005年4月9日）。

（4）P_{66} ××市公安局经济开发区派出所抓获证明一份

2011年7时16日11时许，我所民警李景×、李金×根据群众

举报将涉嫌故意杀人罪的林××（男，身份证号码：×××，户籍所在地：××省××市××镇××村316号，在逃人员编号：××）在××省××市××区××购物广场抓获。

证实：犯罪嫌疑人林××案发后被公安机关网上追逃，于2011年7月16日11时许被××市公安局××区派出所民警李景×、李金×抓获归案，没有自首情形。

（5）P$_{67}$××市公安局办案说明一份

证实：随案移交的光盘系被害人父亲提供；本案中林××使用的作案工具火把、盆、油桶未提取实物；本案中的证人林永×不配合取证；犯罪嫌疑人林××北邻家人不配合取证；卷宗笔录中的"林宝×"应为林保×。

（6）散页材料：××市××中心医院门诊病历和住院病案

证实：被害人林志×烧伤后住院情况。

2. P$_{57}$现场勘验检查工作记录附勘查图照片

公×勘〔2007〕378号

现场位于××市××镇××村东南部林秀×宅街门前，该宅西接林宝×宅，东邻林庆×住宅，南邻林×刚宅。

林秀×宅东胡同（南北方向）、靠近街门处地面上距东墙18厘米、南墙81厘米处躺着一根长181厘米的木棍，一端缠有布条部分已烧毁。

林秀×宅后墙东边从下至房顶有270×170厘米灰白相间的灰尘痕迹。林秀×宅南院墙与林庆×宅之间过道地面上距北墙37厘米、距东墙边340厘米处有烧坏的衣服碎片。

林秀×宅院内地面上距南墙110厘米、西墙340厘米有一红色塑料盆，距西墙210厘米、距南墙410厘米有一白色塑料桶上有"10L、工农"字样。

证实：被害人被害现场的具体位置，与犯罪嫌疑人供述相符。

存在问题：与案件有关的木棍、红色塑料盆、白色塑料桶等重要物证未提取，不符合相关法律规定。

3. 鉴定结论①

P₅₈ ××市公安局法医学人体损伤程度鉴定书

公（×）鉴（尸）字〔2007〕074号。

病历摘要：××市中心医院病历载：汽油烧伤全身3.5小时于2007年8月21日17时30分入院。查体：神志清，全身皮肤烧伤，头发及鼻毛烧焦，大部分表皮剥脱，创面附着大量沙土，基底大部分苍白，部分红白相间，部分已呈皮革样变，渗出少，无触痛。双耳廓烧伤，无咳嗽，无声音嘶哑，无呼吸道梗阻，双手烧伤，会阴部无烧伤。诊断：汽油烧伤，总面积85%（浅Ⅱ°5%，深Ⅱ°60%，Ⅲ°20%）。

论证及结论：

死者林志×全身大面积烧伤，局部皮肤结痂，呈恶病质状态分析符合烧伤后致多脏器功能衰竭死亡。

鉴定人：李×　王××

鉴定日期：2007年9月21日

证实：被害人林志×符合烧伤后致多脏器功能衰竭死亡。

4. 视听资料

被害人林志×父亲林×庆提供的林志×自述光盘一张。

5. 证人证言

（1）P₃₇~P₄₀刘××（女，1955年6月13日出生，住××市××镇××村，系犯罪嫌疑人林××之母。）于2007年8月21日在本村向侦查员王××、董××依法所作证言：（略）

（2）P₄₄~P₄₅林×庆（男，59岁，住××市××镇××村，联系方式××，系被害人林志×之父。）于2011年8月25日在本村向侦查员曹××、杨××依法所作证言：（略）

（3）P₄₆~P₄₈林庆×（男，33岁，住××市××镇××村，联系方式××。）于2011年8月25日在本村向侦查员曹××、杨××依法所作证言：（略）

---

① 编者注：2012年修改后的刑事诉讼法将"鉴定结论"改为"鉴定意见"，因本案例的收案时间为2011年，故此案例中仍沿用鉴定结论一词。

（4）P$_{49}$~P$_{50}$陈×凤（女，63岁，住××市××镇××村，联系方式××。）于2011年8月25日在本村向侦查员曹××、杨××依法所作证言：（略）

（5）P$_{51}$~P$_{53}$林保×（男，1947年11月29日出生，住××市××镇××村。）于2007年8月21日在本村向侦查员王××、董×依法所作证言：（略）

（6）P$_{54}$~P$_{56}$林×学（男，1971年10月19日出生，联系方式××）于2007年8月21日在本村向侦查员闫××、杨××依法所作证言：（略）

6. 犯罪嫌疑人供述与辩解

P$_{15}$~P$_{17}$犯罪嫌疑人林××于2011年7月16日在××市公安局××区派出所向侦查员李×甲、李×乙依法供述：

2007年8月21日中午12点多钟，我在××市××镇××村我的家里把林志×用火烧死了。

我家与我家西邻居家因为改街门的事发生矛盾，我家西邻居便找林志×帮着出气，2007年8月21日上午，我妈妈当时打电话说林志×又领人来找事了，这是他第三次来我家闹事了，我一听便生气了，当时我在××市网吧上网，我接完电话后便在××市麻家村买了个油桶，在一加油站买了一桶汽油，然后骑着自行车回家了。当天中午12点多钟，林志×又领着十来个人来我家，当时林志×拿着尖刀进我家街门里并对我说再垒墙的话就把我家人全杀了，当时后面还有人拿镐棒的，我听后便生气了，便用我买的汽油泼在了最前面的林志×身上，我又把一根木棍点上火了，然后我就拿着着火的木棍吓唬他，后来不知怎么回事，我听到"砰"的一声，我看林志×的身上着火了，当时把我吓得跑了。

P$_{16}$~P$_{17}$犯罪嫌疑人林××于2011年7月16日在××市公安局××派出所向侦查员刘×、吴××依法供述：

我不记得将汽油朝林志×何部位泼的，是用脸盆往外泼的，我当时手里拿着木棍，我点燃木棍想吓唬吓唬林志×，结果点燃了林志×身上的汽油。在逃期间我父亲、母亲和我哥哥林×波知道我在逃，其他人都不知道，他们都没帮助过我，通过电话，但我没告诉他们我在哪。

P₂₀~P₂₃犯罪嫌疑人林××于2011年7月17日在××市看守所向侦查员曹××、杨××依法供述：

2007年8月的一天中午，在我家院子靠街门处，因为林志×被我西邻家雇来扒我家院墙和街门，我把提前准备的放在脸盆里的汽油泼在他身上。

汽油是我从××市回来时买的，买了15元的汽油，在5公升的桶里将近半桶。我买汽油的目的是吓唬对方，我准备泼在院墙、地上。

回来后我准备了一根木棍，一端缠上布，我泼汽油后，把木棍有布一端点上火了。当时现场就我们2个人，我俩相隔1米。

林志×身上的火是我引起来的，当时我拿火把比量他，吓唬他。我当时拿火把在胸前，也知道拿火把的后果能把汽油点着。

林志×身上着火后我骑车跑了，因为我一看汽油着了，我害怕，当时我也被烤了一下。

我先泼汽油后点的火把，火把是自己做的，前后不超过2分钟，动作连贯。

问：为何把汽油放在脸盆里？

答：为了泼方便，我不能用刀、用棍跟他们那么多人打，为了对付对方方便。

P₂₄~P₂₆犯罪嫌疑人林××于2011年7月20日在××市看守所向侦查员曹××、杨××依法供述：

作案前买汽油回家后把汽油放在了2个盆里，我泼了一个盆。买的汽油有半桶左右，盛汽油的油桶容积有10L。做火把是为了吓唬林宝×雇的人。

问：用棍子不能吓唬吗？

答：我拿棍子不能吓唬对方。

问：拿火把吓唬和拿棍子吓唬有何区别？

答：拿火把更能吓唬他们。

问：你什么时间倒的汽油？

答：我看见林志×往我家走，我提前倒好汽油做好准备。

问：何时开始做火把的？

答：一回家就开始做。

问：你是怎样点燃火把的？

答：我先把火把有布的一端蘸上汽油，然后用打火机点燃火把。

问：为什么朝林志×身上泼？

答：他当时想拿刀杀我全家，拿一把尖刀，单刃，连刀把有20公分长。我一看，就朝他身上泼汽油了。

P_{27}~P_{29}犯罪嫌疑人林××于2011年7月28日在××市看守所向侦查员曹××、杨××依法供述：

我和林志×没有矛盾，往他身上泼汽油是因为他是我西邻居林宝×雇的，先后来我家扒了3次街门。林志×扒我家街门时我不在跟前，是我妈妈告诉我的，她说林宝×又领人扒我家街门，有林宝×女婿、林志×等人。汽油是在××市一个加油站买的，半桶汽油，盛在白色10L的塑料桶里。

问：你在往林志×身上泼汽油前说过什么话？

答：我要他不要管我家街门这件事，他说我家再垒街门就要杀我全家。

问：为何要用泼汽油这种方式？

答：我当时怒火中烧。我隔林志×2米多远泼的汽油，泼完汽油后我拿我提前做的火把在另一个盆里蘸了汽油，拿打火机点燃有汽油的一端，然后我拿汽油吓唬他，我俩相隔1~2米远。

泼汽油和点火把之间有不到一分钟。身上泼汽油起火后肯定后果严重，严重到什么程度我无法估计。林志×身上起火后他倒地上拍火，我骑自行车跑了，我把火把扔在现场。

P_{30}~P_{31}犯罪嫌疑人林××于2011年9月7日在××市看守所向侦查员曹××、杨××依法供述：

问：你作案前林志×是怎么到你家门口的？

答：我看见他时他已经到我家门口了，在我家门口东边胡同站着。当时林志×光着上身，衣服搭在肩上。他来的时候我正在院子里。

问：你俩见面后说过什么？

答：林志×不让我垒门楼，再垒就杀我全家人，我说这件事不关他的事，是我们家和西邻居的事。然后，他对我说，你再垒试试。

我说你别太欺负人，你欺负我试试。他又说，你垒垒试试，你看我能不能杀你？我一听就生气了，就用汽油开始泼他了。

问：你怎么知道林志×参与扒你家门楼的？

答：我当时在××建筑公司上班，我家门楼被扒后，我妈妈打电话报警，打不通。我叫她给××派出所报警，我怕家里出事，就回来了。我妈妈告诉我林志×参与扒我家门楼的。

我一共倒了2脸盆汽油，一盆放在院子里，一盆放在进间，放在进间的那盆汽油也是为了对付对方的，防止对方人多打进来。

我准备汽油的目的是为防止对方人多，到时候对付不了他们。

林庆×看见林志×从北边过来了，对我说林志×要揍我了，他就回家了，我也回院子里。

犯罪嫌疑人林××的供述证实其于案发当天接到其母亲电话称被害人林志×帮助西邻居扒自家门楼，遂购买汽油1桶（约5L）回到家中，并着手制作火把。后被害人林志×来到犯罪嫌疑人林××家门前，二人发生口角，期间，林××用事先准备好的汽油泼在林志×身上，并将自己制作的火把朝林志×比划，致林志×身上着火，后犯罪嫌疑人林××逃离现场。

存在的问题：其供述所称被害人林志×携带作案工具并带领很多人前来挑衅的事实无其他证据相印证。

7. 被害人陈述

P_{33}～P_{36}被害人林志×于2007年9月4日在××市中心医院向侦查员闫××、董×依法所作陈述：

我以前也叫林×青。

我让本村村民林××用汽油泼了一身，并点着了，把我烧伤了。

问：林××为何用汽油泼你？

答：我想林××是想用汽油泼林保×的女婿林×学，不知道怎么泼到我身上去了。

问：林××为何要用汽油泼林×学？

答：林秀×和林保×两家是邻居，因改门楼两家发生纠纷，林保×、林×学及林保×的二女婿和我上午把林秀×家刚改盖的门垛给扒了。

2007年8月21日上午8时许，我在家里，这时我村村民林×学打电话找我说，你到我家来一趟。我就到林×学家，进门以后看见林×学的丈人林保×也在他家里，林×学告诉我说："我丈人林保×老房子与邻居林秀×因为改门楼发生纠纷，你和我们一起去林秀×家把才盖的门垛给扒了。"后我说："都是自己村的，我不干。"林保×说，他家人挺黑的，万一我们打起来，你给我们拉架。林保×说完后就去他的养猪场推工具，我和林×学在××商店等着。过了一会儿，林保×打电话叫林×学让我们去林秀×门口，后来到了林秀×门口看见林保×的二女婿也在那里，林保×手里拿镐头，林×学手里拿钎子，林保×的二女婿用手将林秀×家的门垛给扒了。

我当时站在林秀×家门口的大道上，我没有动手，他们扒完后我到林秀×门口看看。

大约10时许，林保×和林×学叫我去林保×的猪场去喝酒，在猪场有我、林保×、林×学和林保×的二女婿四个人一起喝酒，我喝了六两白酒，大约喝到13时许，林×学提出一起到陈家水库抓鱼，这时林保×提出说："我们都去林秀×门口看看上午给他扒的门楼，他又垒了没有。"

喝完酒后，我就和林×学从猪场去林秀×家，我俩走到林秀×家屋后邻居家门口，林×学对我说，我在这里等着，你自己去看林秀×家又垒了没有。后我自己就走到林秀×门口，看见林秀×的二儿子林××在门过道里站着，他看见我后说："就你上午到我家里扒房子了吗？"我说没有。接着林××朝我身上泼了一盆汽油，把我身上点着了，我疼得满地打滚，后来发生什么事情我就不知道了。

当时他在门里面趁我不注意将汽油泼在我身上，我当时见他左手拿打火机点着了，具体怎么点着了我身上的汽油不清楚，一共朝我身上泼了三盆汽油。

被害人林志×的陈述证实犯罪嫌疑人林××于案发当天伙同本村村民林×学等人前去扒过犯罪嫌疑人林××家门楼，并与当日中午同林×学等人一起喝酒，后被害人林志×于当日下午来到林××家门口，被林××用汽油泼在自己身上并点燃着火的事实。

（三）综合分析论证

犯罪嫌疑人林××因自家门楼改建与西邻居发生纠纷，2007年

8月21日用汽油将参与扒门楼的被害人林志×烧死的事实有证人的证言、公安机关现场勘查、鉴定结论以及犯罪嫌疑人的供述、被害人的陈述予以证实。

1. 犯罪嫌疑人林××的供述证实2007年8月21日用汽油将参与扒自家门楼的被害人林志×烧伤致死后逃窜的事实经过。

2. 证人刘××证实案发当日其西邻居林保×伙同林志×等人扒自家门楼，并电话告知林××，林××携带汽油回家制作火把，后林××将汽油泼在林志×身上并用火把点燃后逃离现场。

3. 证人林×庆证实案发当天上午其儿子林志×曾帮助林保×等人去扒过犯罪嫌疑人林××家门楼，中午林志×与林保×等人一起吃饭的事实。

4. 证人林庆×证实犯罪嫌疑人林××家因门楼改建一事与西邻居林保×一家产生矛盾，曾劝说过林××不要打架，后听到林志×呼喊救命，看到林志×被烧伤，林××不知去向。

5. 证人林×学证实林××将汽油泼在林志×身上并点燃致后者身上起火的事实。

以上证人证言能印证犯罪嫌疑人林××的供述。

6. 法医学尸体检验鉴定书证实被害人林志×符合烧伤后致多脏器功能衰竭死亡。

7. 现场勘验检查笔录证实了案发现场的情况，与证人证言和犯罪嫌疑人供述是一致的。

以上据以定案的每一个证据都是公安机关侦查人员依法获取，能够客观真实地反映案件事实，具有合法性、客观性，证据与案件事实之间、证据与证据之间能够相互关联，证据能形成完整的证据链条，足以证实犯罪嫌疑人林××涉嫌故意杀人的犯罪事实。

六、需要说明的问题

（一）预警情况

承办人在复核本案时，犯罪嫌疑人林××称愿意积极赔偿被害人的损失，但其并没有赔偿能力，有可能引起附带民事诉讼原告人的不满，有可能会出现要求本院抗诉的可能，建议及时与法院和本院控申部门进行沟通，做好预警工作。

（二）侦查活动监督

本案公安机关现场勘验检查时未提取与案件有关的火把、红色塑料脸盆、白色塑料桶等重要物证，不符合《中华人民共和国刑事诉讼法》、《公安机关办理刑事案件程序规定》中关于勘验、检查、扣押物证、书证的有关规定。该问题已向公安机关提出口头建议，以防止类似问题再次发生。

（三）补充相关书证的问题

本案证实被害人有过错的证据有现场勘验检查照片和证人林宝×的证言，但没有该村村委的证明（证明犯罪嫌疑人林××家改建门楼是否得到村委的同意），承办人已经通知侦查机关予以补充。由于现有证据也能证实被害人的行为是过错行为，因此承办人未建议退回公安机关补充侦查。

七、承办人意见

（一）对全案事实证据情况的意见

犯罪嫌疑人林××因自家门楼被林志×等人扒倒后用汽油将林志×烧伤致死的犯罪事实已经查清，且均有相关的证据予以支持，案件事实清楚，证据确实、充分，足以认定，具备起诉条件。

（二）对案件定性和法律适用的意见

1. 本案定性的问题

从犯罪嫌疑人林××为报复拆自家门楼的林志×等人，用汽油将林志×烧伤致死的犯罪事实上看，其主观上对被害人林志×的死亡结果的发生是一种放任态度；客观上林××购买汽油、制作火把为实施犯罪做好准备，当被害人林志×赤裸上身到案发现场查看门楼情况时，林××遂将汽油泼在林志×身上，并迅速点燃火把引燃林志×，林志×被点燃后倒地翻滚，犯罪嫌疑人不予抢救反而骑自行车逃离现场。造成被害人林志×被汽油烧伤，总面积85%（浅Ⅱ°5%，深Ⅱ°60%，Ⅲ°20%），经医院抢救无效在家中死亡；案发时林××具有完全刑事责任能力，其应当知道水火无情的道理，仍用脸盆将汽油泼在上身赤裸的被害人身上，并用火把引燃，其报复手段残忍，承办人认为犯罪嫌疑人林××的行为符合故意杀人罪的构成要件。

2. 被害人林志×是否有过错的问题

从现场勘验检查的照片上看，犯罪嫌疑人林××家改建的门楼是建在原有的地基之上，并未超出地基线。本院复核提审林××时，其也辩解自家的门楼是建在自家的地基之上的，并未影响西邻居的通行，另其称改建门楼是经本村村委同意的。从现有的证据上看，犯罪嫌疑人林××门楼改建，并未影响本村建设规划，也并未违反《物权法》有关相邻关系的规定。

证人林宝×的证言"我家与林秀×家是东西邻居，我家在西边，林秀×家在东边，林秀×家以前大门朝东，前几天林秀×把大门改成朝南开，林秀×把朝南的大门门楼修好以后，我怕林秀×把大门前垒上台阶，我回家时骑摩托车不方便，所以我就给林秀×把大门拆了。林秀×改朝南大门以后，门前没有垒台阶"。该证言也证实犯罪嫌疑人林××家改建门楼后并未垒台阶，没有影响西邻居的正常通行。

综上，承办人认为，被害人林志×等人的行为是故意侵犯犯罪嫌疑人合法权利的行为，是激化矛盾引发犯罪嫌疑人实施犯罪的情形。因此承办人认为被害人林志×等人，擅自扒倒林××家改建的门楼的行为是刑法意义上的过错行为。

3. 本案的法律适用

犯罪嫌疑人林××作案时具有完全刑事责任能力，依法应当负刑事责任，符合故意杀人罪的主体要件。客观上其用汽油烧伤被害人致死。主观上具有故意杀人的间接故意。符合故意杀人罪的主、客观方面及客体的要求，其行为触犯了《中华人民共和国刑法》第二百三十二条之规定，构成故意杀人罪。

（三）量刑建议

犯罪嫌疑人林××犯故意杀人罪，无法定从轻或减轻情节，但本案属于因邻里纠纷引起且被害人有过错，建议判处无期徒刑。

综上，承办人认为本案事实清楚，证据确实、充分，应依据《中华人民共和国刑事诉讼法》第一百四十一条之规定，向××市中级人民法院提起公诉。

附件：起诉书草稿

承办人：谭××

2011 年 11 月 15 日

第二节 起 诉 书

一、文书格式
（一）自然人犯罪案件适用

××××人民检察院
起 诉 书

××检××刑诉〔20××〕×号

被告人……（写明姓名、性别、出生年月日、身份证号码、民族、文化程度、职业或者工作单位及职务、出生地、户籍地、住址、曾受到刑事处罚以及与本案定罪量刑相关的行政处罚的情况和因本案采取强制措施的情况等）

本案由×××（侦查机关）侦查终结，以被告人×××涉嫌××罪，于××××年××月××日向本院移送审查起诉。本院受理后，于××××年××月××日已告知被告人有权委托辩护人，××××年××月××日已告知被害人及其法定代理人（近亲属）、附带民事诉讼的当事人及其法定代理人有权委托诉讼代理人，依法讯问了被告人，听取了辩护人×××、被害人×××及其诉讼代理人×××的意见，审查了全部案件材料……（写明退回补充侦查、延长审查起诉期限等情况）。

［对于侦查机关移送审查起诉的需变更管辖权的案件，表述为："本案由×××（侦查机关）侦查终结，以被告人×××涉嫌××罪，于××××年××月××日向×××人民检察院移送审查起诉。×××人民检察院于××××年××月××日转至（交由）本院审查起诉。本院受理后，于××××年××月××日已告知被告人有权……"］

对于本院侦查终结并移送审查起诉的案件，表述为："被告人×××涉嫌××罪一案，由本院侦查终结，于××××年××月××日移送审查起诉。本院于××××年××月××日已告知被告人有权……"。

对于其他人民检察院侦查终结的需变更管辖权的案件，表述为："本案由×××人民检察院侦查终结，以被告人×××涉嫌××罪移送审查起诉，×××人民检察院于××××年××月××日转至（交由）本院审查起诉。本院受理后，于××××年××月××日已告知被告人有权……"]

经依法审查查明：……（写明经检察机关审查认定的犯罪事实包括犯罪时间、地点、经过、手段、目的、动机、危害后果等与定罪、量刑有关的事实要素。应当根据具体案件情况，围绕刑法规定的该罪的构成要件叙写。）

（对于只有一个犯罪嫌疑人的案件，犯罪嫌疑人实施多次犯罪的，犯罪事实应逐一列举；同时触犯数个罪名的犯罪嫌疑人的犯罪事实应该按照主次顺序分类列举。对于共同犯罪的案件，写明犯罪嫌疑人的共同犯罪事实及各自在共同犯罪中的地位和作用后，按照犯罪嫌疑人的主次顺序，分别叙明各个犯罪嫌疑人的单独犯罪事实。）

认定上述事实的证据如下：

……（针对上述犯罪事实，分别列举证据）

本院认为，……（概述被告人行为的性质、危害程度、情节轻重），其行为触犯了《中华人民共和国刑法》第××条（引用罪状、法定刑条款），犯罪事实清楚，证据确实、充分，应当以××罪追究其刑事责任。根据《中华人民共和国刑事诉讼法》第一百七十二条的规定，提起公诉，请依法判处。

此致
×××人民法院

检察员：×××
（院印）
××年×月×日

附：

1. 被告人现在处所。具体包括在押被告人的羁押场所或监视居住、取保候审的处所。
2. 案卷材料和证据××册××页。
3. 证人、鉴定人、需要出庭的专门知识的人的名单，需要保护的被害人、证人、鉴定人的名单。
4. 有关涉案款物情况。
5. 被害人（单位）附带民事诉讼情况。
6. 其他需要附注的事项。

（二）单位犯罪案件适用

××××人民检察院
起 诉 书

××检××刑诉〔20××〕×号

被告单位……（写明单位名称、组织机构代码、住所地、法定代表人姓名、职务等）

诉讼代表人……（写明姓名、性别、年龄、工作单位、职务）

被告人……（写明直接负责的主管人员、其他直接责任人员的姓名、性别、出生年月日、身份证号码、民族、文化程度、职业或者工作单位及职务、出生地和户籍地、住址、曾受到刑事处罚以及与本案定罪量刑相关的行政处罚的情况和因本案采取强制措施的情况等）

本案由×××（侦查机关）侦查终结，以被告单位×××涉嫌××罪，被告人×××涉嫌××罪，于××××年××月××日向本院移送审查起诉。本院受理后，于××××年××月××日已告知被告单位和被告人有权委托辩护人，××××年××月××日已告知被害人及其法定代理人（近亲属）（被害单位及其诉讼代表人）、附带民事诉讼的当事人及其法定代理人有权委托诉讼代理人，依法讯问了被告人，听取了被告单位的辩护人×××、被告人的辩护人×××、被害人×××及其诉讼代理人×××的意见，审查了全部案件材料。……（写明退回补充侦查、延长审查起诉期限等情况）。

［对于侦查机关移送审查起诉的需变更管辖权的案件，表述为："本案由×××（侦查机关）侦查终结，以被告单位×××涉嫌××罪，被告人×××涉嫌××罪，于××××年××月××日向×××人民检察院移送审查起诉。×××人民检察院于××××年××月××日转至（交由）本院审查起诉。本院受理后，于××××年××月××日已告知被告人有权……"。

对于本院侦查终结并移送审查起诉的案件，表述为："被告单位×××涉嫌××罪，被告人×××涉嫌××罪一案，由本院侦查终结，于××××年××月××日移送审查起诉。本院于××××年××月××日已告知被告人有权……"。

对于其他人民检察院侦查终结的需变更管辖权的案件，表述为："本案由×××人民检察院侦查终结，以被告单位×××涉嫌××罪，被告人×××涉嫌××罪移送审查起诉，×××人民检察院于××××年××月××日转至（交由）本院审查起诉。本院受理后，于××××年××月××日已告知被告人有权……"］

经依法审查查明：……（写明经检察机关审查认定的犯罪事实包括犯罪时间、地点、经过、手段、目的、动机、危害后果等与定罪、量刑有关的事实要素。应当根据具体案件情况，围绕刑法规定的该罪的构成要件叙写。）

认定上述事实的证据如下：

……（针对上述犯罪事实，分别列举证据）

本院认为，……（分别概述被告单位、被告人行为的性质、危害程度、情节轻重），其行为触犯了《中华人民共和国刑法》第××条（引用罪状、法定刑条款），犯罪事实清楚，证据确实、充分，应当以××罪追究其刑事责任。根据《中华人民共和国刑事诉讼法》第一百七十二条的规定，提起公诉，请依法判处。

此致
×××人民法院

检察员：×××

（院印）

××年×月×日

附：
1. 被告人现在处所。具体包括在押被告人的羁押场所或监视居住、取保候审的处所。
2. 案卷材料和证据××册××页。
3. 证人、鉴定人、需要出庭的专门知识的人的名单，需要保护的被害人、证人、鉴定人的名单。
4. 有关涉案款物情况。
5. 被害人（单位）附带民事诉讼情况。
6. 其他需要附注的事项。

（三）附带民事诉讼案件适用

××××人民检察院
刑事附带民事起诉书

××检××刑附民诉〔20××〕×号

被告人……（写明姓名、性别、年龄、民族、文化程度、职业、工作单位及职务、住址、是否刑事案件被告人等）

（对于被告单位，写明单位名称、住所地、是否刑事案件被告单位、法定代表人姓名、职务等）

被害单位……（写明单位名称、所有制性质、住所地、法定代表人姓名、职务等）

诉讼请求：

……（写明具体的诉讼请求）

事实证据和理由：

……（写明检察机关审查认定的导致国家、集体财产损失的犯罪事实及有关证据）

本院认为，……（概述被告人应承担民事责任的理由），根据……（引用被告人应承担民事责任的法律条款）的规定，应承担赔偿责任。因被告人×××的上述行为构成××罪，依法应当追究刑事责任，本院已于×年×月×日以××号起诉书向你院提起公诉。现根据《中华人民共和国刑事诉讼法》第九十九条第二款的规定，提起附带民事诉讼，请依法裁判。

此致
×××人民法院

检察员：×××
（院印）
××年×月×日

附：

1. 刑事附带民事起诉书副本一式×份。
2. 其他需要附注的事项。

二、制作说明

起诉书是人民检察院对公安机关等侦查机关侦查终结，移送审查起诉的案件或对直接受理侦查终结的案件，经审查后认为被告人的犯罪事实已经查清，证据确实充分，依法应当追究刑事责任，按照审判管辖的规定，代表国家对被告人向同级人民法院提起公诉时所制作的文书。根据《文书格式样本》的规定，起诉书有三种格式，分别适用于自然人犯罪案件、单位犯罪案件和刑事附带民事案件。三种格式均由首部、被告人（被告单位）的基本情况、案由和案件的审查过程、案件事实、证据、起诉要求和根据、尾部七部分组成。

(一) 首部

1. 人民检察院的名称：除最高人民检察院外，各地方人民检察院的名称前应写明省（自治区、直辖市）的名称；对涉外案件提起公诉时，各级人民检察院的名称前均应注明"中华人民共和国"的字样。

2. 文号：由制作起诉书的人民检察院的简称、案件性质（即"刑诉"）、起诉年度、案件顺序号组成。其中，年度须用四位数字表述。文号写在该行的最右端，上下各空一行。

(二) 被告人（被告单位）的基本情况

1. 被告人、被告单位的基本情况应当按照格式中所列要素的顺序叙写。

2. 被告人如有与案情有关的曾用名、别名、化名或者绰号的，应当在其姓名后面用括号注明；被告人是外国人的，应当在其中文译名后面用括号注明外文姓名。

3. 被告人的出生日期一般应以公历为准。除未成年人外，如果确实查不清出生日期的，也可以注明年龄。

4. 对尚未办理身份证的，应当注明。

5. 被告人的住址应写被告人的经常居住地。

6. 被告人是外国人时，应注明国籍、护照号码、国外居所。

7. 对被告人曾受到过行政处罚、刑事处罚的，应当在起诉书中写明，其中，行政处罚限于与定罪有关的情况。一般应先写受到行政处罚的情况，再写受到刑事处罚的情况。叙写行政处罚时，应注明处罚的时间、种类、处罚单位；叙写刑事处罚时，应当注明处罚的时间、原因、种类、决定机关、释放时间。

8. 对采取强制措施情况的叙写，必须注明原因、种类，批准或者决定的机关和时间、执行的机关和时间。被采取过多种强制措施的，应按照执行时间的先后分别叙写。

9. 同案被告人有二人以上的，按照主从关系的顺序叙写。

(三) 案由和案件的审查过程

根据案件的不同情况，分别依照格式的要求叙写。叙写退回补充侦查、延长审查起诉期限时，应注明日期、缘由。

(四) 案件事实

案件事实部分，是起诉书的重点。叙写案件事实，应当注意以下几点：

1. 对起诉书所指控的所有犯罪事实，无论是一人一罪、多人一罪，还是一人多罪、多人多罪，都必须逐一列举。

2. 叙述案件事实，要按照合理的顺序进行。一般可按照时间先后顺序；

一人多罪的，应当按照各种犯罪的轻重顺序叙述，把重罪放在前面，把次罪、轻罪放在后面；多人多罪的，应当按照主犯、从犯或者重罪、轻罪的顺序叙述，突出主犯、重罪。

3. 叙写案件事实时，可以根据案件事实的不同情况，采取相应的表述方式，具体应当把握以下原则：

（1）对重大案件、具有较大影响的案件、检察机关直接受理立案侦查的案件，都必须详细写明具体犯罪事实的时间、地点、实施行为的经过、手段、目的、动机、危害后果和被告人案发后的表现及认罪态度等内容，特别要将属于犯罪构成要件或者与定罪量刑有关的事实要素列为重点。既要避免发生遗漏，也要避免将没有证据证明或者证据不足，以及与定罪量刑无关的事项写入起诉书，做到层次清楚、重点突出。

（2）对一般刑事案件，通常也应当详细写明案件事实，但对其中作案多起但犯罪手段、危害后果等方面相同的案件事实，可以先对相同的情节进行概括叙述，然后再逐一列举出每起事实的具体时间、结果等情况，而不必详细叙述每一起犯罪事实的过程。

4. 对共同犯罪案件中有同案犯在逃的，应在其后写明"另案处理"字样。

（五）证据

应当在起诉书中指明证据的名称、种类，但不必对证据与事实、证据与证据之间的关系进行具体的分析、论证。叙写证据时，一般应当采取"一事一证"的方式，即在每一起案件事实后，写明据以认定的主要证据。对于作案多起的一般刑事案件，如果案件事实是概括叙述的，证据的叙写也可以采取"一罪一证"的方式，即在该种犯罪后概括写明主要证据的种类，而不再指出认定每一起案件事实的证据。

（六）起诉的要求和根据

1. 对行为性质、危害程度、情节轻重，要结合犯罪的各构成要件进行概括性的表述，突出本罪的特征，语言要精练、准确。

2. 对法律条文的引用，要准确、完整、具体，写明条、款、项。

3. 对于量刑情节的认定，应当遵循如下原则：（1）对于具备轻重不同的法定量刑情节，一般应当在起诉书中作出认定。但对于适用普通程序的案件，涉及自首、立功等可能因特定因素发生变化的情节，也可以在案件事实之后仅对有关事实作客观表述。（2）对于酌定量刑情节，可以根据案件的具体情况，从有利于出庭支持公诉的角度出发，决定是否在起诉书中作出认定。

(七) 尾部

1. 起诉书应当署具体承办案件公诉人的法律职务和姓名。
2. 起诉书的年月日，为签发起诉书的日期。

当自然人犯罪、单位犯罪并存时，在叙写被告单位、被告人情况时，应先叙述被告单位、法定代表人及有关属于责任人员的被告人的情况，再叙述一般的自然人被告人情况；同时，在起诉的理由和根据部分，也按照先单位犯罪、后自然人犯罪的顺序叙写。

三、范例

××省××市人民检察院
起诉书

××检××刑诉〔20××〕×号

被告人林××，男，1981年7月29日出生，身份证号码：××，汉族，初中文化，无业，住××市××镇××村。2005年3月30日因盗窃罪被××市人民法院判处拘役三个月，并处罚金五千元。2011年7月16日因涉嫌故意伤害被××市公安局刑事拘留，同年7月28日因涉嫌故意伤害罪，经××市人民检察院批准，被××公安局逮捕。

本案由××市公安局侦查终结，以被告人林××涉嫌故意伤害罪，于2011年9月19日移送××市人民检察院审查起诉，××市人民检察院受理后，于次日告知被告人有权委托辩护人、告知被害人近亲属有权委托诉讼代理人，并于同年10月29日报送本院审查起诉。本院受理后依法讯问了被告人，审查了全部案件材料。

经依法审查查明：被告人林××家因将自家东向门楼改为南向，引起西邻居林保×家不满，林保×家人数次组织人员将林××家施工中的门楼推倒。2007年8月21日上午，林志×受林保×之邀助威又将林××家门楼推倒，被告人林××得知消息后，极为恼怒，遂准备汽油、火把等工具欲行报复。当日13时许，被告人林××将事先准备的汽油分别倒入两个脸盆中，待林志×等人再次来到被告人林××家门口时，二人发生言语冲突，被告人林××即将其中一个脸盆中的汽油全部泼洒在林志×身上，并用火把点燃，致林志×全身大面积烧伤后多脏器功能衰竭，抢救无效于2007年9月19日死亡。

被告人林××作案后逃至××市，2011年7月16日被公安机关抓获归案。

认定上述事实的证据如下：被害人林志×的陈述；证人刘××、林×庆、林庆×、林保×、林×学等的证言；公安机关出具的现场勘验检查笔录、刑事科学技术鉴定书；抓获证明、人口信息等证明材料；被告人的供述等。

本院认为，被告人林××曾因犯罪受到刑事追究，又因邻里纠纷，不顾他人生命安全，向人身上泼洒汽油并点燃，致人死亡，其行为触犯了《中华人民共和国刑法》第二百三十二条之规定，犯罪事实清楚，证据确实充分，应当以故意杀人罪追究其刑事责任。根据《中华人民共和国刑事诉讼法》第一百四十一条之规定，提起公诉，请依法判处。

此致
××市中级人民法院

检察员：张××
谭××
2011年××月××日

附：1. 被告人林××现押于××市看守所。
  2. 卷宗材料8册。

第三节 公诉意见书

一、文书格式

××××人民检察院
公诉意见书

被　告　人　×××
案　　　由　×××
起诉书号　×××

审判长、审判员（人民陪审员）：

根据《中华人民共和国刑事诉讼法》第一百八十四条、第一百九十三条、第一百九十八条和第二百零三条的规定，我（们）受×××人民检察院的指派，代表本院，以国家公诉人的身份，出席法庭支持公诉，并依法对刑事诉讼实行法律监督。现对本案证据和案件情况发表如下意见，请法庭注意。

……（结合案情重点阐述以下问题

一、根据法庭调查的情况，概述法庭质证的情况、各证据的证明作用，并运用各证据之间的逻辑关系证明被告人的犯罪事实清楚，证据确实充分。

二、根据被告人的犯罪事实，论证应适用的法律条款并提出定罪及从重、从轻、减轻处罚等意见。

三、根据庭审情况，在揭露被告人犯罪行为的社会危害性的基础上，作必要的法制宣传和教育工作。）

综上所述，起诉书认定本案被告人×××的犯罪事实清楚，证据确实充分，依法应当认定被告人有罪，并建议_____（提出量刑建议或从重，从轻，减轻处罚等意见）。

公诉人：
××年×月×日当庭发表

二、制作说明

公诉意见书，是指出庭支持公诉的检察人员，在法庭辩论开始时，就案件事实、证据、适用法律等问题集中发表意见时所使用的文书。我国刑事诉讼法第184条和人民检察院组织法规定，人民法院审判公诉案件，人民检察院应当派员出席法庭支持公诉。人民检察院提起公诉的案件，由检察长、副检察长或者检察员以国家公诉人的身份出席法庭支持公诉，并监督审判活动是否合法。

公诉意见书主要围绕起诉书所指控的内容展开，是出庭检察人员对法庭调查的事实以及如何定罪量刑等问题的结论性意见，是法庭审理的重要依据。公诉意见书还是法制宣传的重要形式，通过对被告人犯罪行为危害的剖析、犯罪成因的分析等，可以对旁听群众进行法制宣传和教育，起到预防犯罪的作用。

与起诉书相比，公诉意见书不能用来修正起诉书，更不能补充检察机关的诉讼请求。但公诉意见书可以在起诉书的基础上，根据庭审调查情况，对起诉书内容进行进一步深化。如起诉书仅对犯罪事实、证据和公诉理由简要叙述，公诉意见书则可以有重点、有针对性地揭露被告人的犯罪动机、目的、手段和后果，在论证其行为符合刑法分则规定的犯罪构成要件基础上，还可以重点分析行为的社会危害性和应受惩罚性。必要时，还需要指出被告人走上犯罪道路的社会根源、思想根源，以促使其从思想上真正认罪服法，使旁听群众受到一次深刻的法制教育。对于起诉书中不便于叙述的定罪、量刑内容，则只能在公诉意见书中展开论述。关于证据的分析运用，如证据资格、证明力、证据的关联性，也更便于在公诉意见书中具体展开。从写作风格上，起诉书突出体现为概括性、语言平直、客观，反对主观色彩过浓，而公诉意见书因其辩论性，更加注重语言的表现力、说服力和感染力，必然在表现手法上更加灵活多样。

公诉意见书为叙述式文书，分为首部、正文、尾部三个部分。

（一）首部

包括制作文书的人民检察院名称、文书名称。

（二）正文

正文的内容具体包括：

1. 案件有关情况，即被告人姓名（被告人为单位时写名称）、案由（即罪名）、起诉书号。这部分在法庭上无须宣读。

2. 称呼语，根据合议庭组成情况写"审判长、审判员"、"审判长、人民陪审员"。

3. 出庭支持公诉的任务和法律根据。具体表述为："根据《中华人民共和国刑事诉讼法》第一百八十四条、第一百九十三条、第一百九十八条和第二百零三条的规定，我（们）受××人民检察院的指派，代表本院，以国家公诉人的身份，出席法庭支持公诉，并依法对刑事诉讼实行法律监督。现对本案证据和案件情况发表如下意见，请法庭注意。"

4. 公诉意见。这一部分是公诉意见书的核心。应当针对不同的案情发表意见。一般可以从三个方面展开阐述：

（1）根据法庭调查的情况，总结法庭质证情况，运用证据证明被告人的犯罪事实清楚，证据确实、充分。比如在赵××故意杀人、抢劫案中，公诉意见书论述：

"在法庭调查中，公诉人讯问了被告人、询问了证人，宣读了未到庭证人的证言笔录；出示了物证，鉴定人当庭出具了鉴定意见。这些证据充分证实了本院起诉书对被告人赵××犯有故意杀人罪、抢劫罪的指控。

1. 邵××、张×建、刘×良、张×利的证言和××集团公司的会议记录，证实了赵××因表现不佳，被单位限期调离，从而产生不满，意欲对总经理邵××进行报复的犯罪动机和目的。

2. 证人闫××、李×堂、李×霞的证言，招远宾馆的住宿登记，以及法医推断被害人死亡时间的鉴定，证实了被告人赵××1999年4月29日从北京窜至招远，5月4日在招远作案及逃离的时间。

3. ××市公安局痕检工程师齐××当庭出具的足迹鉴定、××市公安局法医师戚××当庭出具的DNA检验鉴定、公诉人当庭宣读的招远市公安局的手印鉴定，以及现场提取的一片350度的近视镜片，证实了被告人赵××确实到过犯罪现场。

4. 法医尸体检验确认，被害人宁××全身二十多处伤口，邵××全身七处伤口均是锐器所致，宁××系被刺破颈动脉失血性休克死亡，邵××系被刺破心脏失血性休克死亡。宁××左眉梢处直插的无柄双刃匕首、现场提取的单刃水果刀，经辨认系被告人赵××使用过的作案凶器。该证据证实了被告人赵××作案的手段和后果。

5. 现场勘查笔录记载被害人的尸体位置，北卧室门玻璃被砸碎、门上的打击痕、被告人当庭辨认的小靠背椅，室内被翻动的痕迹，以及现场遗留的花生油桶、油状物体、白色物体、被焚的纸张、撕毁的历史课本、已燃烧过的引火绳等证据，证实了被告人赵××的作案经过，及其企图焚证、逃避惩罚的事实。

6. 公安机关在北京赵××的住处搜查出的中国邮政储蓄存折、欧米茄手表、玉石白菜，以及招远市物价部门对这些物品的价值鉴定等，证实了被告人赵××抢劫财物的事实。

上述证据均是公安机关、检察机关依照合法程序取得，证据与证据之间可以互相印证,与被告人赵××的当庭供述相一致,经过控辩双方的当庭质证,确凿无疑,足以形成一个完整、规范、合法的证明体系,客观全面地证实了被告人赵××故意杀人、抢劫犯罪的全过程"。

将证据的具体内容写出,运用证据的关联性可以很好地证明指控的犯罪事实。

(2) 根据被告人的犯罪事实,结合情节论述,提出从重、从轻、减轻处罚的意见。如在童××玩忽职守案中,直接引用了一系列统计数字,表明犯罪情节特别严重,具体论述如下:

"被告人童××不正确履行职责,致使选举省人大代表时贿选苗头未能及时遏制以致发生严重贿选。××市十四届人大一次会议选举产生的56名省人大代表存在送钱拉票行为,占当选代表的73.3%;有518名市人大代表收受钱款,占出席十四届人大一次会议代表的98.2%,案发后收缴的贿选款项1.1亿余元。目前,已有68人因破坏选举罪和玩忽职守罪被立案查处,400余人受到党政纪处分。2013年12月28日,省市两级人大公告56名省人大代表当选无效及516名市人大代表资格终止。"

让事实说话,进而提出从重处罚的意见。

(3) 揭露犯罪的社会危害性,剖析犯罪原因,结合案件实际,阐述预防犯罪的有关问题,做必要的法制宣传和教育。如一起特大拐卖儿童案中,为了揭示犯罪的社会危害,公诉人采用了点面结合的方法,具体论述如下:

"综观本案,56名被告人犯罪气焰嚣张,犯罪后果触目惊心,不仅给被害人本人及无数家庭带来了极大的痛苦和悲伤,而且也使自己的家及亲人蒙羞受辱。一个极端的事例是:被告人赵××的母亲在得知自己的儿子因从事拐卖儿童的犯罪被公安机关刑事拘留后,终日以泪洗面,最后上吊自杀,用结束自己生命的方式表达了对拐卖儿童这种伤天害理行径的血泪控诉和严厉谴责。因为她是一个母亲,她懂得失去孩子对一个母亲来说无异于夺走她的生命。这就是一个母亲的心,一个全天下母亲共同的心。所以,拐卖儿童,天理不容,害人又害己。"

阐述得形象生动、发人深省,使人受到了深刻的法制教育。写作这部分的时候,应从个案的实际情况出发,揭示出被告人犯罪的具体原因(包括个人的、家庭的、社会的)、蜕变过程和犯罪心理轨迹,然后进行总结,切忌千人一面、千案一面,空洞说教。

5. 总结性意见。可表述为"综上所述,起诉书认定本案被告人×××的事实清楚,证据确实、充分,依法应当认定被告人有罪,并应(从重,从轻,减轻)处罚。"

（三）尾部

该部分写明公诉人姓名，当庭发表本公诉意见书的时间。

另外，制作公诉意见书应注意以下几个问题：

一是公诉意见书应根据案件的具体情况，突出重点，不必面面俱到。当案件定性有争议时，应重点阐明犯罪构成和该类犯罪的本质特征，论证被告人只能构成本罪而不构成他罪的意见。对某些以法定条件为犯罪构成要件的案件，要重点论证被告人犯罪行为具备有关法定条件的事实和证据。例如，对以"情节严重"、"情节特别严重"为法定条件的犯罪案件，要重点阐述，分析其情节"严重"、"特别严重"的具体表现。对需要从重或从轻或减轻处罚的，要详细分析犯罪的社会危害程度，系统分析从重、从轻、减轻处罚的法定理由和法律根据以及社会效果。对未成年人犯罪案件，应着重剖析犯罪原因、思想和社会根源及如何落实教育为主、惩罚为辅的原则。对共同犯罪，特别是集团犯罪，要在分析案情的基础上，重点揭露主要罪犯、重罪的罪行和罪责，抓住主要矛盾，突出论证重点问题。

二是公诉意见书有很强的感情色彩，但要褒贬适度，爱憎分明。也可以运用一些修辞方法，如排比、比喻等，但注意运用这些修辞手法的目的与文学作品不同，运用的目的是控诉、揭露犯罪。过犹不及，反而会影响检察人员客观、公正的执法形象。

三是公诉意见书集中表达公诉意见，在制作、发表时注意与答辩意见等公诉人发表的自由辩论内容进行分工，各有侧重。

三、范例

××省××市人民检察院
公诉意见书

被 告 人　×××
案　　由　×××
起诉书号　×××

审判长、审判员：

今天，××省××市中级人民法院在这里公开开庭审理被告人陈×诚受贿、贪污、玩忽职守一案。根据《中华人民共和国刑事诉讼法》的有关规定，我们受××市人民检察院的指派，代表本院，以国家公诉人的身份出席法庭，支持公诉并依法履行法律监督职责。

在刚刚进行的法庭调查中，公诉人依法讯问了被告人陈×诚，宣读了未到庭的证人证言，出示了相关书证、物证等证据，取证程序合法，符合证据的形式要件，上述证据经当庭质证，均具有证明效力，且相互印证形成证据锁链，充分证实本院指控被告人陈×诚犯受贿、贪污、玩忽职守罪事实清楚，证据确实充分。为进一步揭露犯罪、弘扬法制，公诉人现着重对被告人犯罪行为的性质、危害后果、应负的法律责任及对本案的思考发表以下三点公诉意见，供合议庭参考：

一、被告人陈×诚的行为构成受贿罪、贪污罪和玩忽职守罪

首先，陈×诚的行为构成受贿罪。从在案证据来看，行贿人证实的请托事项、行贿或被索要的数额、时间、地点、次数、所谋取的利益均与被告人陈×诚的供述相吻合，并得到了相关书证、证人证言的印证，进一步印证了言词证据的真实性和证据之间的关联性，证明方向明确，足以证实被告人陈×诚利用担任××省建设厅副厅长的职务便利为他人谋取利益，索要和收受贿赂人民币90万元、港币2万元。从犯罪构成要件来看，《中华人民共和国刑法》第三百八十五条规定，受贿罪是指国家工作人员利用职务上的便利，索取他人财物或者非法收受他人财物，为他人谋取利益。具体就本案而言，陈×诚具备该罪的主体身份毋庸置疑，其客观方面表现为利用担任××省建设厅、住建厅副厅长的便利，非法索要和收受他人财物，为他人谋取利益；该行为侵犯了国家工作人员职务行为的廉洁性；在主观方面，被告人陈×诚明知其行为违法仍决意而为，属于直接故意。其行为符合受贿罪构成要件。

其次，陈×诚的行为构成贪污罪。根据《中华人民共和国刑法》第三百八十二条之规定，国家工作人员利用职务上的便利，侵吞、窃取、骗取或者以其他手段非法占有公共财物的，是贪污罪。本案中，陈×诚利用其担任省房协协会会长、理事长的职务便利，个人决定购买使用"财富名车"黄金制品，却授意安排其下属财务人员用空白发票以协会购买书和培训教材的名义交其审批、报销，以此骗取了房协的公款69800元，完全符合贪污罪的构成要件。

最后，陈×诚的行为构成玩忽职守罪。公诉人刚才出示的证据充分证明了陈×诚作为项目指挥部的指挥长负有对流动人口出租房建设项目的监督、管理和协调职责，该项目为公益项目。也有充分的证据证明当王×东向陈×诚汇报项目转让给××房地产公司后，陈×诚未履行任何监管职责。也有充分的证据证明所指控的5项减免费用的征收依据和标准、如系商品房开发并不能享受优惠但最终以公益项目的名义申请得以减免。总之，当王×东向其汇报项目转让后，陈×诚完全应当预见到转让行为可能会使建设该项目的公益初衷落空，不能实现省政府和成员单位的意图。并且受让方很可能继续援引省政府的批复精神以"公益项目"的名义申请享受相关减免。但其既未向省政府和成员单位通报，也未对项目进行后续的追踪和监督，疏于履行监督管理职责，致使转让之前该项目得到的征地管理费减免343834元得以被项目受让方承受，国家未能追回；其明知项目已经转让，还在申请减免土地出让金的协调文件上签批，使国家损失了本该收取的土地受让金1361789元。另外，由于陈×诚不履行报告职责，使得转让后为××地产所实际控制的公寓公司继续以公益项目的名义享受了新菜地建设资金1201418.6元、市政设施配套费4399975.32元、防空地下室异地建设费805943.04元的减免。总之，既导致了政府的惠民利民工程未得到落实，又造成了800余万元费用减免的损失。如果陈×诚积极履职，在报告省政府和成员单位后，要么由上级决定股权转让合同无效，××地产不能受让该项目；要么认可转让行为，要求并监督××地产必须确保公益项目的建成；要么将该项目彻底变为商品房开发，使得转让的相关利润交归国家，且不能再给予优惠。可见，陈×诚的玩忽职守行为与损失的造成显然具有因果关系，其应当对造成的上述损失（共计8112959.96元）承担责任。

二、被告人陈×诚应负的法律责任

被告人陈×诚的行为已经触犯《中华人民共和国刑法》的规定，构成受贿罪、贪污罪和玩忽职守罪，依法应数罪并罚。公诉人在此提请法庭注意影响陈×诚量刑的四个情节：

1. 陈×诚在省纪委对其立案调查期间，主动交代和说清了办案人员未完全掌握的大部分的受贿问题，主动交代了侵吞公款的问题。根据《中华人民共和国刑法》第六十七条第二款、第三款和最高人民法院、最高人民检察院《关于办理职务犯罪案件认定自首、立功等量刑情节若干问题的意见》的规定，本院认为对被告人陈×诚的贪污和玩忽职守罪行，应予自首论；对其受贿罪行，属于坦白，可以从轻处罚。

2. 被告人的家属已如数退清了被告人全部违纪违法所得。

3. 陈×诚在案件侦查阶段以及审查起诉阶段，均能如实供述犯罪事实，认罪态度好，有悔罪表现。

4. 陈×诚所犯的受贿罪行中，三次具有索贿情节，共索贿43万元，根据《刑法》第386条之规定，对索贿应从重处罚。

三、本案的一些思考

现在来反思陈×诚犯罪的原因和应该吸取的教训，公诉人无意按照惯常的框架从陈×诚的求学、入党、参加工作乃至职务晋升奋斗的经历去剖析，最终得出一个全盘否定他的结论。因为公诉人认为，被告人今日接受法律的审判，不代表其昨日之种种皆应受到否定，陈×诚在国家公职人员的廉洁性、尽职性方面在起诉书所列事实上犯下错误，不代表其过往的履职行为一无是处。

但不可否认的是，陈×诚身为国家工作人员和领导干部，在廉洁奉公、依法履职方面确实违反了国家法律规定，其行为具有严重的社会危害性。国家工作人员代表国家或政府的职能部门行使权利，个人职务行为体现的是国家机关的形象，正常履职行为有利于国家机关的形象塑造，违法犯罪行为不仅败坏党风，毒害社会风气，损害政府形象和公众对政府的信心，也侵犯了国家和集体的利益，更是对法律的亵渎。陈×诚的受贿、贪污行为就是对国家机关职务行为廉洁性的破坏，其玩忽职守行为既使政府的惠民利民工程未能实现造福于民，又给国家的财产造成了巨大的损失，被告人应当为自己的行为承担法律责任。

当公诉人认真审视被告人所犯罪行，特别是受贿和贪污罪行，应该说，陈×诚的个人动机并非是为了追求物质的奢侈享受，也未见其有大肆挥霍的行为。但从其供述可知，其嗜好玩"老虎机"这一类的赌博行为，其受贿所得基本上被赌博和炒股所耗，这也进一步验证了"玩物丧志"和"千里之堤，溃于蚁穴"的古训。

前车之覆，后车之鉴。打击犯罪固不可少，预防犯罪更为重要。有人认为反腐败有三道防线，一是个人思想、道德防线，二是制度防线，三是法律防线。公诉人认为最主要、最基础的防线仍是个人的思想、道德防线。为什么会有职务犯罪？追根溯源，我们不排除不良风气对个体的影响和侵蚀，但根本的原因仍在于个人廉洁信仰的沦落和职业操守的溃败。无论做人还是做官，我们应该时刻谨记并践行"修身养性乃是根本；大节不可失，小节不可纵；勤政从一言一行做起，廉政从一分一厘拒之；挡不住今天的诱惑，将失去明天的幸福"。这些道理被告人此时此刻一定有着更深切的感悟。公诉人真诚希望被告人陈×诚勇于直面人生错误，正视所犯罪行，珍惜以前的荣誉，重走人生之路。被告人虽已57岁，此次被判有罪今后亦不可能再任公职，但公诉人坚信，此时闻过、此时明理、此时修心亦不为晚，只有真悔过、真明理、真修心，方能平心静气观昨日之过、受今日之罚，心平气和走向明天，以内心的安宁和坦荡走向一个新的自我，这才是对生命最真正、最彻底的救赎！

最后，公诉人提请合议庭综观全案，根据被告人的犯罪性质、数额、自首坦白情节、认罪态度、退赃情况等法定和酌定的量刑情节，根据刑法的规定对被告人予以公正的量刑。

公诉意见暂时发表完毕。

公诉人：

××年××月××日当庭发表

第四节　不起诉决定书

一、文书格式

（一）根据《中华人民共和国刑事诉讼法》第173条第1款规定决定不起诉时适用

××××人民检察院
不起诉决定书

××检××刑不诉〔20××〕×号

被不起诉人……〔写明姓名、性别、出生年月日、身份证号码、民族、文化程度、职业或工作单位及职务（国家机关工作人员利用职权实施的犯罪，应当写明犯罪期间在何单位任何职）、户籍地、住址（被不起诉人住址写居住地，如果户籍所在地与暂住地不一致的，应当写明户籍所在地和暂住地），是否受过刑事处罚，采取强制措施的种类、时间、决定机关等。〕

（如系被不起诉单位，则应写明名称、住所地等）

辩护人……（写姓名、单位）。

本案由×××（侦查机关名称）侦查终结，以被不起诉人×××涉嫌××罪，于×年×月×日向本院移送审查起诉。

〔如果是自侦案件，此处写"被不起诉人×××涉嫌××一案，由本院侦查终结，于×年×月×日移送审查起诉或不起诉。"如果案件是其他人民检察院移送的，此处应当将指定管辖、移送单位以及移送时间等写清楚。〕

（如果案件曾经退回补充侦查，应当写明退回补充侦查的日期、次数以及再次移送审查起诉时间。）

经本院依法审查查明：

[如果是根据刑事诉讼法第十五条第（一）项即侦查机关移送起诉认为行为构成犯罪，经检察机关审查后认定行为情节显著轻微、危害不大，不认为是犯罪而决定不起诉的，则不起诉决定书应当先概述公安机关移送审查起诉意见书认定的犯罪事实（如果是检察机关的自侦案件，则这部分不写），然后叙写检察机关审查认定的事实及证据，重点反映显著轻微的情节和危害程度较小的结果。如果是行为已构成犯罪，本应当追究刑事责任，但审查过程中有刑事诉讼法第十五条第（二）至（六）项法定不追究刑事责任的情形，因而决定不起诉的，应当重点叙明符合法定不追究刑事责任的事实和证据，充分反映出法律规定的内容。如果是根据刑事诉讼法第一百七十三条第一款中的没有犯罪事实而决定不起诉的，应当重点叙明不存在犯罪事实或者犯罪事实并非被不起诉人所为。]

本院认为，×××（被不起诉人的姓名）的上述行为，情节显著轻微、危害不大，不构成犯罪。依照《中华人民共和国刑事诉讼法》第十五条第（一）项和第一百七十三条第一款的规定，决定对×××（被不起诉人的姓名）不起诉。

（如果是根据刑事诉讼法第十五条第（二）至（六）项法定不追究刑事责任的情形而决定的不起诉，重点阐明不追究被不起诉人刑事责任的理由及法律依据，最后写不起诉的法律依据。如果是根据刑事诉讼法第一百七十三条第一款中的没有犯罪事实而决定不起诉的，指出被不起诉人没有犯罪事实，再写不起诉的法律依据。）

查封、扣押、冻结的涉案款物的处理情况。

被不起诉人如不服本决定，可以自收到本决定书后七日内向本院申诉。

被害人如果不服本决定，可以自收到本决定书后七日以内向×××人民检察院申诉，请求提起公诉；也可以不经申诉，直接向×××人民法院提起自诉。

×××人民检察院
（院印）
××年×月×日

（二）根据《中华人民共和国刑事诉讼法》第 173 条第 2 款规定决定不起诉时适用

××××人民检察院
不起诉决定书

××检××刑不诉〔20××〕×号

被不起诉人……〔写明姓名、性别、出生年月日、身份证号码、民族、文化程度、职业或工作单位及职务（国家机关工作人员利用职权实施的犯罪，应当写明犯罪期间在何单位任何职）和户籍地、住址（被不起诉人住址写居住地，如果户籍所在地与暂住地不一致的，应当写明户籍所在地和暂住地），是否受过刑事处罚，采取强制措施的种类、时间、决定机关等。〕

（如系被不起诉单位，则应写明名称、住所地等）

辩护人……．（写姓名、单位）。

本案由×××（侦查机关名称）侦查终结，以被不起诉人×××涉嫌××罪，于×年×月×日向本院移送审查起诉。

（如果是自侦案件，此处写"被不起诉人×××涉嫌××一案，由本院侦查终结，于×年×月×日移送审查起诉或不起诉。"如果案件是其他人民检察院移送的，此处应当将指定管辖、移送单位以及移送时间等写清楚。）

（如果案件曾经退回补充侦查，应当写明退回补充侦查的日期、次数以及再次移送审查起诉时间。）

经本院依法审查查明：

……

（概括叙写案件事实，其重点内容是有关被不起诉人具有的法定情节和检察机关酌情作出不起诉决定的具体理由的事实。要将检察机关审查后认定的事实和证据写清楚，不必叙写侦查机关移送审查时认定的事实和证据。对于证据不足的事实，不能写入不起诉决定书中。在事实部分中表述犯罪情节时应当以犯罪构成要件为标准，还要将体现其情节轻微的事实及符合不起诉条件的特征叙述清楚。叙述事实之后，应当将证明"犯罪情节"的各项证据一一列举，以阐明犯罪情节如何轻微。）

本院认为，×××实施了《中华人民共和国刑法》第××条规定的行为，但犯罪情节轻微，具有×××情节（此处写明从轻、减轻或者免除刑事处罚具体情节的表现），根据《中华人民共和国刑法》第××条的规定，不需要判处刑罚（或者免除刑罚）。依据《中华人民共和国刑事诉讼法》第一百七十三条第二款的规定，决定对×××（被不起诉人的姓名）不起诉。

查封、扣押、冻结的涉案款物的处理情况。

被不起诉人如不服本决定，可以自收到本决定书后七日内向本院申诉。

被害人如不服本决定，可以自收到本决定书后七日以内向×××人民检察院申诉，请求提起公诉；也可以不经申诉，直接向×××人民法院提起自诉。

×××人民检察院

（院印）

××年×月×日

(三)根据《中华人民共和国刑事诉讼法》第 171 条第 4 款规定决定不起诉时适用

××××人民检察院
不起诉决定书

××检××刑不诉〔20××〕×号

被不起诉人……〔写明姓名、性别、出生年月日、身份证号码、民族、文化程度、职业或工作单位及职务（国家机关工作人员利用职权实施的犯罪，应当写明犯罪期间在何单位任何职）和户籍地、住址（被不起诉人住址写居住地，如果户籍所在地与暂住地不一致的，应当写明户籍所在地和暂住地），是否受过刑事处罚，采取强制措施的种类、时间、决定机关等。〕

（如系被不起诉单位，则应写明名称、住所地等）

辩护人……（写姓名、单位）。

本案由×××（侦查机关名称）侦查终结，以被不起诉人×××涉嫌××罪，于×年×月×日移送本院审查起诉。

（如果是自侦案件，此处写"被不起诉人×××涉嫌××一案，由本院侦查终结，于×年×月×日移送审查起诉或不起诉。"如果案件是其他人民检察院移送的，此处应当将指定管辖、移送单位以及移送时间等写清楚。）

（如果案件曾经退回补充侦查，应当写明退回补充侦查的日期、次数以及再次移送审查起诉时间。）

×××（侦查机关名称）移送审查起诉认定……（概括叙述侦查机关认定的事实），经本院审查并退回补充侦查，本院仍然认为×××（侦查机关名称）认定的犯罪事实不清、证据不足（或本案证据不足）（应当概括写明事实不清、证据不足的具体情况），不符合起诉条件。依照《中华人民共和国刑事诉讼法》第一百七十一条第四款的规定，决定对×××（被不起诉人的姓名）不起诉。

（如系检察机关直接受理案件，则写为：本案经本院侦查终结后，在审查起诉期间，经两次补充侦查，本院仍认为本案证据不足，不符合起诉条件。依照《中华人民共和国刑事诉讼法》第一百七十一条第四款的规定，决定对×××不起诉。）

查封、扣押、冻结的涉案款物的处理情况。

被不起诉人如不服本决定，可以自收到本决定书后七日内向本院申诉。

被害人如不服本决定，可以自收到本决定书后七日以内向××人民检察院申诉，请求提起公诉；也可以不经申诉，直接向××人民法院提起自诉。

×××人民检察院
（院印）
××年×月×日

二、制作说明

不起诉决定书，是指人民检察院对侦查机关（侦查部门）移送审查起诉或者移送不起诉的公诉案件经过审查，认为案件不符合刑事诉讼法规定的提起公诉条件或者没有追诉必要，决定不将案件移送人民法院审判而终止刑事诉讼时所作的法律文书。

根据我国刑事诉讼法的规定，不起诉分为三种：一是根据刑事诉讼法第173条第1款规定决定的不起诉（又称绝对不起诉），即"犯罪嫌疑人没有犯罪事实，或者有本法第十五条规定的情形之一的，人民检察院应当作出不起诉决定"，刑事诉讼法第15条规定："有下列情形之一的，不追究刑事责任，已经追究的，应当撤销案件，或者不起诉，或者终止审理，或者宣告无罪：（一）情节显著轻微、危害不大，不认为是犯罪的；（二）犯罪已过追诉时效期限的；（三）经特赦令免除刑罚的；（四）依照刑法告诉才处理的犯罪，没有告诉或者撤回告诉的；（五）犯罪嫌疑人、被告人死亡的；（六）其他法律规定免予追究刑事责任的。"二是根据刑事诉讼法第173条第2款规定决定的不起诉（又称相对不起诉），即"对于犯罪情节轻微，依照刑法规定不需要判处刑罚或者免除刑罚的，人民检察院可以作出不起诉决定。"三是根据刑事诉讼法第171条第4款规定决定的不起诉，即"对于二次补充侦查的案件，人民检察院仍然认为证据不足，不符合起诉条件的，应当作出不起诉的决定。"上述三种不起诉的适用条件和法律依据各不相同，为完整、准确表达各自的含义，突出三种不起诉的特点，分别针对三种不起诉制作的不起诉法律文书在格式和内容上也相应有一定差别。

不起书决定书为叙述型文书，可分为首部、正文和尾部。

（一）首部

此部分包括制作文书的人民检察院名称、文书名称和文书编号。

（二）正文

1. 被不起诉人基本情况。被不起诉人的基本情况按文书中所列项目顺序叙明。

如系被不起诉单位，则应写明名称、住所地，并以"被不起诉单位"代替不起诉书格式中的"被不起诉人"。

2. 辩护人基本情况。此部分包括辩护人姓名、单位。如系法律援助律师，应当写明指派的法律援助机构名称等。

3. 案由和案件来源。其中"案由"应当写移送审查起诉时或者侦查终结时认定的行为性质，而不是审查起诉部门认定的行为性质。"案件来源"包括公安、安全机关移送、本院侦查终结、其他人民检察院移送等情况。

应当写明移送审查起诉的时间和退回补充侦查的情况（包括退回补充侦查日期、次数和再次移送日期）。写明本院受理日期。

4. 案件事实情况。此部分包括否定或者指控被不起诉人构成犯罪的事实及作为不起诉决定根据的事实。应当根据三种不起诉的性质、内容和特点，针对案件具体情况各有侧重点地叙写。

5. 不起诉理由、法律依据和决定事项部分。在制作这部分时应当注意下面几个问题：

（1）所引用的法律应当引全称。

（2）所引用的法律条款要用汉字将条、款、项引全。

6. 告知事项。具体包括：

（1）应当根据《刑诉规则》第421条的规定写明被不起诉人享有申诉权。

（2）凡是有被害人的案件，应当根据刑事诉讼法第176条的规定写明被害人享有申诉权及起诉权。

（三）尾部

1. 署名部分：统一署某检察院院名。

2. 本文书的具文日期应当是签发日期。

（四）其他

1. 不起诉决定书以人为单位制作。

2. 不起诉决定书应当有正本、副本之分，其中正本一份归入正卷，一份发送被不起诉人，副本发送辩护人及其所在单位、被害人或者其近亲属及其诉讼代理人、侦查机关（部门）。

三、范例

××省××市人民检察院
不起诉决定书

××检××刑不诉〔20××〕×号

被不起诉人陈××，女，1981年11月20日出生，身份证号×××，汉族，专科文化，××市电器公司员工，住××省××市××大街××号××小区A区1号楼1201室。2013年×月×日因涉嫌犯交通肇事罪，被××市公安局刑事拘留，2013年×月×日经本院批准逮捕，2013年×月×日由×市公安局执行逮捕。

本案由××市公安局侦查终结，以被不起诉人陈××涉嫌交通肇事罪，于2013年×月×日向本院移送审查起诉。

经依法审查查明：

被不起诉人陈××于2013年11月7日晚8时许，酒后驾驶车号为×××的捷达牌小汽车撞坏××酒店玻璃门，冲入酒店大厅，致孙××左下肢粉碎性骨折，经鉴定为重伤，并给酒店造成经济损失48230.4元。案发后被不起诉人陈××自动向××市公安局投案。经本院主持，被不起诉人陈××赔偿孙××损失20万元、赔偿××酒店经济损失5万元，与孙××及××酒店达成和解协议。

认定上述事实的证据如下：人体伤害鉴定意见、价格鉴定意见等书证；张××、刘××等人的证言；被害人孙××的陈述；犯罪嫌疑人陈××的供述。

本院认为，被不起诉人陈××实施了《中华人民共和国刑法》第一百三十三条规定的行为，但犯罪情节轻微，具有自首、当事人和解等情节，根据《中华人民共和国刑法》第六十七条第一款、《中华人民共和国刑事诉讼法》第二百七十九条的规定，不需要判处处罚。依据《中华人民共和国刑事诉讼法》一百七十三条第二款的规定，决定对陈××不起诉。

被不起诉人陈××如不服本决定，可以自收到本决定书后七日内向本院申诉。

被害人如不服本决定，可以自收到本决定书后七日以内向×××人民检察院申诉，请求提起公诉；也可以不经申诉，直接向×××人民法院提起自诉。

××省××市人民检察院

（加盖公章）

××年×月×日

第五节　刑事抗诉书

一、文书格式

（一）刑事二审抗诉书文书格式

××××人民检察院
刑事抗诉书

（二审程序适用）

××检××诉刑抗〔20××〕×号

×××人民法院以××号刑事判决（裁定）书对被告人×××（姓名）××（案由）一案判决（裁定）……（判决、裁定结果）。

本院依法审查后认为（如果是被害人及其法定代理人不服地方各级人民法院第一审的判决而请求人民检察院提出抗诉的，应当写明这一程序，然后再写"本院依法审查后认为"），该判决（裁定）确有错误（包括认定事实有误、适用法律不当、审判程序严重违法），理由如下：

……（根据不同情况，理由从认定事实错误、适用法律不当和审判程序严重违法等几个方面阐述。）

综上所述……（概括上述理由），为维护司法公正，准确惩治犯罪，依照《中华人民共和国刑事诉讼法》第二百一十七条的规定，特提出抗诉，请依法判处。

此致
×××人民法院

×××人民检察院
（院印）
××年×月×日

附：1. 被告人×××现羁押于×××（或者现住×××）。
　　2. 其他有关材料。

（二）刑事再审抗诉书文书格式

×××× 人民检察院
刑事抗诉书

（审判监督程序适用）

××检××审刑抗〔20××〕×号

原审被告人……（依次写明姓名、性别、出生年月日、民族、职业、单位及职务、住址、服刑情况。有数名被告人的，依犯罪事实情节由重至轻的顺序分别列出）。

×××人民法院以×××号刑事判决书（裁定书）对被告人×××（姓名）×××（案由）一案判决（裁定）……（写明生效的一审判决、裁定或者一审及二审判决、裁定情况）。经依法审查（如果是被告人及其法定代理人不服地方各级人民法院的生效判决、裁定而请求人民检察院提出抗诉的，或者有关人民检察院提请抗诉的，应当写明这一程序，然后再写"经依法审查"），本案的事实如下：

……（概括叙述检察机关认定的事实、情节。应当根据具体案件事实、证据情况，围绕刑法规定该罪构成要件特别是争议问题，简明扼要地叙述案件事实、情节。一般应当具备时间、地点、动机、目的、关键行为情节、数额、危害结果、作案后表现等有关定罪量刑的事实、情节要素。一案有数罪、各罪有数次作案的，应当依由重至轻或者时间顺序叙述。）

本院认为，该判决（裁定）确有错误（包括认定事实有误、适用法律不当、审判程序严重违法），理由如下：

……（根据情况，理由可以从认定事实错误、适用法律不当和审判程序严重违法等几方面分别论述。)

综上所述……(概括上述理由),为维护司法公正,准确惩治犯罪,依照《中华人民共和国刑事诉讼法》第二百四十三条第三款的规定,对×××法院×××号刑事判决(裁定)书,提出抗诉,请依法判处。

此致
×××人民法院

×××人民检察院
(院印)
××年×月×日

附:1. 被告人×××现服刑于×××(或者现住×××)。
　　2. 其他有关材料。

二、制作说明

(一) 刑事二审抗诉书制作说明

二审程序适用的刑事抗诉书由首部、原审判决(裁定)情况、检察院审查意见和抗诉理由、结论性意见和要求、尾部、附注组成。

1. 首部。注明所在省(自治区、直辖市)的名称,不能只写地区级市、县、区院名;如果是涉外案件,要冠以"中华人民共和国"字样。

2. 原审判决、裁定情况。该部分应注意以下几个问题:

(1) 不写被告人的基本情况。

(2) 案由,如果检法两家认定罪名不一致时,应该分别表述。

(3) 如果侦查、起诉、审判阶段没有超时限等程序违法现象时,不必写明公安、检察与法院的办案经过,只简要写明法院判决、裁定的结果。

3. 审查意见。这一部分的内容是检察机关对原审判决(裁定)的审查意见,目的是明确指出原审判决(裁定)的错误所在,告知二审法院,检察院抗诉的重点是什么。这部分要观点鲜明,简明扼要。

4. 抗诉理由。针对事实确有错误、适用法律不当或审判程序严重违法等不同情况,述写抗诉理由。

(1) 如果法院认定的事实有误,则要针对原审裁判的错误之处,提出纠正意见，强调抗诉的针对性。对于有多起"犯罪事实"的抗诉案件，只叙写原判决（裁定）认定事实不当的部分，认定事实没有错误的，可以只肯定一句"对……事实的认定无异议"即可。突出检、法两家的争议重点，体现抗诉的针对性。对于共同犯罪案件，也可以类似地处理，即只对原判决（裁定）漏定或错定的部分被告人犯罪事实作重点叙述，对其他被告人的犯罪事实可简写或者不写。

关于"证据部分"，应该在论述事实时有针对性地列举证据，说明证据的内容要点及其与犯罪事实的联系。

刑事抗诉书中不能追诉起诉书中没有指控的犯罪事实。

如有自首、立功等情节，应在抗诉书中予以论述。

（2）如果法院适用法律有误，主要针对犯罪行为的本质特征，论述应该如何认定行为性质，从而正确适用法律。要从引用罪状、量刑情节等方面分别论述。

（3）如果法院审判程序严重违法，抗诉书就应该主要根据刑事诉讼法及有关司法解释，逐个论述原审法院违反法定程序的事实表现，再写明影响公正判决的现实或可能性，最后阐述法律规定的正确诉讼程序。

5. 结论性意见、法律根据、决定和要求事项。刑事抗诉书中结论性意见应当简洁、明确。在要求事项部分，应写明"特提出抗诉，请依法判处"。

6. 尾部。署名方式，署检察院名称并盖院印。

7. 附注。对于未被羁押的原审被告人，应将住所或居所明确写明。证据目录和证人名单如果与起诉书相同可不另附。

（二）刑事再审抗诉书制作说明

审判监督程序适用的刑事抗诉书由首部、原审被告人基本情况、生效判决或裁定概况、对生效判决或裁定的审查意见（含事实认定）、抗诉理由、抗诉决定、尾部、附注组成。

1. 首部。写明所在省（自治区、直辖市）的名称，不能只写地市院名；如果是涉外案件，要注明"中华人民共和国"的字样。

2. 原审被告人基本情况。具体包括：被告人年龄、出生日期、住址等；被告人的身份证号码、户籍地；刑满释放或者假释的具体日期等。

3. 诉讼过程、生效判决或裁定概况。如果是一审生效判决或裁定，不仅要写明一审判决或裁定的主要内容，还要写明一审判决或裁定的生效时间。如果是二审终审的判决或裁定，应该分别写明一审和二审判决或裁定的主要内容，此外，还应该写明提起审判监督程序抗诉的原因。

4. 对生效判决或裁定的审查意见（含事实认定）。具体包括：

（1）事实认定与证据。对于原审判决、裁定中认定的事实或新发现的事实、证据，应该作比较详细的介绍。

（2）审查意见。这一部分的内容是检察机关对原判决（裁定）的审查意见，目的是明确指出原判决（裁定）的错误所在，告知再审法院，检察院抗诉的重点是什么。这部分要观点鲜明，简明扼要。

5. 抗诉理由。针对事实确有错误、适用法律不当或审判程序严重违法等不同情况，述写抗诉理由。

（1）如果法院认定的事实有误，则要针对原审裁判的错误之处，提出纠正意见，强调抗诉的针对性。对于有多节"犯罪事实"的抗诉案件，只叙述原判决（裁定）认定事实不当的部分，认定没有错误的，可以只肯定一句"对……事实的认定无异议"即可。突出检、法两家的争议重点，体现抗诉的针对性。对于共同犯罪案件，也可以类似地处理，即只对原判决（裁定）漏定或错定的部分被告人犯罪事实作重点叙述，对其他被告人的犯罪事实可简写或者不写。

关于"证据部分"，应该在论述事实时有针对性地列举证据，说明证据的内容要点及其与犯罪事实的联系。

刑事抗诉书中不能追诉起诉书中没有指控的犯罪事实。

如有自首、立功等情节，应在抗诉书中予以论述。

（2）如果法院适用法律有误，主要针对犯罪行为的本质特征，论述应该如何认定行为性质，从而正确适用法律。要从引用罪状、量刑情节等方面分别论述。

（3）如果法院审判程序严重违法，抗诉书就应该主要根据刑事诉讼法及有关司法解释，逐个论述原审法院违反法定诉讼程序的事实表现，再写明影响公正判决的现实或可能性，最后阐述法律规定的正确诉讼程序。

6. 结论性意见、法律根据、决定和要求事项。结论性意见应当简洁、明确。在要求事项部分，应写明"特提出抗诉，请依法判处。"

7. 尾部。署名方式，署检察院名称并盖院印。

三、范例
(一) 刑事二审抗诉书范例

××省××市人民检察院
刑事抗诉书

(二审程序适用)

××检××诉刑抗〔20××〕×号

　　××省××市中级人民法院以（××××）×中刑二初字第×号刑事判决书对被告人胡×、张××涉嫌抢劫、故意杀人、傅×、彭××涉嫌窝藏、帮助毁灭证据一案对被告人胡×以抢劫罪判处死刑，剥夺政治权利终身，并处没收个人全部财产；对被告人张××以抢劫罪判处有期徒刑十四年，剥夺政治权利三年，并处罚金四万元；对被告人傅×以包庇罪判处有期徒刑二年；对被告人彭××以包庇罪判处有期徒刑一年，宣告缓刑二年。本院依法审查后认为：该判决对被告人胡×、张××的犯罪认定罪名不正确、适用法律不当；对被告人傅×的犯罪认定罪名不正确、适用法律不当，量刑畸轻；对被告人彭××的犯罪认定罪名不正确、适用法律不当。理由如下：

　　一、被告人胡×、张××以非法占有为目的，使用暴力手段劫取他人财物；并在抢劫犯罪中止后，又故意非法剥夺他人生命，其行为应当构成抢劫罪和故意杀人罪，应实行数罪并罚。

　　原判认为被告人胡×、张××在实施抢劫过程中，为抗拒被害人抓捕，当场杀死被害人，其行为构成抢劫罪实属认定罪名不正确，适用法律不当。第一，被告人胡×和张××杀死被害人的行为是在抢劫行为中止后，而非在实施抢劫过程中。被告人胡×伙同被告人张××共谋劫取被害人唐×学的财物后尾随跟踪其至××市清水塘路段，以持刀威胁和扼颈的手段逼迫被害人唐×学交出财物，其行为不仅侵害了被害人的财产权利，同时侵犯了被害人的人身权利，属抢劫犯罪无疑。但是被告人胡×和张××在实施以暴力手段抢劫被害人唐×学的财物过程中，因被害人唐×学奋力反抗，担心被人发觉，便放弃劫取财物，转身逃离现场时，其抢劫犯罪已经中止。本案案发时是凌晨4时许，现场灯光昏暗，四下无人，被害人唐×学事前已喝醉酒，被告人胡×持刀威胁，被告人张××扼住被害人颈项的暴力手段已经足以使被害人基本丧失反抗能力。尽管被害人唐×学奋力反抗，并用右手抓住被告人胡×手中的刀子，却并不足以阻止被告人继续实施抢劫犯罪。而被告人胡×和张××在这种条件下主动放弃劫取财物，符合抢劫犯罪中止的特征。因此，被告人胡×和张××在抢劫犯罪行为中止后，逃离现场过程中，为阻止被害人唐×学的呼喊和追赶，而转身上前持匕首捅刺被害人唐×学胸部的行为属于实施抢劫后另起犯意的行为。此时其实施的侵犯人身的暴力行为并不是非法占有财物的手段，主观上并无非法强行占有被害人财物的目的，不符合抢劫罪的特征。第二，被告人胡×和张××实施抢劫后，因害怕犯罪事实败露而故意杀人，其行为还构成故意杀人罪。被告人胡×和张××放弃劫取财物后，已逃离抢劫犯罪的作案现场。在逃跑过程中，被告人胡×和张××因为发现被害人在身后呼喊追赶，害怕犯罪事实败露，才转身欲阻止被害人，其实施持刀捅刺被害人胸部的行为时主观上具有损害他人生命健康权利的故意，应以故意杀人罪定罪处罚。此时的杀人行为与之前的抢劫行为之间没有必然的内在联系，属于两个独立的犯罪，应分别定抢劫罪和故意杀人罪，实行数罪并罚。第三，被告人胡×和张××构成故意杀人的共同犯罪。被告人胡×和张××在逃离现场时，为阻止被害人呼喊和追赶，转身跑回被害人身前时，其主观上对持刀连续捅刺被害人胸部会造成被害人死亡的危害后果是能够清楚认识的，却积极实施或放任实施了对被害人唐×学胸部连刺三刀的行为，导致其当场倒地，最后造成被害人心脏破裂大出血死亡，可见被告人胡×和张××已形成杀死被害人的共同犯罪故意，应共同对被害人的死亡结果承担刑事责任。因此根据《中华人民共和国刑法》第二百六十三条、第二百三十二条之规定，被告人胡×、张××以非法占有为目的，使用暴力手段劫取他人财物；并在抢劫行为中止后，为阻止被害人的追赶而故意非法剥夺他人生命，其行为应当以抢劫罪、故意杀人罪定罪，应实行数罪并罚。

二、被告人傅×、彭××明知被告人胡×、张××是犯罪的人而为其提供隐藏处所，帮助其逃匿，并帮助被告人胡×、张××毁灭证据，其行为应构成窝藏罪和帮助毁灭证据罪，应实行数罪并罚。

原判认为被告人傅×、彭××的犯罪行为构成包庇罪实属认定罪名不正确，适用法律不当。第一，被告人傅×和彭××明知被告人胡×和张××实施了抢劫杀人行为，仍容留其住在自己的租住房内，为其提供藏匿的处所；被告人彭××得知警方正在抓捕逃窜到××农业大学附近的两名抢劫杀人犯罪嫌疑人后，即疑是在抓捕被告人胡×和张××，遂将该情况告诉了两人，使之得以顺利逃离，因此被告人傅×和彭××明知被告人胡×、张××是犯罪的人而为其提供隐藏处所，帮助其逃匿，其行为构成窝藏罪。第二，被告人傅×在得知被告人胡×、张××实施了抢劫杀人犯罪后，指使被告人胡×、张××清洗了衣物和凶器上的血迹后，将匕首交给被告人彭××丢弃于××生物机电职业技术学院附近一池塘内，其主观上明知血迹或凶器是重大刑事案件的重要证据，仍帮助被告人胡×和张××予以销毁、破坏，情节严重，其行为应构成帮助毁灭证据罪。根据《中华人民共和国刑法》第三百一十条、第三百零七条之规定，被告人傅×和彭××明知被告人胡×和张××是犯罪的人而为帮助其逃避查处，实施了提供隐藏处所、通风报信和帮助犯罪分子逃匿、隐匿、毁灭罪证两种行为，应以窝藏罪和帮助毁灭证据罪定罪，实行数罪并罚。而没有证据证明被告人傅×和彭××实施了向司法机关作假证明包庇的行为，不构成包庇罪。

三、被告人傅×应处以三年以上十年以下有期徒刑，原判对被告人傅×判处有期徒刑二年的量刑畸轻。

第一，被告人傅×明知胡×和张××实施了抢劫杀人的犯罪行为，系重大刑事案件的犯罪嫌疑人，而仍为其提供隐藏处所，通风报信、帮助其逃匿，其行为显属情节严重。根据《中华人民共和国刑法》第三百一十条第一款规定："明知是犯罪的人而为其提供隐藏处所、财物，帮助其逃匿或者作假证明包庇的，处三年以下有期徒刑、拘役或者管制；情节严重的，处三年以上十年以下有期徒刑。"因此，被告人傅×犯窝藏罪，情节严重，除非具备法定从轻条件，否则应当处三年以上十年以下有期徒刑。第二，被告人傅×系共同窝藏犯罪和共同帮助毁灭证据犯罪的主犯，依法应对窝藏罪和帮助毁灭证据罪的犯罪结果承担全部刑事责任，且应实行数罪并罚。第三，被告人傅×无法定和酌定的从轻情节。被告人傅×犯窝藏罪和帮助毁灭证据罪，情节严重，犯罪事实清楚，证据确实、充分，其行为严重妨碍了司法机关的正常活动，是我国刑法打击的重点，根据《中华人民共和国刑法》第三百一十条、第三百零七条之规定，应对其处三年以上十年以下有期徒刑。

综上所述，××省××市中级人民法院以（××××）×中刑二初字第×号刑事判决书对被告人胡×以抢劫罪判处死刑，剥夺政治权利终身，并处没收个人全部财产；对被告人张××以抢劫罪判处有期徒刑十四年，剥夺政治权利三年，并处罚金四万元实属认定罪名不正确，适用法律不当；对被告人傅×以包庇罪判处有期徒刑二年实属认定罪名不正确，适用法律不当，量刑畸轻；对被告人彭××以包庇罪判处有期徒刑一年，宣告缓刑二年实属认定罪名不正确，适用法律不当。为维护司法公正，准确惩治犯罪，依照《中华人民共和国刑事诉讼法》第二百一十七条的规定，提出抗诉，请依法判处。

此致
××省高级人民法院

××市人民检察院
××年×月×日

附：被告人胡×、张××、傅×现押××市看守所，被告人彭××现在家。

(二) 刑事再审抗诉书范例

中华人民共和国最高人民检察院
刑事抗诉书

(审判监督程序适用)

××检××审刑抗〔20××〕×号

原审被告人忻××,男,1959年2月1日出生,身份证号码×××,汉族,浙江省宁波市人,高中文化,无业。因涉嫌犯绑架罪于20××年9月15日被刑事拘留,9月27日被逮捕。现于浙江省第四监狱服刑。

忻××绑架一案由浙江省宁波市人民检察院于20××年12月27日提起公诉,浙江省宁波市中级人民法院于20××年2月13日作出一审刑事附带民事判决,以被告人忻××犯绑架罪,判处死刑,剥夺政治权利终身,赔偿附带民事诉讼原告人杨×风、张玉×经济损失人民币329020元。忻××不服,提出上诉。浙江省高级人民法院于20××年5月23日作出(20××)浙刑一终字第×号刑事判决,撤销一审刑事附带民事判决中的量刑部分,维持判决的其余部分,以"鉴于本案的具体情况,对忻××判处死刑,可不予立即执行"为由,改判忻××死刑,缓期二年执行,剥夺政治权利终身。浙江省人民检察院经审查认为,浙江省高级人民法院二审判决改判忻××死刑缓期二年执行确有错误,提请我院按照审判监督程序提出抗诉。被害人父亲杨×风也向我院申诉,请求我院向最高人民法院提出抗诉。

经依法审查,本案事实如下:

原审被告人忻××因经济拮据而产生绑架他人勒索钱财的念头,

并多次从宁波市驾车到慈溪市"踩点",物色绑架对象。20××年8月18日上午,忻××驾驶自己的牌号为××的通宝牌面包车至慈溪市浒山街道团圈支路老年大学附近伺机作案。下午13时30分许,忻××见被害人杨××(女,1996年6月1日出生,浙江省慈溪市××小学三年级学生)背着书包独自一人经过,遂以"陈老师找你"为由将杨××骗上车,将其扣在一个塑料洗澡盆下,开车返回宁波市,并通过杨××获取其家住宅电话号码及其父亲杨×风的信息。当晚22时许,忻××开车将杨××带至宁波市北仑区算山村防空洞旁,采用捂口、鼻的方式将其杀害后掩埋。8月19日忻××乘火车到安徽省广德县购买了一部波导S1220型手机,并于8月20日凌晨0时许打电话到杨××家,要求杨××父亲杨×风于8月25日下午18时前带60万元现金到浙江省湖州市长兴县交换其女儿。而后,忻××又乘火车到安徽省芜湖市打勒索电话,因其将记录电话的纸条丢失,将被害人家电话号码后四位2353误记为7353,电话接通后听到接电话的人操宁波口音,而杨××的父亲杨×风讲普通话,由此忻××怀疑公安人员已介入,遂停止了勒索。9月15日忻××被公安机关抓获,9月18日忻××供述了绑架杀人经过,并带领公安人员指认了埋尸现场,公安机关起获了一具尸骨,经法医学DNA检验鉴定证实,被埋尸骨是被害人杨××。

上述事实,有物证波导S1220型手机、从忻××面包车上提取的被害人的头发、起获的被害人尸骨,忻××购买波导S1220型手机的收款收据、旧货经营凭证、辨认笔录,记录忻××打勒索电话的话费清单等书证,杨×风、张玉×、傅世×、洪义×等证人证言,原审被告人忻××的供述及录像,忻××指认埋尸现场的录像,现场勘查笔录,法医学鉴定意见等证据证实,足以认定。

本院认为,原审被告人忻××绑架犯罪事实清楚,证据确实、充分,依法应当判处死刑立即执行,浙江省高级人民法院以"鉴于本案具体情况"为由改判忻××死刑缓期二年执行确有错误,应予纠正。理由如下:

一、忻××绑架犯罪事实清楚,证据确实、充分。本案系公安机关通过技术侦查手段破获,并根据忻××供述找到的被害人杨×

×尸骨，定案的物证、书证、证人证言、被告人供述、鉴定意见、现场勘查笔录等证据能够形成完整的证据体系。忻××供述的诸多隐蔽细节，如埋尸地点、尸体在土中的姿势、尸体未穿鞋袜、埋尸坑中没有书包、打错勒索电话的原因、打勒索电话的通话次数、通话内容、接电话人的口音等，得到了其他证据的印证。

二、浙江省高级人民法院二审判决确有错误。经了解，二审判决书中"鉴于本案具体情况"是认为本案证据存在两个疑点：一是卖给忻××波导S1220型手机的证人傅世×在证言中讲该手机串号为××，而公安人员扣押在案手机的串号是×××，手机的同一性存有疑问；二是宋×娟和艾××证实，案发当天看见一中年妇女将一个与被害人特征相近的小女孩带走，不能排除有他人参与作案的可能。经我院审查，这两个疑问均能够排除。一是关于手机串号问题。经我院审查，公安人员在询问傅世×时，将波导S1220型手机原机主洪义×的身份证号码××误记为手机的串号。宁波市人民检察院移送给宁波市中级人民法院的《随案移送物品文件清单》中写明波导S1220型手机的串号是×××，且手机就在宁波市中级人民法院，对该疑问调取手机核查后就可以查清。据此，手机串号疑问已经排除。二是关于是否存在中年妇女参与作案的问题。案卷原有证据能够证实宋丽×、艾××证言证明的"中年妇女带走小女孩"与本案无关。宋丽×、艾××证言证明的中年妇女带走小女孩的地点在绑架现场东侧200米左右，与忻××绑架杨××并非同一地点。艾××证言证明的是迪欧咖啡厅南边的电脑培训学校门口，不是忻××实施绑架的地点；宋丽×证言证明的中年妇女带走小女孩的地点是迪欧咖啡厅南边的十字路口，而不是老年大学北围墙外的绑架现场，因为宋丽×所在位置被建筑物阻挡，看不到老年大学北围墙外的绑架现场。经我院实地查看绑架案发现场，此疑问也已经排除。二审庭审中，出庭检察员已经明确指出宋丽×、艾××证言证明的地点与忻××绑架杨××的地点不同，两个证人见到的情形与忻××绑架案件无关。此外，二人提到的小女孩的外貌特征等细节也与杨××不符。

三、忻××所犯罪行极其严重，对其应当判处死刑立即执行。

一是忻××精心预谋犯罪、主观恶性极深。忻××为实施绑架犯罪进行了精心预谋，多次到慈溪市"踩点"，并选择了相对僻静无人的地方作为行车路线。忻××以"陈老师找你"为由将杨××骗上车实施绑架，与慈溪市老年大学××英语培训班负责人陈老师的姓氏相符。忻××居住在宁波市鄞州区，选择在宁波市慈溪市实施绑架，选择在宁波市北仑区杀害被害人，之后又精心实施勒索赎金行为，赴安徽省广德县购买波导S1220型手机，使用异地购买的手机卡，赴安徽省宣城市、芜湖市打勒索电话并要求被害人父亲到浙江省长兴县交付赎金。二是忻××犯罪后果极其严重、社会危害性极大。忻××实施绑架犯罪后，为使自己的罪行不被发现，在得到被害人家庭信息后，当天就将年仅9岁的杨××杀害，并烧掉了杨××的书包，扔掉了杨××挣扎时脱落的鞋子，实施了毁灭罪证的行为。忻××归案后认罪态度差。开始不供述犯罪，并隐瞒作案所用手机的来源，后来虽供述犯罪，但编造他人参与共同作案。忻××的犯罪行为不仅剥夺了被害人的生命、给被害人家属造成了无法弥补的巨大痛苦，也严重影响了当地群众的安全感。三是二审改判忻××死刑缓期二年执行不被被害人家属和当地群众接受。被害人家属强烈要求判处忻××死刑立即执行，当地群众对二审改判忻××死刑缓期二年执行亦难以接受，要求司法机关严惩忻××。

　　综上，本院认为，原审被告人忻××属于罪行极其严重的犯罪分子，对其应当判处死刑立即执行，二审判决确有错误，应予纠正。为维护司法公正，准确惩治犯罪，依照《中华人民共和国刑事诉讼法》第二百四十三条第三款的规定，提出抗诉，请依法判处。

　　此致
中华人民共和国最高人民法院

中华人民共和国最高人民检察院
××年×月×日

附：1. 原审被告人忻××现在浙江省第四监狱服刑。
　　2. 卷宗七册及光盘一张。

第六节 其他常用公诉文书

一、报送（移送）案件意见书

（一）文书格式

××××人民检察院
报送（移送）案件意见书

××检××报（移）诉〔20××〕×号

×××人民检察院：

　　×××（侦查机关名称）于××××年××月××日以×××号起诉意见书向我院移送审查起诉的犯罪嫌疑人×××（姓名）涉嫌××（罪名）一案，经我院审查：

　　……（以下写明查明的案件情况，包括：犯罪嫌疑人基本情况，本院审查认定的该案犯罪事实及其证据、适用法律的意见，以及报送上级检察机关或者移送有管辖权的其他同级人民检察院审查起诉的理由。）

　　根据《中华人民共和国刑事诉讼法》第一百六十九条及《人民检察院刑事诉讼规则（试行）》第三百六十二条的规定，现将案件报送（或者移送）你院，请予审查。

××年×月×日
（院印）

（二）制作说明

1. 本文书依据刑事诉讼法第 169 条第 2 款的规定制作。为人民检察院受理同级侦查机关移送审查起诉的案件后，认为属于上一级人民检察院或移送同级人民检察院审查起诉的，而报送上一级人民检察院或移送同级人民检察院时使用。

2. 本文书一式三份，一份附卷，一份报送上一级人民检察院或移送同级人民检察院，一份送达移送审查起诉的侦查机关。

二、补充移送起诉通知书

（一）文书格式

××××人民检察院
补充移送起诉通知书

××检××补诉〔20××〕×号

一、送达单位。

二、写明原起诉意见书文号及犯罪嫌疑人姓名、涉嫌罪名、移送审查起诉时间。

三、写明需要补充移送起诉的犯罪嫌疑人姓名，犯罪事实，触犯的刑法条款，需要审查起诉的理由（如果需要补充移送起诉多名犯罪嫌疑人的，应分别叙写）。

四、写明要求补充移送起诉的法律依据（刑事诉讼法第一百六十八条第二项）和要求（及时或者在一定期限内补充移送起诉，并提供必需的证据材料）。

××年×月×日
（院印）

（二）制作说明

1. 本文书依据刑事诉讼法第168条第（二）项的规定制作。为人民检察院在要求补充移送起诉遗漏罪行或者其他应当追究刑事责任的犯罪嫌疑人时使用。

2. 本文书一式两份，一份给送达单位，一份附卷。

三、量刑建议书
（一）文书格式

××××人民检察院
量刑建议书

××检××量建〔20××〕×号

　　被告人＿＿＿＿涉嫌＿＿＿＿犯罪一案，经本院审查认为，被告人＿＿＿＿的行为已触犯《中华人民共和国刑法》第＿＿＿条第＿＿＿款第＿＿＿项之规定，犯罪事实清楚，证据确实充分，应当以＿＿＿＿罪追究其刑事责任，其法定刑为＿＿＿＿＿＿＿＿。

　　因其具有以下量刑情节：

　　1. 法定从重处罚情节：＿＿＿＿＿＿＿＿

　　2. 法定从轻、减轻或者免除处罚情节：＿＿＿＿＿＿＿＿

　　3. 酌定从重处罚情节：＿＿＿＿＿＿＿＿

　　4. 酌定从轻处罚情节：＿＿＿＿＿＿＿＿

　　5. 其他＿＿＿＿＿＿＿＿

　　故根据＿＿＿＿＿＿＿＿（法律依据）的规定，建议判处被告人＿＿＿＿＿＿（主刑种类及幅度或单处附加刑或者免予刑事处罚），＿＿＿＿＿＿（执行方式），并处＿＿＿＿＿＿＿＿（附加刑）。

　　此致

　　＿＿＿＿＿＿人民法院

检察员：

××年×月×日

（院印）

（二）制作说明

1. 本文书依据《刑诉规则》第400条的规定制作。为人民检察院对提起公诉的案件拟以专门的量刑建议书的形式向人民法院提出量刑建议时使用。

2. 法定刑为依法应适用的具体刑罚档次;量刑情节包括法定从重、从轻、减轻或者免除处罚情节和酌定从重、从轻处罚情节,如果有其他量刑理由的,可以列出;建议的法律依据包括刑法、相关立法和司法解释等。

3. 执行方式和并处附加刑属于选填项。建议单处附加刑或者免予刑事处罚的,不再建议主刑、执行方式和并处附加刑。

4. 量刑建议书应当署具体承办案件公诉人的法律职务和姓名;量刑建议书的年月日,为审批量刑建议书的日期。

5. 被告人犯有数罪的,应当分别指出其触犯的法律、涉嫌罪名、法定刑、量刑情节,对指控的各罪分别提出量刑建议后,可以根据案件具体情况决定是否提出总的量刑建议。

6. 一案中有多名被告人的,可以分别制作量刑建议书。

7. 本文书一式两份,一份送达人民法院,一份存档。

四、补充起诉决定书

(一) 文书格式

××××人民检察院
补充起诉决定书

××检××刑补诉〔20××〕×号

被告人_____一案,本院以_____号起诉书向你院提起公诉,在审理过程中,发现被告人_____有遗漏的罪行应当一并起诉和审理。现根据查明的事实对_____号起诉书作如下补充:

案件事实及证据:(同起诉书格式要求)

本院认为,被告人_____(姓名、罪状),其行为触犯了《中华人民共和国刑法》第_____条,犯罪事实清楚,证据确实充分,应当以_____罪追究其刑事责任。依据《中华人民共和国刑事诉讼法》第一百七十二条及《人民检察院刑事诉讼规则(试行)》第四百五十八条的规定,补充起诉,请依法判处。

_____号起诉书仍然具有法律效力。
此致
_____人民法院

检察员：
××年×月×日
（院印）

（二）制作说明

1. 本文书依据《刑诉规则》第458条的规定制作。为人民检察院在法庭审理中发现遗漏罪行，补充起诉时使用。

2. 被告人基本情况、认定的事实和适用的法律等的叙写以及其他问题，参照起诉书格式样本。

3. 本文书的份数和送达参照起诉书。

五、追加起诉决定书

（一）文书格式

××××人民检察院
追加起诉决定书

××检××刑追诉〔20××〕×号

被告人_____一案，本院以_____号起诉书向你院提起公诉，在审理过程中，发现遗漏的同案犯罪嫌疑人应当一并起诉和审理。现根据查明的事实追加起诉：

追加的被告人基本情况：（与起诉书格式同）

案件事实及证据：（同起诉书格式要求）

本院认为，被告人_____（姓名、罪状），其行为触犯了《中华人民共和国刑法》第_____条，犯罪事实清楚，证据确实充分，应当以_____罪追究其刑事责任。依据《中华人民共和国刑事诉讼法》第一百七十二条及《人民检察院刑事诉讼规则（试行）》第四百五十八条的规定，追加起诉，请依法判处。
　　_____号起诉书仍然具有法律效力。
　　此致
_____人民法院

检察员：
××年×月×日
（院印）

（二）制作说明
1. 本文书依据《刑诉规则》第458条的规定制作。为人民检察院在法庭审理中发现遗漏的同案犯罪嫌疑人，追加起诉时使用。
2. 被告人基本情况、认定的事实和适用的法律等的叙写以及其他问题，参照起诉书格式样本。
3. 本文书的份数和送达参照起诉书。

六、变更起诉决定书
（一）文书格式

××××人民检察院
变更起诉决定书

××检××刑变诉〔20××〕×号

　　被告人_____一案，本院以_____号起诉书向你院提起公诉，在开庭审理过程中，发现案件事实与起诉书指控的事实不符（被告人_____的真实身份与起诉书中叙述的身份不符）。现根据查明的事实对_____号起诉书作如下变更：
　　被告人的身份变更为：
　　认定的事实变更为：

适用的法律变更为：被告人＿＿＿＿＿＿＿（姓名、罪状），其行为触犯了《中华人民共和国刑法》第＿＿＿＿＿＿＿条，犯罪事实清楚，证据确实充分，应当以＿＿＿＿＿＿＿罪追究其刑事责任。根据《人民检察院刑事诉讼规则（试行）》第四百五十八条的规定，变更起诉，请依法判处。

＿＿＿＿＿＿＿号起诉书未被变更部分仍然具有法律效力。

此致

＿＿＿＿＿＿＿人民法院

检察员：

××年×月×日

（院印）

（二）制作说明

1. 本文书依据《刑诉规则》第 458 条的规定制作。为人民检察院在法庭审理中变更起诉时使用。

2. 被告人身份、认定的事实和适用的法律等的叙写以及其他问题，参照起诉书格式样本。

3. 本文书的份数和送达参照起诉书。

七、提请抗诉报告书

（一）文书格式

××××人民检察院
提请抗诉报告书

××检××提抗〔20××〕×号

×××人民检察院：

本院×年×月×日收到人民法院×年×月×日×××号对被告人×××一案的刑事判决（裁定）书。经本院审查认为：该判决

（裁定）确有错误。现将审查情况报告如下：

……

（以下依次写明：

一、原审被告人基本情况；

二、诉讼经过；

三、审查认定后的犯罪事实；

四、一审法院、二审法院的审判情况；

五、判决、裁定错误之处，提请抗诉的理由和法律根据；

六、本院检察委员会讨论情况）

为保证法律的统一正确实施，特提请你院通过审判监督程序对此案提出抗诉。现将×××案卷随文上报，请予审查。

附件：1. 卷宗_____册_____页；

2. 原审被告人现在处所。

××年×月×日

（院印）

（二）制作说明

1. 本文书依据刑事诉讼法第 243 条第 3 款的规定制作。为下级人民检察院审查发现同级人民法院已经生效的判决、裁定确有错误而提请上级人民检察院依法抗诉时使用。

2. 本文书一份附卷，提请最高人民检察院抗诉时报 22 份；提请其他上一级人民检察院抗诉时根据各地要求份数上报。

八、纠正违法通知书

（一）文书格式

××××人民检察院
纠正违法通知书

××检××纠违〔20××〕×号

一、发往单位。

二、发现的违法情况。包括违法人员的姓名、单位、职务、违法事实等，如果是单位违法，要写明违法单位的名称。违法事实，要写明违法时间、地点、经过、手段、目的和后果等。可表述为：经检察，发现……。

三、认定违法的理由和法律依据。包括违法行为触犯的法律、法规和规范性文件的具体条款，违法行为的性质等。可表述为：本院认为……。

四、纠正意见。可表述为：根据……（法律依据）的规定，特通知你单位予以纠正，请将纠正结果告知我院。

××年×月×日
（院印）

（二）制作说明

1. 本文书依据刑事诉讼法第98条、第115条、第168条、第265条及民事诉讼法第14条、行政诉讼法第10条等有关法律规定制作。为人民检察院依法纠正侦查机关、审判机关、执行机关的违法活动时使用。

2. 本文书的文号"　检　纠违〔　　〕　号"由提出纠正违法意见的具体业务部门分别按顺序编号。如监所检察部门提出纠正违法意见的，可填写"　检监纠违〔　　〕　号"。

3. 本文书采用叙述式，按以下层次叙写：

（1）写明发往单位，即发生违法情况的单位，行文上顶格书写。

（2）写明发现的违法情况。书写为：经检察，发现……。"发现"后书写顺序为：①发生违法情况的具体单位和人员。违法人员要写明姓名、所在单位、职务等。②违法事实。写明违法的时间、地点、经过、手段、目的和后果等。

（3）检察机关认定违法的理由及其法律依据。书写为：本院认为……。"本院认为"后写明违法行为触犯的法律、法规的具体条款、违法行为的性质等。

（4）纠正意见。写明：根据……（法律依据）的规定，特通知你单位予以纠正。请将纠正情况告知我院。

4. 本文书一式二份，一份送达发生违法行为的单位，一份附卷。

九、检察意见书

（一）文书格式

××××人民检察院

检察意见书

××检××意〔20××〕×号

一、发往单位。

二、案件来源及查处（审查）情况。

三、认定的事实、证据、决定事项（认定结论）及法律依据。

四、根据法律规定，提出检察意见的具体内容和要求。

××年×月×日

（院印）

（二）制作说明

1. 本文书依据刑事诉讼法第173条第3款和其他有关法律规定制作。为人民检察院向有关主管机关提出对被不起诉人给予行政处罚、行政处分（在向有关机关提出对被不起诉人给予行政处罚、行政处分时,应与不起诉决定书一并送有关主管机关)或向其他有关单位提出纠正意见及其他检察意见时使用。

2. 本文书文号"　检　意〔　〕　号"应由提出检察意见的具体业务部门分别填写。如公诉部门提出检察意见的,可填写"　检诉意〔　〕　号"。

3. 本文书一式二份,一份送达有关机关,一份附卷。

十、检察建议书

(一) 文书格式

× × × ×人民检察院

检察建议书

× ×检× ×建〔20× ×〕 ×号

一、写明主送单位的全称

二、问题的来源或提出建议的起因

写明本院在办理案件过程中发现该单位在管理等方面存在的漏洞以及需要提出有关检察建议的问题。

三、应当消除的隐患及违法现象

写明本院在办理案件过程中发现的犯罪隐患、执法不规范、需要加强改进或者建章立制的地方。

四、提出检察建议所依据的事实和法律、法规及有关规定

对事实的叙述要求客观、准确、概括性强,要归纳成几条反映问题实质的事实要件,然后加以叙述。检察建议引用依据有两种情况,一种情况是检察机关提出建议的行为所依据的有关规定;另一种情况是该单位存在的问题不符合哪项法律规定和有关规章制度的规定。

五、治理防范的具体意见

意见的内容应当具体明确,切实可行。要与以上列举的事实紧密联系。

六、要求事项

即为实现检察建议内容或督促检察建议落实而向受文单位提出的具体要求。可包括：

1. 研究解决或督促整改；
2. 回复落实情况，可提出具体时间要求。

××年×月×日
（院印）

（二）制作说明

1. 本文书为人民检察院在办案过程中，发现存在犯罪隐患、管理漏洞、执法不规范，以及认为应当对有关人员或者行为予以表彰或者给予处分、行政处罚等现象，向有关单位提出检察建议时使用。

2. 本文书号" 检 建〔 〕 号"由各级人民检察院办公室统一负责。

3. 本文书一式四份，一份附卷，一份送达受文单位，一份送达受文单位的上级主管部门，一份送本院预防部门。各地根据工作实际或根据承办部门提出的具体需要，可以增加印制份数。

4. 民事、行政检察部门根据民事诉讼法提出检察建议文书格式样本另行设计。

十一、附条件不起诉决定书

（一）文书格式

××××人民检察院
附条件不起诉决定书

××检××附不诉〔20××〕×号

犯罪嫌疑人……（写明姓名、性别、出生年月日、出生地和户籍地、身份证号码、民族、文化程度、所在学校或者单位、住址等，是否受过刑事处罚，采取强制措施的种类、时间、决定机关等。）

法定代理人……（写姓名、性别、年龄、单位）

辩护人……（写姓名、单位）

本案由×××（公安机关名称）侦查终结，以被附条件不起诉人×××涉嫌××罪，于××××年×月×日向本院移送审查起诉。本院受理后，于××××年×月×日告知犯罪嫌疑人及其法定代理人有权委托辩护人，××××年×月×日告知被害人有权委托诉讼代理人，并就是否适用附条件不起诉听取了公安机关、被害人和未成年犯罪嫌疑人及其法定代理人的意见，未成年犯罪嫌疑人及其法定代理人对适用附条件不起诉无异议。

（如果案件是其他人民检察院移送的，此处应当将指定管辖、移送单位以及移送时间等写清楚。）

（如果案件曾经退回补充侦查，应当写明退回补充侦查的日期、次数以及再次移送审查起诉时间。）

经本院依法审查查明：……（叙写案件事实，其重点内容是有关被附条件不起诉人符合附条件不起诉法定条件的事实和证据，尤其是其悔罪表现。）

本院认为，犯罪嫌疑人×××实施了《中华人民共和国刑法》第××条规定的行为，可能判处一年有期徒刑以下刑罚，符合起诉条件，但有悔罪表现，依据《中华人民共和国刑事诉讼法》第二百七十一条第一款的规定，决定对×××（被附条件不起诉人的姓名）附条件不起诉。考验期为×个月，从×年×月×日至×年×月×日止。

被附条件不起诉人×××应当遵守《中华人民共和国刑事诉讼法》第二百七十二条第三款的规定：

（一）遵守法律法规，服从监督；

（二）按照考察机关的规定报告自己的活动情况；

（三）离开所居住的市、县或者迁居，应当报经考察机关批准；

（四）按照考察机关的要求接受矫治和教育（可以根据具体情况写明接受矫治教育的内容）。

……

在考验期内有《中华人民共和国刑事诉讼法》第二百七十三条第一款规定情形之一的，本院将撤销附条件不起诉的决定，提起公诉。

在考验期内没有上述情形，考验期满的，本院将作出不起诉的决定。

被附条件不起诉人及其法定代理人如对本决定有异议，可以向本院提出，本院将依法提起公诉。

被害人如不服本决定，可以自收到本决定书后七日以内向×××人民检察院申诉，请求提起公诉；也可以不经申诉，直接向×××人民法院提起自诉。

××××人民检察院

（院印）

××年×月×日

（二）制作说明

1. 本文书依据刑事诉讼法第 271 条第 1 款的规定制作。为人民检察院对未成年犯罪嫌疑人作出附条件不起诉决定时使用。

2. 本文书应当向犯罪嫌疑人宣告，同时，宣读并责令其遵守刑事诉讼法第 272 条第 3 款的规定，告知其违反规定应负的法律责任。

3. 本文书应当有正本、副本之分，其中正本一份发送被附条件不起诉人，副本发送被附条件不起诉人的法定代理人、辩护人、被害人或者其近亲属及其诉讼代理人、公安机关，并归入正卷。

十二、没收违法所得申请书

（一）文书格式

××××人民检察院
没收违法所得申请书

××检××没申〔20××〕×号

犯罪嫌疑人（被告人）……（写明姓名、性别、出生年月日、出生地、户籍地、身份证号码、民族、文化程度、职业或者工作单位及职务、住址、曾受到行政处罚、刑事处罚的情况）

犯罪嫌疑人（被告人）×××因涉嫌××罪，被×××（侦查机关）立案侦查，并于××××年×月×日逃匿。×××（侦查机关）于××××年×月×日发布通缉令，至今不能到案。（如果死亡的，写明于××××年×月×日死亡。）×××（移送没收违法所得意见书的机关）于××××年×月×日向本院移送没收违法所得意见书。本院受理后，审查了全部案件材料……（写明要求侦查机关补充证据、延长审查期限等情况）。

［如果是自侦案件，此处写："犯罪嫌疑人（被告人）×××因涉嫌××罪，由本院立案侦查，并于××××年×月×日逃匿。我院于××××年×月×日发布通缉令，至今不能到案。（如果死亡的，写明于××××年×月×日死亡。）我院于××××年×月×日移送没收违法所得意见书。"

如果案件是其他人民检察院移送的，此处应当将移送单位以及移送时间等写清楚。］

［如果犯罪嫌疑人是在审查起诉时逃匿、死亡的，此处写："本案由×××（侦查机关）侦查终结，以×××涉嫌××罪，于××××年×月×日向本院移送审查起诉。犯罪嫌疑人×××于××××年×月×日逃匿。于××××年×月×日发布通缉令，至今不能到案。（如果死亡的，写明于××××年×月×日死亡。）本院对全部案件材料进行了审查……（写明要求侦查机关补充证据的情况）"］

［如果被告人是在审理时逃匿、死亡的，此处写："本案由×××（侦查机关）侦查终结，以×××涉嫌××罪，于××××年×月×日向本院移送审查起诉。本院受理后，于××××年×月×日向×××人民法院提起公诉。被告人×××于××××年×月×日逃匿。于××××年×月×日发布通缉令，至今不能到案。（如果死亡的，写明于××××年×月×日死亡。）本院对全部案件材料进行了审查……（写明要求侦查机关补充证据的情况）"］

经依法审查查明：……（写明经检察机关审查认定的犯罪事实，依照刑法规定应当追缴的违法所得及其他涉案财产的来源、种类、数量、所在地以及查封、扣押、冻结等情况。）

写明犯罪嫌疑人（被告人）的近亲属或者其他利害关系人的姓名、住址、联系方式及其要求。

认定上述事实的证据如下：

……（针对上述犯罪事实和违法所得，分别列举证据）

本院认为，犯罪嫌疑人（被告人）×××涉嫌××罪，逃匿一年后不能到案（或者于×××年××月××日死亡），……（概述其违法所得及其他涉案财产的来源、种类和数量等），事实清楚，证据确实充分，应当对其违法所得及其他涉案财产予以追缴。根据《中华人民共和国刑事诉讼法》第二百八十条的规定，提出没收违法所得申请，请依法裁定。

此致
×××人民法院

检察员：×××
（院印）
××年×月×日

附：

1. 通缉令或者死亡证明书。
2. 违法所得及其他涉案财产清单以及查封、扣押、冻结的情况。
3. 证据材料、不宜移送的实物证据的清单、照片或者其他证明文件、拟出庭证人名单。
4. 其他需要附注的事项。

违法所得及其他涉案财产清单

编号：

第 页 共 页

编号	名称	数量	基本特征	来源或权属人	备注

批准人：　　　承办人：　　　　年　月　日　　公章

本清单一式二份，一份附卷，一份由办案单位留存。

（二）制作说明

1. 本文书依据刑事诉讼法第 280 条的规定制作。为人民检察院依法向人民法院提出没收违法所得申请时使用。

2. 本文书由首部、犯罪嫌疑人（被告人）的基本情况、案由和案件的审查过程、犯罪事实和违法所得、证据、申请要求和根据、尾部七部分组成。

十三、强制医疗申请书

（一）文书格式

××××人民检察院
强制医疗申请书

××检××医申〔20××〕×号

涉案精神病人……（写明姓名、性别、出生年月日、出生地、户籍地、身份证号码、民族、文化程度、职业或者工作单位及职务、住址、曾受到行政处罚、刑事处罚的情况、采取临时保护性约束措施的情况等）

法定代理人……（写姓名、性别、年龄、单位）

×××（涉案精神病人）因涉嫌实施××行为，危害公共安全（或者严重危害公民人身安全），经×××（公安机关）鉴定依法不负刑事责任。×××（公安机关）于××××年××月××日作出撤销案件的决定。×××（公安机关）于××××年××月××日向本院移送强制医疗意见书。本院受理后，审查了全部案件材料……（写明要求公安机关补充证据等情况）。

［如果是在审查起诉时对犯罪嫌疑人做的精神病鉴定，此处写："本案由×××（公安机关）侦查终结，以×××涉嫌××罪，于××××年××月××日向本院移送审查起诉，本院对×××进行了精神病鉴定，经鉴定依法不负刑事责任。本院于××××年××月××日依法作出不起诉决定。"］

经依法审查查明：……（写明经检察机关审查认定的涉案精神病人实施危害公共安全或者严重危害公民人身安全的暴力行为的事实，涉案精神病人经法定程序鉴定依法不负刑事责任，有继续危害社会的可能。）

认定上述事实的证据如下：

……（针对上述事实，分别列举证据）

本院认为，×××（涉案精神病人）实施××行为，危害公共安全（或者严重危害公民人身安全），经法定程序鉴定为依法不负刑事责任的精神病人，有继续危害社会的可能，事实清楚，证据确实充分，应当对其强制医疗。根据《中华人民共和国刑事诉讼法》第二百八十五条第二款的规定，提出强制医疗申请，请依法决定。

此致
××××人民法院

检察员：×　×　×

（院印）

××年×月×日

附：

1. 涉案精神病人现在处所，具体包括被采取临时保护性约束措施的处所。
2. 鉴定意见、撤销案件决定书、不起诉决定书。
3. 证据材料、不宜移送的实物证据的清单、照片或者其他证明文件、拟出庭证人名单。
4. 其他需要附注的事项。

（二）制作说明

1. 本文书依据刑事诉讼法第284条、第285条第2款的规定制作。为人民检察院依法向人民法院提出强制医疗申请时使用。

2. 本文书由首部、涉案精神病人的基本情况、涉案精神病人的法定代理人的基本情况、案由和案件的审查过程、案件事实和鉴定情况、证据、申请要求和根据、尾部八部分组成。

第四部分

公诉精品案例

一、施某某等 17 人聚众斗殴案

【基本案情】

犯罪嫌疑人施某某等 9 人，系福建省石狮市永宁镇西岑村人。犯罪嫌疑人李某某等 8 人，系福建省石狮市永宁镇子英村人。福建省石狮市永宁镇西岑村与子英村相邻，原本关系友好。近年来，两村因土地及排水问题发生纠纷。永宁镇政府为解决两村之间的纠纷，曾组织人员对发生土地及排水问题的地界进行现场施工，但被多次阻挠未果。2008 年 12 月 17 日上午 8 时许，该镇组织镇干部与施工队再次进行施工。上午 9 时许，犯罪嫌疑人施某某等 9 人以及数十名西岑村村民头戴安全帽，身背装有石头的袋子，手持木棍、铁锹等器械到达两村交界处的施工地界，犯罪嫌疑人李某某等 8 人以及数十名子英村村民随后也到达施工地界，手持木棍、铁锹等器械与西岑村村民对峙，双方互相谩骂、互扔石头。出警到达现场的石狮市公安局工作人员把双方村民隔开并劝说离去，但仍有村民不听劝说，继续叫骂并扔掷石头，致使两辆警车被砸损（经鉴定损失价值人民币 761 元），三名民警手部被打伤（经鉴定均未达轻微伤）。

【诉讼经过】

案发后，石狮市公安局对积极参与斗殴的西岑村施某某等 9 人和子英村李某某等 8 人以涉嫌聚众斗殴罪向石狮市人民检察院提请批准逮捕。为避免事态进一步扩大，也为矛盾化解创造有利条件，石狮市人民检察院在依法作出批准逮捕决定的同时，建议公安机关和有关部门联合两村村委会做好矛盾化解工作，促成双方和解。2010 年 3 月 16 日，石狮市公安局将本案移送石狮市人民检察院审查起诉。石狮市人民检察院在办案中，抓住化解积怨这一关键，专门成立了化解矛盾工作小组，努力促成两村之间矛盾的化解。在取得地方党委、人大、政府支持后，工作小组多次走访两村所在的永宁镇党委、政府，深入两村争议地点现场查看，并与村委会沟通，制订工作方案。随后协调镇政府牵头征求专家意见并依照镇排水、排污规划对争议地点进行施工，从交通安全与保护环境的角度出发，在争议的排水沟渠所在地周围修建起护栏和人行道，并纳入镇政府的统一规划。这一举措得到了两村村民的普遍认同。化解矛盾工作期间，工作小组还耐心、细致地进行释法说理、政策教育、情绪疏导和思想感化等工作，两村相关当事人及其家属均对用聚众斗殴这种违法行为解决矛盾纠纷的做法进行反省并表示后悔，都表现出明确的和解意愿。2010 年 4 月 23 日，西岑村、子英村两村村委会签订了两村和解协议，涉案人员也分别出具承诺书，表示今后不再就此滋生事端，并保证遵纪守法。至此，两村纠纷得到妥善解决，矛盾根源得以消除。

石狮市人民检察院认为：施某某等 17 人的行为均已触犯了《中华人民共和国刑法》第 292 条第 1 款、第 25 条第 1 款之规定，涉嫌构成聚众斗殴罪，依法应当追究刑事责任。鉴于施某某等 17 人参与聚众斗殴的目的并非为了私仇或争霸一方，且造成的财产损失及人员伤害均属轻微，并未造成严重后果；两村村委会达成了和解协议，施某某等 17 人也出具了承诺书，从惩罚与教育相结合的原则出发以及有利于促进社会和谐的角度考虑，2010 年 4 月 28 日，石狮市人民检察院根据《中华人民共和国刑事诉讼法》[①] 第 142 条第 2 款之规定，决定对施某某等 17 人不起诉。

【案例要旨】

不起诉是检察机关一项重要的公诉职能，是对侦查终结移送起诉的案件，经审查认为不应当或者没必要对犯罪嫌疑人追究刑事责任，决定不向人民法院提起公诉，终止刑事诉讼的活动。其中，相对不起诉是检察机关对于犯罪情节轻微，依照刑法规定不需要判处刑罚或者依法免除刑罚的犯罪嫌疑人酌定不起诉。根据刑事诉讼法第 279 条的规定，对达成和解协议的公诉案件，人民检察院提起公诉的，可以建议人民法院从宽处罚；对犯罪情节轻微，不需要判处刑罚的，可以相对不起诉。

---

① 编者注：此处是指 1996 年刑事诉讼法。

二、许某某受贿案

【基本案情】

被告人许某某,原系某市市委副书记、市长,曾任中共某市市委常委、组织部长、常务副市长。2001年至2009年,被告人许某某在担任中共某市市委常委、组织部长、常务副市长、市长期间,利用职务上的便利,为他人谋取利益,非法收受他人财物2720.8万港元、64万美元、3万英镑、48万元人民币、价值人民币68万元的第29届奥运会马术比赛项目纪念金盘一个,折合人民币共计3318.489万元。

1. 2006年至2007年,被告人许某某在担任某市人民政府市长期间,利用职务上的便利,为广东省联泰集团有限公司(以下简称联泰集团)深圳湾填海区九号地块改变用途、联泰集团总部迁入深圳等事项提供帮助。在此期间,许某某先后三次非法收受联泰集团董事长黄某某款项共计1500万港元,折合人民币1521.83万元。

2. 2002年至2009年,被告人许某某在担任某市人民政府常务副市长、市长期间,利用职务上的便利,为深圳市顺嘉高新建材有限公司(以下简称顺嘉公司)董事长兼总经理朱某某家庭户籍迁移、子女入学、顺嘉公司产品推广、承接工程等提供帮助。在此期间,许某某先后12次非法收受朱某某款项共计590万港元、3万美元,折合人民币共计554.5914万元。

3. 2001年至2008年,被告人许某某在担任中共某市市委组织部长、常务副市长、市长期间,利用职务上的便利,为深圳市景业有限公司董事长庄某某子女入学、土地纠纷提供帮助,先后7次非法收受庄某某款项共计130万港元、30万美元和3万英镑,折合人民币共计386.104万元。

4. 2003年至2009年,被告人许某某在担任某市常务副市长、市长期间,利用职务上的便利,为深圳海王集团股份有限公司(以下简称海王集团)债务重组、医药物流建设用地提供帮助。在此期间,许某某先后12次收受海王集团法定代表人张某某款项共计29万美元、价值人民币68万元的第29届奥运马术项目纪念金盘一个,折合人民币共计292.2537万元。

5. 2005年至2008年,被告人许某某在担任某市常务副市长、市长期间,利用职务上的便利,为大百汇实业集团有限公司(以下简称大百汇集团)总部建设用地调整规划、参与深圳市福田区岗厦河园片区旧城改造项目提供帮助。在此期间,许某某先后2次非法收受大百汇集团法定代表人温某某款项共计200万港元、2万美元,折合人民币共计225.7618万元。

6. 2004 年至 2009 年，被告人许某某在担任某市常务副市长、市长期间，利用职务上的便利，为余某某（另案处理）被提拔为该市某区区长、区委书记的事项提供帮助，先后 6 次非法收受余某某款项共计 120 万港元，折合人民币共计 117.2912 万元。

7. 2002 年至 2009 年，许某某在担任某市常委组织部部长、市政府常务副市长、市长期间，利用职务上的便利，为深圳市索立特磨料磨具科技开发有限公司（以下简称索立特公司）购买厂房用地提供帮助、承诺为索立特公司法定代表人刘某某儿子的工作事项提供帮助。在此期间，许某某先后 8 次非法收受刘某某款项共计 94.8 万港元、20 万元人民币，折合人民币共计 108.0867 万元。

8. 2001 年至 2009 年，许某某在担任某市委组织部部长、常务副市长、市长期间，利用职务上的便利，在陈某兴被提拔为该市某区副区长、区委常委、晋升为正局级、担任区政协主席的事项上提供帮助。在此期间，许某某先后 9 次非法收受陈某兴款项共计 66 万港元、8 万元人民币，折合人民币共计 72.7438 万元。

9. 2003 年至 2007 年，许某某在担任某市委组织部部长、常务副市长、市长期间，利用职务上的便利，为陈某武进入招商局集团有限公司工作提供帮助。在此期间，许某某先后 4 次非法收受陈某武款项共计港币 20 万元、人民币 20 万元，折合人民币共计 39.8264 万元。

案发后，被告人许某某主动交代了办案机关尚未掌握的部分受贿犯罪事实；赃款赃物已全部追缴。

【诉讼经过】

被告人许某某受贿一案，由最高人民检察院于 2010 年 8 月 3 日立案侦查。侦查终结后，于 2011 年 3 月 19 日指定河南省郑州市人民检察院审查起诉。郑州市人民检察院受理后，于 2011 年 3 月 21 日依法告知被告人有权委托辩护人，依法讯问了被告人，审查了全部案件材料。2011 年 4 月 2 日，河南省郑州市人民检察院依法向郑州市中级人民法院提起公诉。

2011 年 4 月 21 日，河南省郑州市中级人民法院依法组成合议庭公开审理了此案。法庭审理认为：

被告人许某某身为国家工作人员，利用职务便利，为他人谋取利益，非法收受他人财物，其行为构成受贿罪。郑州市人民检察院指控被告人许某某犯受贿罪的事实清楚，证据确实充分，指控罪名成立。许某某受贿数额特别巨大，情节特别严重，论罪应当判处死刑，鉴于许某某在案发后主动交代有关部门尚未掌握的部分犯罪事实，具有坦白情节，认罪态度较好，赃款赃物已全部追缴，对其判处死刑，可不立即执行。

2011年5月9日，河南省郑州市中级人民法院依照《中华人民共和国刑法》第385条第1款、第386条、第383条第1款第（一）项、第2款、第48条第1款、第51条、第57条第1款、第59条、第64条及最高人民法院《关于处理自首和立功具体应用法律若干问题的解释》第4条之规定，作出如下判决：

一、被告人许某某犯受贿罪，判处死刑，缓期二年执行，剥夺政治权利终身，并处没收个人全部财产。

二、扣押在案的赃款赃物依法上缴国库。

一审宣判后，被告人许某某在法定期限内没有提出上诉，检察机关也没有提起抗诉。2011年6月14日，河南省高级人民法院裁定核准郑州市中级人民法院的刑事判决。

【案例要旨】

查办国家工作人员职务犯罪案件是检察机关的一项重要职能，也是反腐败工作的重要体现，本案被告人许某某受贿数额特别巨大，情节特别严重，案发后，被告人主动交代办案机关尚未掌握的部分犯罪事实，依法可以从轻处罚。据此，法院对被告人许某某判处死刑，缓期二年执行，剥夺政治权利终身，并处没收个人全部财产。死刑缓期二年的判决依法经河南省高级人民法院裁定核准后生效。

三、陈某某贪污案

【基本案情】

被告人陈某某，男，原系某派出所副所长，负责该派出所管辖区域内的刑事案件突破、处理纠纷、消防安全等具体事宜。2011年2月12日，受害人周某某开车在公园东门南侧与本市居民于某某险些相撞，发生口角，与于某某同行的李某将周某某的左眼打伤，后群众报警。犯罪嫌疑人陈某某作为当天的值班领导，负责该起案件的处理。周某某的伤情经鉴定为轻伤，陈某某意图给双方调解。在调解伤害赔偿数额过程中，陈某某没有按照正常的调解程序进行调解，即应该是两名以上民警及双方当事人均在场的情况下进行调解，而陈某某却单独和周某某谈论赔偿数额的事情。在明知周某某要求赔偿3.9万元的情况下，向李某谎称周某某要求赔偿7.8万元，李某对此表示无力赔偿，但于某某愿意支付5万元替李某进行赔偿。陈某某又对周某某谎称，该所在处理另一起伤害事件过程中，由于民警的过失使伤害方逃跑，被害方一直得不到赔偿，向该派出所要钱，而派出所无法支付该款。陈某某希望周某某能拿出1.5万元支持派出所工作，周某某表示同意，并在得到5万元调解款后，从中将1.5万元交给陈某某。

【诉讼经过】

陈某某因涉嫌犯受贿罪，海淀区人民检察院于2011年5月6日立案侦查，同日被刑事拘留，同月13日被取保候审。2012年5月20日，陈某某被海淀区人民检察院以贪污罪起诉；2012年12月19日，陈某某被海淀区人民法院以贪污罪判处有期徒刑2年。

【案例要旨】

检察机关代表国家对侦查机关侦查终结或自行侦查终结移送起诉或不起诉的案件进行审查，决定是否将犯罪嫌疑人提交人民法院审判。审查起诉是连接侦查与审判的一个独立诉讼阶段，其主要任务有两方面：一是按照"以事实为根据，以法律为准绳"的原则，对侦查机关或者人民检察院侦查部门移送的案件，从认定事实、犯罪性质、证据状况以及适用法律等方面进行全面、细致的审查，及时发现和弥补侦查工作中的遗漏和缺陷，为作出提起公诉或者不起诉的决定奠定良好的基础，确保追诉犯罪的全面性和准确性。二是对侦查活动实施法律监督，及时发现和纠正侦查活动中的违法行为，以维护法律的权威性，使当事人和其他诉讼参与人的合法权益免受不法侵害。本案中侦查部门以受贿罪立案侦查，经审查，公诉部门认为认定受贿罪不当，应当以贪污罪追究刑事责任，依法以贪污罪起诉。

四、王某某受贿案

【基本案情】

被告人王某某，原系某国有独资公司（以下简称"集团"）副总经理。1999年6月，集团成立科技发展股份有限公司（以下简称"科技"），集团占股90%，集团推荐王某某到科技担任董事、总经理。王某某还担任科技公司党委成员。2000年1月集团免去王某某副总经理职务，王某某任科技常务副总经理，同时人事关系转到科技。2002年6月，王某某不再担任科技董事，被聘任为公司副总经理，任期3年。

2000年6月，科技与其他四家单位共同出资注册成立了开发建设股份有限公司（以下简称"建设"），科技占股52%。经科技推荐，王某某担任董事长（法定代表人），并兼任党委副书记、总经理。2004年7月，经王某某申请，建设董事会辞去其总经理职务。

2006年4月建设股权变更，黄某某以其个人公司鹏泰投资有限公司收购建设48.25%股权，成为第一大股东，科技占股39%，为第二大股东，公司法定代表人（董事长）变更为王某生，王某某不再担任董事长，被聘任为公司总经理。鹏泰投资入主后的新股东大会选举王某生、段某基、王某某、邹某春、王某国担任公司董事，组成第三届董事会。2006年5月30日，建设调整公司经营班子分工，王某某主持公司全面生产经营。

于此期间，集团按照市委、市政府要求，为实现科技公司国有股权的整体退出，于2005年12月开始进行重组。黄某某收购建设股权后，于2006年7月开始收购集团持有的科技的股份，经过协商、签订股权转让合同、报经国务院国资委批复等手续，2006年12月26日股权转让完成，集团派出的人员辞去董事职务，科技重组完成。2006年12月29日，股权进行了过户登记。2007年1月，科技公司法定代表人变更为许某某，第三届董事会产生，有黄某某、许某某等人。与此同时，王某某向建设董事会及许某某董事长申请辞去总经理职务，建设董事会同意王某某辞去总经理职务，王某某继续担任公司董事，处理公司开发及施工业务遗留问题。

2007年10月26日，王某某被选举为建设第五届董事会董事。2008年1月30日，免去王某某董事。2008年9月，王某某从建设退休。

被告人王某某于2005年至2006年9月担任建设董事长、总经理期间，利用负责该公司股权转让工作的职务便利，为民航房地产开发有限公司收购建设在文化体育中心有限公司中持有的35%股权提供重要帮助。为此，王某某伙同其子被告人王某，于 2006 年 7、8 月间，以凯恒投资咨询有限公司名义与民航房地产开发有限公司总经理蔡某（另案处理）签订虚假委托投资协议，通过王某在香港收受民航房地产开发有限公司蔡某给予的好处费 100 万美元（折合人民币 797.72 万元）。案发后，赃款已全部退缴。

【诉讼经过】

北京市人民检察院第一分院于 2011 年 11 月 24 日，以被告人王某某、王某涉嫌受贿罪，向北京市第一中级人民法院提起公诉。

北京市第一中级人民法院经审理认为，被告人王某某作为受国有公司委派到非国有公司从事公务的人员，利用职务上的便利，伙同被告人王某，非法收受他人财物，为他人谋取利益，其行为均已构成受贿罪，依法均应予惩处。依照《中华人民共和国刑法》第 385 条第 1 款、第 386 条、第 383 条第 1 款第（一）项、第 93 条第 2 款之规定，判决被告人王某某犯受贿罪，判处无期徒刑，剥夺政治权利终身，并处没收个人全部财产；判决被告人王某犯受贿罪，判处有期徒刑 7 年。

【案例要旨】

对于国有独资公司通过其控股公司间接委派到其他公司中工作的人员是否属于国家工作人员，是司法认定中的一个难点。2003 年《全国法院审理经济犯罪案件工作座谈会纪要》对"委派"有原则性的规定："所谓委派，即委任、派遣，其形式多种多样，如任命、指派、提名、批准等。不论被委派的人身份如何，只要是接受国家机关、国有公司、企业、事业单位委派，代表国家机关、国有公司、企业、事业单位在非国有公司、企业、事业单位、社会团体中从事组织、领导、监督、管理等工作，都可以认定为国家机关、国有公司、企业、事业单位委派到非国有公司、企业、事业单位、社会团体从事公务的人员。如国家机关、国有公司、企业、事业单位委派在国有控股或者参股的股份有限公司从事组织、领导、监督、管理等工作的人员，应当以国家工作人员论。"

2010 年 12 月最高人民法院、最高人民检察院联合下发了《关于办理国家出资企业中职务犯罪案件具体应用法律若干问题的意见》（以下简称《意见》），对当前国家出资企业中的职务犯罪案件办理中遇到的具体法律适用问题，进一步提出了具体处理意见。《意见》中所称"国家出资企业"，包括国家出资的国有独资公司、国有独资企业，以及国有资本控股公司、国有资本参股公司。《意见》中规定"经国家机关、国有公司、企业、事业单位提名、推荐、任命、批准等，在国有控股、参股公司及其分支机构中从事公务的人员，应当认定为国家工作人员。具体的任命机构和程序，不影响国家工作人员的认定。经国家出资企业中负有管理、监督国有资产职责的组织批准或者研究决定，代表其在国有控股、参股公司及其分支机构中从事组织、领导、监督、经营、管理工作的人员，应当认定为国家工作人员。"

以上两个司法文件对于"委派"的认定，均持实质认定的观点，即不论委派的形式和程序如何，只要行为人实质上是代表国有单位在非国有单位中从事组织、领导、监督、管理等公务活动，直接代表国有单位的意志，即应认定为国家工作人员。

五、刘某某挪用公款案

【基本案情】

被告人刘某某,原系某国有单位财会部预算处处长。因涉嫌犯挪用公款罪于2009年4月27日被逮捕。

被告人刘某某于2001年12月至2004年7月期间,利用担任国有单位财务部预算处处长,负责管理财会部预算处、财务处、结算中心工作的职务便利,擅自以结算中心的名义,与丰银企业集团(以下简称丰银集团)签订借款《协议书》,将其管理的公款借给丰银集团及其关联企业,用于上述公司经营。在2001年12月至2003年12月期间,刘某某分22笔共计借给丰银集团人民币共计3.32亿余元。2004年1月,刘某某在其管理的单位印鉴被收回后,仍利用之前盖好印鉴的空白支票继续分5笔借给丰银集团及其关联企业人民币6350万元。在领导找其核对账目时,为了隐瞒擅自借款的事实,刘某某伪造银行对账单等材料应付领导的审查。综上,刘某某先后分27笔共计借给丰银集团及其关联公司公款人民币3.96亿余元。2003年至2007年期间,丰银集团将公司一辆车牌号为京EA9666的尼桑汽车提供给刘某某个人使用。

2004年9月14日,刘某某得知单位领导发现其管理的资金账户有巨额资金支出,与其提供的对账单不符后,刘某某找到单位领导,交代了其擅自出借公款的事实。后经历时3年多的追款,上述借款及利息于2007年8月被追还。

【诉讼经过】

北京市人民检察院第一分院于2010年7月23日对被告人刘某某涉嫌犯挪用公款罪提起公诉。

北京市第一中级人民法院经审理认为:被告人刘某某身为国家工作人员,利用职务上的便利,擅自决定将巨额公款供他人长期使用,进行营利活动,谋取个人利益,其行为已构成挪用公款罪,且数额特别巨大。北京市人民检察院第一分院指控被告人刘某某犯挪用公款罪的事实清楚,证据确实、充分,指控罪名成立。刘某某在单位领导发现其管理的账户有巨额资金支出并找其谈话、核实前,向单位领导交代了问题,如实供述了自己的犯罪事实,可认定为自首,鉴于其所挪用公款已全部被追还,可对其依法、酌予从轻处罚。据此,依照《中华人民共和国刑法》第384条第1款,第67条第1款,第61条及全国人民代表大会常务委员会《关于〈中华人民共和国刑法〉第三百八十四条第一款的解释》第(三)项之规定,判决被告人刘某某犯挪用公款罪,判处有期徒刑10年。

一审判决后,原审被告人刘某某不服,提出上诉,提出其对外借款是为了给单位创收,为自己创造工作业绩;借车行为虽然发生在对外借款期间,但该车主要为单位的业务及以后的追款使用,如果认定个人谋取了经济利益,也是谋取了轻微的经济利益;总社属于集体所有制组织,其不属于国家工作人员。一审判决对其量刑过重。北京市高级人民法院审理后以(2010)高刑终字第605号刑事裁定书作出终审裁定,驳回刘某某的上诉,维持原判。

【案例要旨】

国家工作人员利用职务上的便利,擅自决定将巨额公款供他人长期使用,进行营利活动,谋取个人利益,构成挪用公款罪。犯罪以后自动投案,如实供述自己罪行的,是自首,可以从轻或者减轻处罚。本案被告人在单位领导发现其管理的账户有巨额资金支出并找其谈话、核实前,向单位领导交代了问题,如实供述了自己的犯罪事实,为自首。

六、高某某等人贪污案

【基本案情】

被告人高某某，原系郑州市某区人大常委会副主任，曾任郑州市某区铭功路办事处党委书记、某区房管局局长。

被告人岳某某，原系郑州市某区一马路办事处协理员、曾任郑州市某区铭功路办事处主任。

被告人张某某，原系郑州市某区委办公室副主任，曾任某区铭功路办事处副主任。

被告人许某某，原系郑州市某区德化街办事处主任、曾任某区铭功路办事处副主任。

1. 1994年12月，被告人高某某利用担任郑州市某区铭功路办事处党委书记的职权，召开有被告人岳某某、张某某、许某某等人参加的铭功路办事处党委扩大会，会议决定，在保密的情况下，私自动用铭功路办事处的拆迁补偿费1525751.40元，给高某某、岳某某、张某某、许某某等人每人购买私房一套。其中：

高某某用公款215052.60元，在郑州市南阳路中亨花园1号院购买私房一套，占为己有。案发后赃款已被追回。

岳某某用公款223000元，在某区商业局第三贸易公司购买私房一套，占为己有。案发后赃款已追回。

张某某用公款193025.40元，在郑州市南阳路中亨花园1号院购买私房一套，占为己有。案发后赃款已追回。

许某某用公款193025.40元，在郑州市南阳路中亨花园1号院购买私房一套，占为己有。案发后赃款已追回。

2. 1997年3月，被告人高某某利用担任某区房管局局长之便，指使时任某区房管局局长助理张某华到某区拆迁办公室，将应补偿某区房管局的苑陵街拆迁补偿费264600元在不入某区房管局财务账的情况下，私自取出，到郑州市南阳路中亨花园为高某某购房一套，并将剩余的款项用于装修使用。案发后该房已被追回。

3. 1997年至1999年期间，被告人高某某利用担任某区房管局局长之便，指使某区房管局人劳科科长吴某某将应交到某区房管局财务科的企业保证金共计14万元私自扣留，高某某先后以各种名义将其中的101500元取出，据为己有。

【诉讼经过】

2001年6月28日,河南省郑州市人民检察院反贪局以郑州市某区人大常委会原副主任高某某涉嫌贪污罪移送该院公诉一处审查起诉,公诉部门受理后,发现时任铭功路办事处主任的岳某某、副主任张某某、许某某三人有贪污犯罪行为,涉案数额巨大,决定追诉上述三人。经退回侦查部门补充侦查后,于2001年8月20日将岳某某、张某某、许某某三人追诉到案。2001年10月25日,河南省郑州市人民检察院对高某某等人提起公诉,该案的审理一波三折,河南省郑州市中级人民法院一审判决岳某某、张某某、许某某无罪,郑州市人民检察院顶住压力,提出抗诉。该案历时六年多,先后经过三次开庭,二次一审,二次抗诉,二次二审,最终河南省高级人民法院判处岳某某、张某某、许某某有期徒刑3年,高某某由一审的有期徒刑11年改为13年。该案历经六年,屡经艰辛,经过二次抗诉,最终成功追诉漏犯三名。

【案例要旨】

刑事审判监督是指人民检察院依法对人民法院的刑事审判活动是否合法所进行的法律监督,包含两个方面的内容:一是对刑事审判程序是否合法进行监督。公诉部门通过出席一审、二审、再审法庭,或者通过庭外调查,审阅审判卷宗,以及受理申诉、控告等途径对刑事审判程序是否合法进行监督。二是对刑事判决、裁定是否正确进行监督。对刑事判决、裁定是否正确进行监督的主要方式是提起刑事抗诉,刑事抗诉是人民检察院认为刑事判决或裁定确有错误,按照法定诉讼程序,要求人民法院对案件进行重新审理并作出改判的法律监督活动。刑事抗诉包括二审抗诉和再审抗诉。

七、李某徇私枉法案

【基本案情】

被告人李某，原系嵩明县公安局嵩阳派出所副所长兼刑侦中队长。2005年6月25日20时许，嵩明县大营村一组的张某陆邀约许某青、赵某君到嵩明县城秋源茶庄（该茶庄系嵩阳派出所李某的女朋友李某平所开）与嵩明县小倚伴村的张某平进行赌博。在赌博过程中，张某平认为许某青"出老千"，随后打电话邀约赵某留、李甲、李乙等人来到秋源茶庄，对张某陆、赵某君、许某青进行殴打后，并向对方强行索要10万元人民币，张某陆、赵某君、许某青三人不同意，就被张某平、李甲、李乙等人强行带出茶庄，分别被带上了一辆夏利车和一辆微型车后带往嵩阳镇新纪元酒店以及长松园路边进行殴打，在殴打过程中，使用管制刀具、自制手枪（经鉴定具有杀伤力）等进行威胁索要钱。在张某陆、赵某君的家属分别将钱送来或存入银行卡后（共计6.8万元）三人才被分别放回。

张某陆、赵某君、许某青三人被张某平等人在秋源茶庄殴打过程中，李某当时在茶庄门口，未予以制止。三名受害人被强行带出茶庄时，李某在茶庄内也未予以阻止。

2005年6月27日上午，该案交由嵩阳刑侦中队队长李某负责办理。此间，张某平的哥哥张有某请李某帮忙"处理"此案。李某因秋源茶庄是其未婚妻李某平所开，且当时在茶庄身为警察未出面处理怕受到影响，因此李某不但不及时查办此案，反而授意张有某想办法与张某陆等受害人达成"赔偿"协议，以撤销案件。

在询问张某陆的过程中，李某违反办案程序，独自一人对张某陆进行询问，并授意张某陆推翻原来跟刑侦大队干警第一次询问时所作陈述。

在向领导汇报过程中，故意隐瞒案件事实，使法制科及有关领导产生错误判断，从而签署了"建议撤销案件"的意见。

【诉讼经过】

2006年2月22日被告人李某因涉嫌徇私枉法罪被嵩明县人民检察院立案侦查，2006年7月5日嵩明县人民检察院以徇私枉法罪对被告人李某提起公诉，经法庭审理，8月25日嵩明县人民法院以被告人李某犯徇私枉法罪，判处免予刑事处罚。

2006年8月31日嵩明县人民检察院以一审判决量刑畸轻，适用法律错误为由提请抗诉，昆明市人民检察院受理后，经依法审查决定支持嵩明县人民检察院抗诉请求，2007年6月4日昆明市中级人民法院公开开庭审理了本案，昆明市人民检察院依法出庭支持抗诉，2007年8月13日昆明市中级人民法院作出（2006）昆刑抗字第9号终审判决，撤销一审法院判决，对被告人李某以徇私枉法罪判处有期徒刑2年。

【案例要旨】

司法工作人员徇私枉法、徇情枉法，明知是有罪的人而故意包庇不使他受追诉的，构成徇私枉法罪。根据刑事诉讼法第217条的规定，第二审程序抗诉，是指地方各级人民检察院对于本级人民法院尚未发生法律效力的第一审刑事判决或裁定，认为确有错误，在法定期限内向上一级人民法院提出的抗诉。这种抗诉是按照上诉程序提出的，因而也称为上诉程序的抗诉。二审程序抗诉只能针对本级人民法院尚未发生法律效力的确有错误的刑事判决、裁定。

八、陆某某非法行医案

【基本案情】

被告人陆某某，系无证个体行医者，2005年6月14日19时20分许，被告人陆某某在上海市宝山区长兴乡红星村316号，其非法开设的私人诊所内，为前来就诊的李某某进行治疗。因被告人陆某某对李某某过量使用盐酸林可霉素，导致被害人李某某过敏性休克，经长兴卫生院抢救无效死亡。经鉴定，李某某系过敏性休克死亡。

【诉讼经过】

被告人陆某某非法行医一案由上海市公安局宝山分局侦查终结，于2005年9月6日移送上海市宝山区人民检察院审查起诉。经宝山区人民检察院审查后，于2005年9月23日对被告人陆某某以非法行医罪向上海市宝山区人民法院提起公诉，并建议量刑有期徒刑10年至10年6个月，并处罚金。2005年12月20日，宝山区人民法院作出一审判决，采信了辩护律师提交的被告人陆某某具有助理医师资格的书证，并采纳了辩护律师提出的被告人陆某某的行医行为与被害人死亡结果之间不具有直接因果关系的相关辩护意见，以非法行医罪判处被告人陆某某有期徒刑2年6个月，并处罚金人民币1万元。被害人家属不服一审判决，于当日请求宝山区人民检察院提起抗诉。2005年12月29日，宝山区人民检察院以重罪轻判，适用刑罚明显不当为由向上海市第二中级人民法院提起抗诉。经二审法院裁定发回重审后，宝山区人民法院另行组成合议庭，并经过重新开庭审理，重审判决全部采纳了宝山区人民检察院起诉书指控的事实、罪名和量刑建议，以非法行医罪判处被告人陆某某有期徒刑10年，并处罚金人民币5000元。

【案例要旨】

人民检察院对提起公诉的案件，可以向人民法院提出量刑建议。量刑建议是公诉工作的一项重要内容。人民检察院认为人民法院不采纳量刑建议不当，判决确有错误的，可以依法提出抗诉。

九、忻某某绑架案

【基本案情】

被告人忻某某因经济拮据而产生绑架儿童并勒索家长财物的意图,并多次到浙江省慈溪市进行踩点和物色被绑架人。2005年8月18日上午,忻某某驾驶自己的通宝牌面包车从宁波市至慈溪市浒山街道团圈支路老年大学附近伺机作案。当日下午1时许,忻某某见杨某某(女,浙江省慈溪市浒山东门小学三年级学生,因本案遇害,殁年9岁)背着书包独自一人经过,即以"陈老师找你"为由将杨某某骗上车,将其扣在一个塑料洗澡盆下,开车驶至宁波市东钱湖镇"钱湖人家"后山。当晚10时许,忻某某从杨某某处骗得其父亲的手机号码和家中的电话号码后,又开车将杨某某带至宁波市北仑区新碶镇算山村防空洞附近,采用捂口、鼻的方式将杨某某杀害后掩埋。8月19日,忻某某乘火车到安徽省广德县购买了一部波导1220型手机,于20日凌晨0时许拨打杨某某家电话,称自己已经绑架杨某某并要求杨某某的父亲于25日下午6时前带60万元赎金到浙江省湖州市长兴县交换其女儿。而后,忻某某又乘火车到安徽省芜湖市打勒索电话,因其将记录电话的纸条丢失,将被害人家的电话号码后四位2353误记为7353,电话接通后听到接电话的人操宁波口音,而杨某某的父亲讲普通话,由此忻某某怀疑公安人员已介入,遂停止了勒索。2005年9月15日忻某某被公安机关抓获,忻某某供述了绑架杀人经过,并带领公安人员指认了埋尸现场,公安机关起获了一具尸骨,从其通宝牌面包车上提取了杨某某头发两根(经法医学DNA检验鉴定,是被害人杨某某的尸骨和头发)。公安机关从被告人忻某某处扣押波导1220型手机一部。

【诉讼经过】

2006年1月4日,宁波市人民检察院以忻某某涉嫌绑架罪向宁波市中级人民法院提起公诉。

2006年1月17日,浙江省宁波市中级人民法院依法组成合议庭,公开审理了此案。法庭审理认为:被告人忻某某以勒索财物为目的,绑架并杀害他人,其行为已构成绑架罪。手段残忍、后果严重,依法应予严惩。检察机关指控的罪名成立。

2006年2月7日,宁波市中级人民法院作出一审判决:(1)被告人忻某某犯绑架罪,判处死刑,剥夺政治权利终身,并处没收个人全部财产。(2)被告人忻某某赔偿附带民事诉讼原告人杨某凤、张某彬应得的被害人死亡赔偿金317640元、丧葬费11380元,合计人民币329020元。(3)供被告人忻某某犯罪使用的通宝牌面包车一辆及波导1220型手机一部，予以没收。忻某某对一审刑事部分的判决不服，向浙江省高级人民法院提出上诉。

2006年10月12日，浙江省高级人民法院依法组成合议庭，公开审理了此案。法庭审理认为：被告人忻某某以勒索财物为目的，绑架并杀害他人，其行为已构成绑架罪。犯罪情节特别严重，社会危害极大，依法应予严惩。但鉴于本案的具体情况，对忻某某判处死刑，可不予立即执行。2007年4月28日，浙江省高级人民法院作出二审判决：（1）撤销浙江省宁波市中级人民法院（2006）甬刑初字第16号刑事附带民事判决中对忻某某的量刑部分，维持判决的其余部分。（2）被告人忻某某犯绑架罪，判处死刑，缓期二年执行，剥夺政治权利终身。

被害人杨某某的父亲不服，于2007年6月25日向浙江省人民检察院申诉，请求提出抗诉。

浙江省人民检察院经审查认为，浙江省高级人民法院二审判决改判忻某某死刑缓期二年执行确有错误，于2007年8月10日提请最高人民检察院按照审判监督程序提出抗诉。2008年10月22日，最高人民检察院依照《中华人民共和国刑事诉讼法》①第205条第3款之规定，向最高人民法院提出抗诉。2009年3月18日，最高人民法院指令浙江省高级人民法院另行组成合议庭，对忻某某案件进行再审。

2009年5月14日，浙江省高级人民法院另行组成合议庭公开开庭审理本案。法庭审理认为：被告人忻某某以勒索财物为目的，绑架并杀害他人，其行为已构成绑架罪，且犯罪手段残忍、情节恶劣，社会危害极大，无任何悔罪表现，依法应予严惩。检察机关要求纠正二审判决的意见能够成立。2009年6月26日，浙江省高级人民法院依照《中华人民共和国刑事诉讼法》第205条第2款、第206条、第189条第（二）项，《中华人民共和国刑法》第239条第1款、第57条第1款、第64条之规定，作出判决：（1）撤销浙江省高级人民法院（2006）浙刑一终字第146号刑事判决中对原审被告人忻某某的量刑部分，维持该判决的其余部分和宁波市中级人民法院（2006）甬刑初字第16号刑事附带民事判决。（2）原审被告人忻某某犯绑架罪，判处死刑，剥夺政治权利终身，并处没收个人全部财产，并依法报请最高人民法院核准。

最高人民法院复核认为：被告人忻某某以勒索财物为目的，绑架并杀害他人的行为已构成绑架罪。其犯罪手段残忍，情节恶劣，后果严重，无法定从轻处罚情节。浙江省高级人民法院再审判决认定的事实清楚，证据确实、充分，

---

① 编者注：此处是指1996年刑事诉讼法。下同。

定罪准确，量刑适当，审判程序合法。

2009年11月13日，最高人民法院依照作出裁定：核准浙江省高级人民法院（2009）浙刑再字第3号以原审被告人忻某某犯绑架罪，判处死刑，剥夺政治权利终身，并处没收个人全部财产的刑事判决。2009年12月11日，被告人忻某某被依法执行死刑。

【案例要旨】

本案中涉及的绑架犯罪是严重的暴力犯罪，死刑是绑架犯罪的法定刑之一，该案在诉讼中主要涉及死刑的适用问题。抗诉是检察机关履行法律监督职责的主要诉讼活动，对已经生效的判决裁定的抗诉，由上级检察机关依法提起。该案是对浙江省高级人民法院作出的已经生效的判决裁定提起抗诉，依法由最高人民检察院提起。

图书在版编目（CIP）数据

公诉业务教程/陈国庆，胡卫列主编. —北京：中国检察出版社，2015.1
全国预备检察官培训系列教材/李如林，王少峰主编
ISBN 978 – 7 – 5102 – 1265 – 9

Ⅰ.①公… Ⅱ.①陈… ②胡… Ⅲ.①公诉 – 中国 – 教材 Ⅳ.①D925

中国版本图书馆 CIP 数据核字（2014）第 193098 号

公诉业务教程

陈国庆　胡卫列　**主编**

出版发行：	中国检察出版社
社　　址：	北京市石景山区香山南路 111 号（100144）
网　　址：	中国检察出版社（www.zgjccbs.com）
编辑电话：	（010）68658769
发行电话：	（010）68650015　68650016　68650029　68686531
经　　销：	新华书店
印　　刷：	保定市中画美凯印刷有限公司
开　　本：	720 mm × 960 mm　16 开
印　　张：	16.25 印张
字　　数：	297 千字
版　　次：	2015 年 1 月第一版　2015 年 10 月第二次印刷
书　　号：	ISBN 978 – 7 – 5102 – 1265 – 9
定　　价：	38.00 元

检察版图书，版权所有，侵权必究
如遇图书印装质量问题本社负责调换